독한놈들의 왕대박
CBT
TOEFL
KNOW-HOW

독한놈들의 왕대박
CBT
TOEFL
KNOW-HOW

초판 1쇄 찍은날 ‖ 2001년 9월 25일
초판 1쇄 펴낸날 ‖ 2001년 9월 28일

지은이 ‖ 조성재 정순조 김한준 문태진 방범석 김태수
펴낸이 ‖ 이태권
펴낸곳 ‖ 소담출판사 서울시 성북구 삼선동 4가 37번지 (우)136-044

전 화 ‖ 927-2831~4 팩 스 ‖ 924-3236
e-mail ‖ sodamx@chollian.net
등록번호 ‖ 제2-49호

기 획 ‖ 소담Q 문진원 문태진
편 집 ‖ 소담Q

All graphic works **Banana.comm** 02-318-2777

sodamQ

Contents*

Preface

해외 유학의 피할 수 없는 관문 토플!

해외 유수의 대학 또는 대학원에 합격하는 것은 매우 기분 좋은 일일 뿐만 아니라 그 사람의 인생을 바꾸어 놓는 의미 있는 일이다. 이러한 이유로 우리나라에서도 수많은 사람들이 유학을 준비하는데, 이들에게 요구되는 사항은 지역과 학교에 따라서 조금씩 다르다.

예를 들어 미국의 대학에 입학하려는 사람들에게는 SAT(Scholastic Aptitude Test) 시험이 요구되며, 일반 대학원에 지원하려는 사람들에게는 GRE(Graduate Record Examination), 경영 대학원에 입학하려는 사람들에게는 GMAT(Graduate Master Admission Test), 그리고 법학 대학원에 입학하려는 사람들에게는 LSAT(Law School Admission Test)가 요구된다.

그러나 이들에게 공통적으로 요구되는 것이 있으니 바로 TOEFL(Test of English as a Foreign Language)이다. 따라서 영어권 국가로 유학하고자 하는 거의 모든 한국 사람들은 토플이 필수적이다(단, 영어권 국가에서 학교를 다녀 토플이 면제되는 경우도 있다).

그런데 시중에는 토플에 대한 내용을 담은 책은 많이 있지만 어떻게 공부해야 하는지 즉 방법론을 다룬 책은 찾아보기 힘들다. 이러한 사실에 주목하여, 토플을 공부하는 또는 공부하고자 하는 후배들을 위해 이 책을 출간하게 되었다.

이 책은 능력 있는 한국의 젊은이들이 더 이상 잘못된 공부 방법으로 해외 유학의 시작인 토플에서 어려움을 겪지 않도록 도와주고, 그래서 한 명이라도 더 많은 한국인들이 해외의 유수 학교에 합격할 수 있기를 바라는 유학 준비 선배들의 순수한 동기로부터 출발하였다. 그리하여 토플 고득점자 6명의 토플 준비 과정과 유학 준비 과정, 각자가 토플을 준비한 이유와 MBA, 일반 대학원 그리고 국내 대학원에 진학한 이유를 시작으로 토플 준비에 대한 자세한 설명과 공부 방법이 생생하게 소개되어 있다.

물론 개인마다 생각이 조금씩 달라, 이 책을 읽는 여러분들에게 맞지 않는 방법도 있을 것이다. 그러나 6명의 토플 고득점자들의 경험 속에는 틀림없이 여러분에게 도움을 줄 수 있는 내용이 있다고 확신한다. 시험 전 마지막으로 이것만은 반드시 알아야 고득점할 수 있다는 나름대로의 비법도 포함되어 토플 시험을 앞두고 있는 이들에게 많은 도움이 되리라 생각한다.

대부분 공부는 열심히 했으나 중요한 포인트를 놓쳐 원하는 점수를 받지 못하는 경우가 많다. 시험을 앞두고 또는 공부하는 과정에서 한 번씩 읽어보며 놓치는 부분이 없는지 꼼꼼히 살펴본다면 좋은 성과를 거둘 수 있을 것이다.

자신의 지위와 명예를 모두 버리고 노년에 7대륙 최고봉에 올랐던 딕 배스는 자서전 《불가능한 꿈은 없다》에서 '인간은 쉬운 싸움에서 이기는 것보다 어려운 싸움에서 패배하면서 비로소 성장한다.' 고 썼다. 이 책을 통해 자신의 무한한 가능성에 도전하는 여러분들이 보다 큰 결실을 맺기 바란다.

저자 일동

| 추천의 글 1 |

There is a way to get high score of TOEFL

매년 수많은 한국의 젊은이들이 자신의 꿈을 이루기 위해 해외 유학을 가고 있다. 하지만 크고 작은 험난한 산들이 이들을 기다리고 있다. 그 중에서도 제일 먼저 넘어야 할 산이 바로 토플 시험이다.

학원에서 일하고 있는 나는 토플과 토익을 공부하는 많은 학생들을 만나고 있다. 종종 치열한 모습으로 각자의 인생 목표를 위해 열심히 시험 준비를 하고 있는 이들을 볼 때면, 가끔 내 자신의 게으름을 반성하곤 한다.

어쨌든 대부분의 수험생들이 내게 이런 질문을 하고 상담을 해온다. "어떻게 하면 단시일 내에 토플(혹은 토익) 고득점을 얻을 수 있느냐?"고 말이다. 사실, 영어를 잘 하지 못하는 나로서는 그 비법(?)을 알지 못한다. 다만 평소에 많은 수험생들과 나눈 이야기들을 정리해서 그들에게 대답을 해주곤 한다. 영어를 잘하는 데 있어서 정답은 있을 수 없지만 나름대로의 노하우는 있다고 생각하기 때문이다.

현재 시중에는 많은 토플 교재가 있지만, 토플 고득점을 위한 방법론을 다룬 책은 거의 없는 것 같다. 한국인의 토플 성적이 10년 전 수준으로 후퇴한 것으로 나타났다고 한다. 영어 에세이가 필수가 되고 듣기 평가가 강화되면서 이제 찍기 식의 얄팍한 요령 위주는 통하지 않는다. 진짜 영어 실력이 필요한 것이다. 그리고 시험 방식이 이전의 PBT(Paper Based-Test) 선형평가 방식에서 CBT(Computer Based-Test) 대응평가 방식으로 전환되는 과정에서 토플 수험생들뿐만 아니라 토플과 관련된 여러 기관에서 적지 않은 혼란을 겪고 있다. 이러한 시점에서 이 책의 출간은 많은 토플 응시자들에게 제대로 된 토플 공부법을 알려주는 단비가 아닌가 싶다.

처음 이 책을 만났을 때, 과연 토플 고득점자들이 말하는 그 방법은 어떤 것일까 하고 호기심 반 기대 반이었다. 그런데 책을 읽고 나서 기대 이상이라는 기쁨과 더불어 이전의 우리 학생들과 나누었던 바로 그 공부 방법이라는 공감대를 느낄 수 있었다.

영어를 제대로 알아듣기까지는 약 5천 시간 이상이 걸린다고 한다. 다시 말하면, 영어를 공부하는 데는 많은 시간을 투자해야 한다는 것이다. 하지만 어떻게 공부를 해야 하는지 노하우를 터득한다면 그것이야말로 공부 시간을 줄이는 지름길이 아닌가?

지금 토플을 공부하는 수험생이나 이제 막 유학을 준비하려는 토플 새내기들에게 이 책은 훌륭한 학습 모델이 될 것이다. 더불어 꾸준한 노력과 자기 자신에 대한 게으름을 용서하지 않는다면…….

Hard work often pays off after time......

But Laziness always pays off now......

나의 게으름을 후회하면서 이 책을 읽는 모든 토플 응시자들의 건투를 빈다.

시사영어사 토익/토플 전문학원 TPC 강남 Center

원장 이희훈

❙ 추천의 글 2 ❙

몇몇 친분이 있는 독한놈들(?)이 토플 노하우라는 책을 냈단다

토플에 관한 한 강사인 나도 혀를 내두르는 6명의 토플 고수들이 국내 유명 토플 강의들을 섭렵해서 한 권의 책으로 압축시켜 놓은 《독한놈들의 왕대박 CBT TOEFL KNOW-HOW》는 역시 그들답게 알짜배기이다. 토플의 핵심 유형들만을 간추려 자신들의 경험을 더해 가장 실질적인 도움이 되는 토플 가이드를 내놓은 것이다.

나는 무엇보다도 이 토플 고수들의 영어 접근 방법을 꼭 배워 둘 필요가 있다는 말을 하고 싶다. 길지 않은 기간에 고득점을 올린 이들은 확실히 독한놈들답게, 공부에 이골이 난 놈들답게 자기들만의 토플 노하우를 최대한 효율적으로 이용하고 있다.

영어에 한맺힌 이 나라에서, 그 한을 자자손손 대물림하고 있는 그 한복판에서 나는 영어를 업으로 먹고 사는 사람이다. 이런 나 또한 영어로 밥 벌어 먹고 살기까지 십여 년을 영어와 씨름해대야 했다. 한국인이라면 영어로 땀깨나 뺀 기억들이 우리 세대의 공통분모요, 다음 세대까지 이어지는 영원한 과제인 것이다.

이 나라의 영어 역사가 긴 만큼 그 영어 공부 방법에도 족보라는 것이 있다. 이 족보의 중요성은 두 말할 필요가 없는 것이고 이 책의 가치도 더 언급할 필요가 없으리라. 이 6명의 토플 고수들은 자신들의 경험을 바탕으로 우리 나라 학생들의 약점들과 흔히 범하는 오류의 함정들을 용케도 잘 짚어냈다. 그런 점에서 이 책은 웬만한 토플 강의보다도 여러 분들에게 실질적인 도움이 될 것이라 확신한다.

강의를 하다 보면 학생들은 잘 모르겠지만 항상 똑같은 질문과 똑같은 오답에 한계를 느낀다. 생각해 보면 같은 교육을 받아온 사람들이 같은 식으로 사고하고 같은 언어로 말하며 같은 실수를 한다는 것은 어쩌면 당연한 일인지도 모른다. 또한 그 한계를 풀어가는 방식도 다르지 않다.

여섯 명의 저자들은 이 책을 통해 토플을 공부하는 여러분들의 시각에서, 여러분들의 어려움을 가장 잘 이해하고 가려운 곳을 시원하게 긁어 주고 있다. 토플을 공부하다 보면 누구나 일정 수준에서 넘지 못하는 벽을 느낀다. 그럴 때 혼자서 전전 긍긍하지 말고 반드시 이 책을 읽어 보라고 권하고 싶다.

한 가지 더! 토플은 영어라는 언어를 공부하는 것이 아니라 시험 공부이다. 《독한놈들의 왕대박 CBT TOEFL KNOW-HOW》는 시험의 고득점을 위한 방법론적인 문제들을 다루고 있다는 점에서 이보다 더 확실하고 완벽한 토플 길잡이는 없을 것이다. 이렇게 토플을 완전히 이해하고 분석해내는 책이 많이 나온다는 것은 강사 입장에서는 그리 환영할 일은 못 되지만, 여러분들에게는 가장 소중한 가이드가 되리라 생각한다.

현 시사 TPC TOEFL 전임 강사 | 시사 Business English 강사

유 수 연

CBT 토플 가이드

토플이란?

토플(TOEFL)이란 Test Of English as a Foreign Language의 약자로서, 영어를 모국어로 사용하지 않는 사람의 영어 숙달도(English Proficiency)를 측정하고자 하는 것이다. 이 시험은 미국 뉴저지 주에 본부를 둔 교육 문제 출제 관리 기관인 ETS(Educational Testing Service)에서 주관하고 있으며, 미국과 캐나다 2,400개 이상의 대학과 대학원에서 입학 허가 여부를 결정하는데 필수적으로 사용된다. 많은 정부 기관과 학술 단체 그리고 공공 기관에서 영어의 숙달도 측정에 토플 성적을 사용하고 있다.

CBT 시험 방식이란?

과거의 토플 시험은 종이를 보고 문제를 푸는 PBT(Paper-Based Test)였다. 그러나 요즘은 컴퓨터로 시험을 보는 CBT(Computer-Based Test) 형태로 바뀌었다. CBT는 기존의 PBT 형식을 그대로 컴퓨터에 적용한 것이 아니라, 출제 방식과 시험 환경면에서 상당히 달라진 양상을 보이고 있다.

첫째, 각 응시자의 수준에 맞도록 문제가 적합하게 짜여졌고 둘째, Listening 부분에서 주제와 연관된 화면이 제시되며 셋째, Writing의 비중이 강화되었다.

게다가 CBT는 PBT처럼 정해진 날짜에만 보는 것이 아니라 시험 날짜를 마음대로 정할 수 있다. 즉, 시험장의 시험용 컴퓨터가 비어 있는 날짜와 시간을 확인하고 그 때 시험을 볼 수 있도록 등록하면 된다. 시험 일정의 자유로운 결정은 응시자 입장에서 PBT보다 좋은 방식이라고 할 수 있다.

시험 방식 및 시간

전체 시험은 Listening, Structure, Reading, Writing 네 부분으로 구성되어 있다. 시간은 시험 보는 사람에 따라 3시간 30분 전후가 된다. 시험 시간이 각기 다른 이유는 CBT 시험이 CAT(Computer-Adaptive Test) 방식이기 때문이다.

과목	문항 수	응시 시간(분)	Adaptive Test
Listening	30~50	40~60	Yes
Structure	20~25	15~20	Yes
Reading	44~60	70~90	No
Writing	1 topic	30	NO

CAT 방식은 응시자의 영어 실력에 따라 시험 문제의 난이도와 문항수가 조절된다. 예를 들어, 한 사람이 중간 난이도인 1번 문제를 맞추었을 경우, 컴퓨터는 1번 문제보다 한 단계 어려운 2번 문제를 보여 준다. 반대로 1번 문제를 틀렸을 경우 컴퓨터는 한 단계 쉬운 문제를 보여 준다. 계속 정답만 고른다면, 점점 고난이도의 문제가 주어지고 동시에 시험 문항 수는 평균보다 적어진다. 이것은 시험 시간도 짧아진다는 것을 의미한다. 반면 틀린 답만 고른다면 쉽고 많은 문제를 풀게 되며 시험 시간도 길어진다.

그러므로 CAT 방식은 시험을 보는 사람마다 시험 시간이 다르다. Listening과 Structure 시험이 Adaptive 시험에 해당된다.

주의할 점은 답을 선택하고 확인 버튼을 누르면, 다시는 그 문제로 되돌아 갈 수 없다는 것이다. 즉 답안 수정이 불가능하다. 한 번 내린 결정은 되돌릴 수 없으므로 답을 선택할 때 신중함이 필요하다. 이런 점에도 불구하고 CAT는 문제 수가 많고 너무 어려운 문제를 푸느라 한 곳에서 시간을 낭비하게 되는 PBT의 단점을 충분히 보완하고 있다.

시험 점수

CBT 토플 점수는 최저 40점에서 최고 300점 사이에 분포한다. 각 세부 과목의 최대 점수는 30점이며, Total 점수는 300점이다. 과거 PBT의 경우에는 310점~677점의 분포를 가졌다.

토플 점수 변환표(PBT → CBT)

677-300	633-267	590-243	540-207	497-170
673-297	630-267	587-240	537-203	493-167
670-293	627-263	583-237	533-200	490-163
667-290	623-263	580-237	530-197	487-163
663-287	620-260	577-233	527-197	483-160
660-287	617-260	573-230	523-193	480-157
657-283	613-257	567-227	520-190	477-153
653-280	610-253	563-223	517-187	473-150
650-280	607-253	560-220	513-183	470-150
647-277	603-250	560-217	510-180	
643-273	600-250	550-213	507-180	
640-273	597-247	547-210	503-177	
637-270	593-243	543-207	500-173	

Paper-Based and Computer-Based Test 간 섹션별 점수 비교

Listening Scaled Scores		Structure/Writing Scaled Scores		Reading Scaled Scores	
Paper	Computer	Paper	Computer	Paper	Computer
68	30	68	30	67	30
67	30	67	29	66	29
66	29	66	28	65	28
65	28	65	28	64	28
64	27	64	27	63	27
63	27	63	27	62	26
62	26	62	26	61	26
61	25	61	26	60	25
60	25	60	25	59	25
59	24	59	25	58	24
58	23	58	24	57	23
57	22	57	23	56	22
56	22	56	23	55	21
55	21	55	22	54	21
54	20	54	21	53	20
53	19	53	20	52	19
52	18	52	20	51	18
51	17	51	19	50	17
50	16	50	18	49	16
49	15	49	17	48	16
48	14	48	17	47	15
47	13	47	16	46	14
46	12	46	15	45	13
45	11	45	14	44	13
44	10	44	14	43	12
43	9	43	13	42	11
42	9	42	12	41	11
41	8	41	11	40	10
40	7	40	11	39	9
39	6	39	10	38	9
38	6	38	9	37	8
37	5	37	9	36	8
36	5	36	8	35	7
35	4	35	8	34	7
34	4	34	7	33	6
33	3	33	7	32	6
32	3	32	6	31	5
31	2	31	6		

CBT 토플 체험하기

ETS 공식 홈페이지에 가면 ETS에서 직접 만들어 무료로 배포하는 CD에 관한 메뉴가 있다. www.toefl.org를 치고, CBT(Computer-Based Test)란을 클릭하면 좀더 자세한 CBT 안내와 sample question이 든 CD ROM을 무료로 받을 수 있다. 신청하면 대개 보름 정도 걸려 배달되고, 자신이 가진 컴퓨터 640*480 화면에서 윈도 95 이상, 8 bit 사운드카드면 사용 가능하다. 시험 전에 한 번 이상 반드시 풀어 보면 좋은 결과가 있을 것이다.

CBT의 구성

앞서 말했듯이 CBT 토플은 Listening, Structure, Reading, 그리고 Writing으로 나눠져 있다. 그럼 각 섹션별 시험 방법과 내용을 알아보자.

1) Section 1 : Listening Test(청취 능력 측정)

- 문항 수 : 30 ~ 50 문항
- 응시 시간 : 40 ~ 60분

Listening Test는 북미에서 쓰이는 영어를 듣고 이해하는 능력, 즉 주제 파악, 구성 순서, 주제를 지지하는 문장들, 주요 세부 사항, 추론, 주제 · 목적을 분류하는 능력 등을 측정한다. 시험시에는 컴퓨터에 연결된 헤드폰을 이용하게 된다. 컴퓨터 모니터의 정지된 사진을 보고 그것과 관련된 내용의 짧은 대화, 긴 대화, 강의 내용 등을 헤드폰을 통해 듣는다. 문제를 듣고 컴퓨터 화면상의 4지 선다형 문제의 답을 선택하게 된다.

질문 유형은 전통적인 4지 선다 유형, 화면에 제시된 자료 부분을 클릭하는 유형, 4지

선다 중에서 두 개의 답을 구하는 유형, 화면에 제공된 선택 사항들과 질문들을 연결하는 유형의 네 가지이다. PBT에 비해 질문도 잘 들리고 화면으로도 볼 수 있어 부담감은 덜하다. 특히 긴 대화와 강의 내용의 그림은 아주 유용하게 활용할 수 있다.

그리고 주어진 시간(15분) 내에는 답을 여러 번 바꿀 수 있지만, 일단 다음 문제로 넘어가고 난 후에는 앞 문제의 수정이 불가능하므로 신중하게 선택해야 한다. 또한 시간에 쫓긴다고 아무렇게나 답을 고르면 오히려 점수를 떨어뜨리는 결과(CAT 적용)를 가져올 수 있으므로 문제 풀이에 최선을 다해야 한다.

Listening의 유형별 문제 구성을 보면, 각각 하나의 객관식 문제가 주어지는 dialogue가 11~17개, 각각 2, 3문제가 주어지는 Short Conversation이 2~3개, 그리고 약 2분 30초 정도 길이의 학술 토론이나 강의가 4~6개 제시되고 각 지문 당 3~6개의 질문이 주어진다. 대부분 3~4명의 화자가 등장하고, 현재의 정황을 보여주는 토론의 경우 응시자는 어느 화자가 어떤 말을 했는지 정확히 구분해 들을 수가 있다. 또 내용 중심의 화면인 경우, 화면에 나타나는 그림은 강의 주제를 보충해 주는 역할을 하게 되므로 최대한으로 집중해야 한다.

2) Section 2 : Structure Test(문장 완성 및 오류 확인)

- 문항 수 : 20 ~ 25 문항
- 응시 시간 : 15 ~ 20분

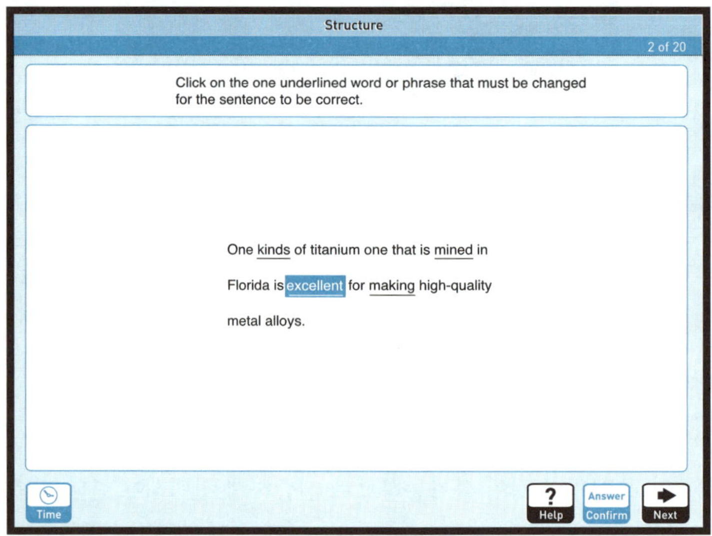

Structure Test에 출제되는 문장들은 주로 미국과 캐나다의 역사와 문화, 문학, 예술 등에 관한 문장들로서, 해당 주제에 관련된 전반적인 지식을 요구하지는 않는다. 예전의 PBT와 질문 유형이 동일하다. 즉, 빈 칸에 적합한 답을 고르는 것과 한 문장 내에서 밑줄이 그어진 네 부분 중 잘못된 곳을 하나 고르는 것, 이렇게 두 가지 형태이다. 그런데 PBT처럼 하나의 유형이 끝난 후 다음 유형의 문제가 주어지는 것이 아니라, 두 가지 유형의 문제가 구분 없이 혼합되어 출제되므로 유의해야 한다.

아울러 Structure Test는 첫 문제 풀이 결과에 따라 다음 문제가 선택적으로 제시되는 Computer-Adaptive 방식이므로, 더욱 신중을 기해야 한다.

그리고 CBT 시험에서는 Structure Test의 성적에 섹션 4의 Writing 성적이 합해져 나오므로, 섹션 2의 점수가 좋지 않으면 전체 토플 점수에 악영향을 미친다는 사실을 명심해야 한다.

3) Section 3 : Reading Test(독해 능력 측정)

- 문항 수 : 44 ~ 60 문항
- 응시 시간 : 70 ~ 90분

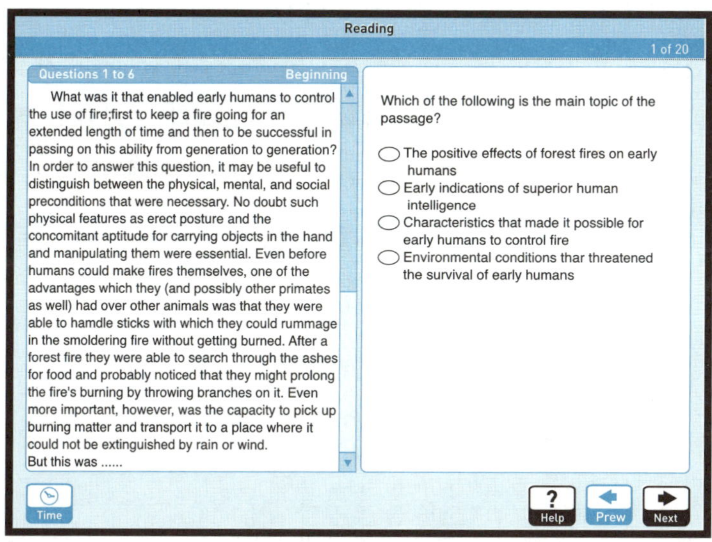

Reading Test의 주제는 대체로 일반 대학에서 접할 수 있는 내용이다. 짧은 글의 이해력을 측정하므로 질문 내용은 대의 파악, 추론, 핵심어, 대명사가 지시하는 것, 어휘(의미, 동의어, 반의어) 등으로 구성되어 있고, 예전의 PBT와 유사하다. 앞의 두 섹션과 같은 Computer -Adaptive 방식이 아니므로 질문에 답하지 않고 넘어갈 수도 있고, 이미 풀었던 문제로 되돌아가서 다시 고칠 수도 있다. 평균 250~350개의 단어로 구성된 5개의 지문이 주어지고, 각 지문마다 10~14개의 질문이 주어진다.

대부분의 사람들이 PBT보다는 주제나 어휘 수준 등에 대해 쉽게 느끼지만, 종이가 아닌 모니터를 통해서 지문을 이해해야 하고 문제를 풀어야 하므로 모니터에 익숙해지도록 미리 연습해 두어야 한다. 모니터에는 밑줄도 그을 수 없고, 지문도 스크롤(scroll) 해가며 읽어야 하기 때문에 컴퓨터에 익숙하지 않은 사람들은 조금 힘들다. 게다가 PBT보다 지문의 개수는 줄었으나 대신 내용이 길어졌으므로, 처음 읽을 때 전체적인 윤곽만 잡으며 빠르게 훑어보는 것이 Reading Test를 쉽게 정복할 수 있는 요령이다.

Reading Test에서는 세 가지 질문 유형을 만나게 된다. 첫째 4지 선다형으로, 네 개의 보기 중에서 하나의 정답을 고르는 유형으로 약 60%가 이런 형태이다. 둘째 단어와 구, 절에 클릭하기로, 왼편 지문의 진한 글씨로 표시된 부분에서 답이라고 생각되는 단어나 구에 클릭하며 때로는 문단 전체를 클릭해야 하는 경우도 있다. 셋째 문단 추가하기로, 문제로 주어진 문장을 왼편의 지문 안에 집어 넣는 문제이다. 지문에는 까맣게 칠해진 몇 개의 사각형들이 선택지로 주어진다.

4) Section 4 : Writing Test (TWE : Test of Written English)

● 응시 시간 : 30분

Writing Test에서는 영어를 통해 자신의 생각을 논리적으로 구성하고 전개해 나가는 능력을 평가한다. PBT 시험과 달리 모든 수험자는 반드시 Writing을 해야 하며, 주제는 컴퓨터가 지정해 준다. 응시자는 직접 컴퓨터 자판을 이용하여 타이핑하거나 종이와 연필을 이용하여 작성할 수 있다(선택 사항). ETS 안내문에 의하면 직접 타이핑하는 경우가 종이에 작성하는 경우보다 더 빨리 시험 결과를 받아볼 수 있다고 한다.

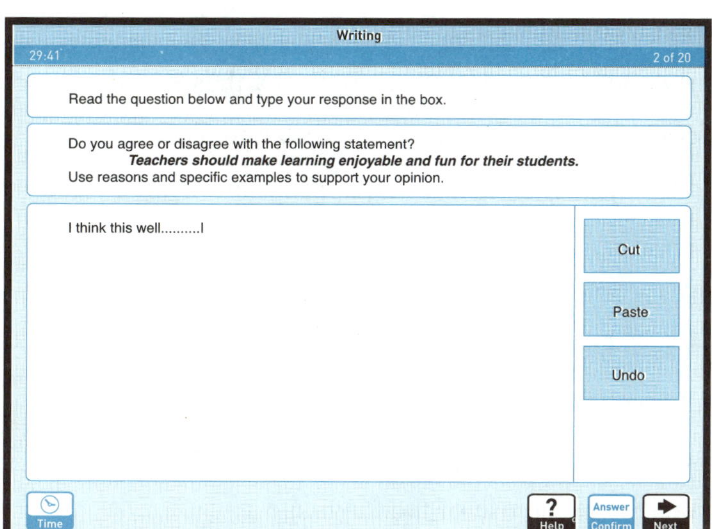

앞에서 얘기했듯이 TWE는 섹션 2의 Structure 점수에 반영되어 나오는데, 각각 50%의 비율로 합산된다. Writing 점수는 최대 6점부터 최소 0점의 폭을 가지며, 0.5점 단위로 산정된다. 예를 들면, 0, 0.5, 1, 1.5, 2.0, 2.5, 3.0, 3.5, 4.0……6.0과 같다. Writing Test에서 다루어질 주제는 TOEFL Information Bulletin for Computer-Based Testing이나 토플 공식 웹사이트에 게재되므로 미리 연습해 두는 것이 좋다. 참고로, 자신의 논점을 밝히기 위해 분명한 근거와 충분한 사례들을 들어 상세히 설명하면 높은 점수를 받을 수 있다.

● Writing 점수 기준 리스트

Source : ETS - Web site (http://www.toefl.org/toeflcbt/cbscrsvc.html)

6점을 받으려면

-- effectively addresses the writing task

-- is well organized and well developed

-- uses clearly appropriate details to support a thesis or illustrate ideas

-- displays consistent facility in the use of language

-- demonstrates syntactic variety and appropriate word choice

5점을 받으려면

-- may address some parts of the task more effectively than others

-- is generally well organized and developed

-- uses details to support a thesis or illustrate an idea

-- displays facility in the use of the language

-- demonstrates some syntactic variety and range of vocabulary

시험이 끝나면

시험이 다 끝나면 그 날 테스트에 대한 일반적 질문을 한다. 예를 들어 시험장은 좋았느냐, 감독관들은 어땠느냐 등을 물어 보고, 다 지나가면 대략적인 자기 점수 분포를 알 수 있다. 그 결과는 모니터에 보여지며, 점수는 최저 몇 점에서 최고 몇 점으로 나타난다.

시험 종료 시 보여지는 점수 형태

Listening ………………… 22

Structure/Writing ……. 3 ~ 23

Reading ………………… 22

Total …………………….. 157 ~ 223

점수 형태는 Writing 점수가 아직 결정되지 않았기 때문에 확정 점수가 아닌 대략적인 범위(range)로만 나타난다. 이를 확인한 후 마지막으로 4개 학교까지 공짜로 점수 리포팅을 할 수 있다(PBT 때는 최대 3개였다). 리포팅이란 보내고자 하는 대학으로 토플 점수를 보내는 것이다. 학교 선정부터 학과 선택까지, PBT 때는 따로 학교 코드를 썼지만, CBT에서는 컴퓨터 화면에 표시되므로 기입만 하면 된다. 그러고 나면 마지막으로 환산표를 나누어 준다. 실제 점수는 TWE 점수 때문에 2주 정도 후에 집으로 날아온다. 이전에 5~6주 기다린 것에 비하면 훨씬 빨라진 것이다.

CBT 토플 시험 등록 방법

다음은 한미교육위원단(www.fulbright.or.kr)에서 공식적으로 발표한 CBT 토플 등록 안내문이다.

시험 날짜와 장소

- **시험 날짜 선택** : 한미교육위원단의 공휴일을 제외한 월~금요일까지 하루에 2회(오전, 오후) 시행되며, 시험은 오직 한 달에 한 번만 볼 수 있다.
- **시험 장소** : 서울, 대구
- **시험 당일 신분 확인** : 주민등록증이나 운전면허증이 아니라, 반드시 본인의 서명이 들어 있는 유효한 여권을 지참해야 시험을 볼 수 있다.

등록 방법 및 등록비

- **전화 및 FAX 등록** : VISA, Master 또는 American Express Card로 응시료 결제
- **등록 시간** : 월 ~ 금요일 (오전 9시 ~ 오후 5시)
- **등록 전화** : (02) 3211-1233
- **등록 FAX** : (02) 3275-4029
- **우편 등록** : Bank Check(US$)로 응시료 지불 Bulletin 안의 International Test Scheduling Form을 작성하여 Bank Check와 함께 한미교육위원단에 등기로 보낸다.

  - FAX나 우편으로 등록하는 경우 본인과 연락이 가능한 전화번호를 International Test Scheduling Form에 기재해야 한다.
- **등록비** : US$ 110
- **시험 일자 취소 및 변경 요청** : 등록된 시험일 3일 전(Business day) 오전 12시까지만 가능
- **시험 일자 변경비** : US$ 40
- **시험 취소** : US$ 65 환불

  - 시험 취소 후 60일 이내에 미국 ETS에 Refund를 요청하면(Bulletin에 있는 양식 이용) 환불받을 수 있다.

*01 CHO SUNG-JAE

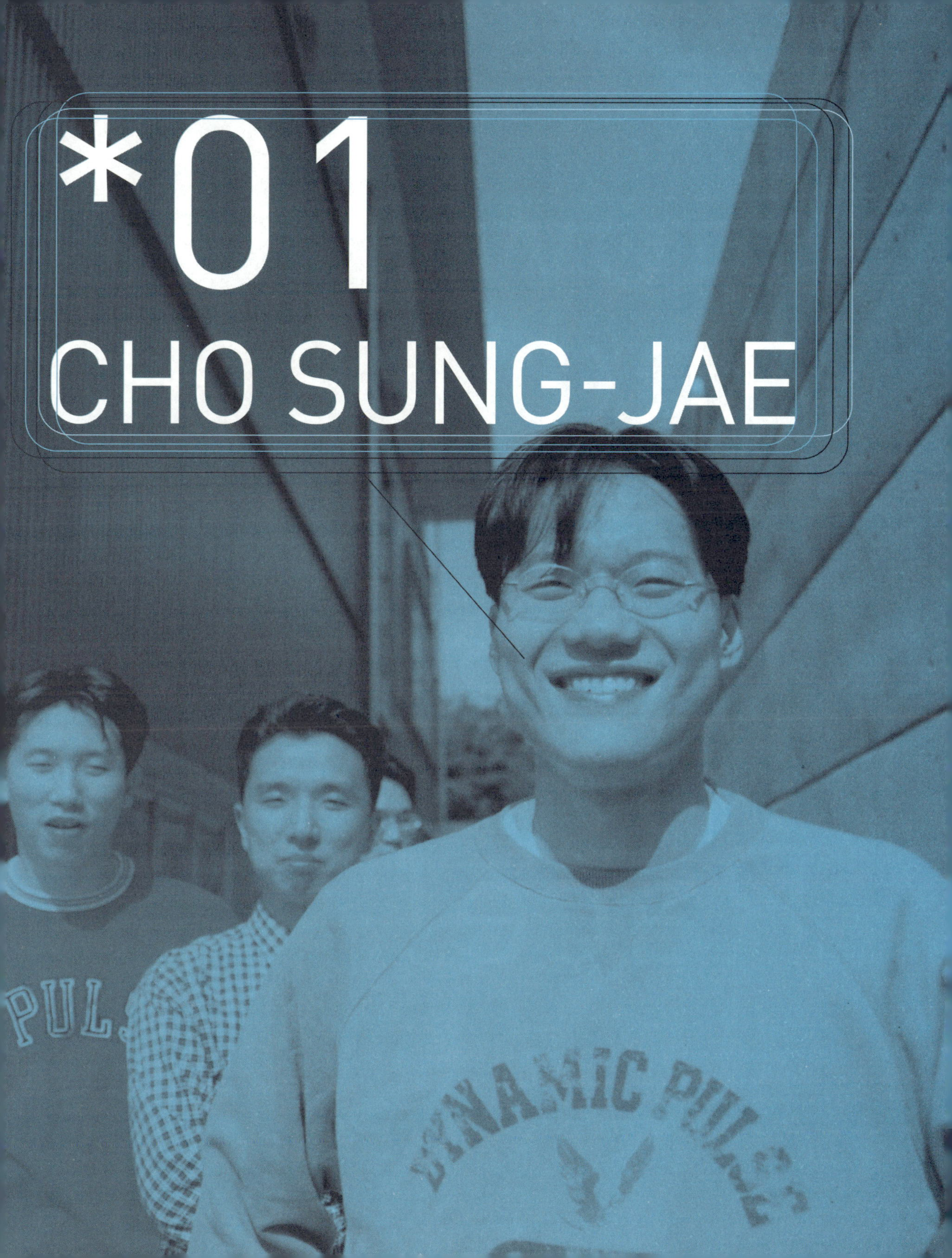

Slow And Steady Wins The Race!

1976 서울 출생 | 1994 서울사범대학 부속고등학교 졸업 | 2001 고려대학교 컴퓨터학과 재학
1997 – 1999 육군 카투사 복무 | TOEFL 점수 647점(61/68/65) 97년/633점(61/68/61) 2000년 7월
무역박람회 통역요원(Fairleigh Dickenson University & U.C San Diego)

stanleylab@hanmail.net

첫 번째 사람

조성재

일단 당면한 문제는 L/C였다. 이때 S/W는 그냥 기본 실력으로 밀어붙이면 다 해결되리라 믿었다. 실제로 점수도 나쁘지 않았다. 다시 맨투맨 종합영어를 복습하면 다 맞추고 남겠지 하고 안심했다. 그리하여 L/C를 집중적으로 공략하기로 마음먹고, 영어 공부 방법에 대한 책을 뒤져보기 시작했다. 간간히 잡지에 나오는 짧은 글부터 시작해서 여러 가지 책들, 심지어는 논문도 조회해 보았다. 그 중에서 저자가 믿을 만하고 나름대로 일리가 있다고 생각되는 방법들을 추려 하나씩 실행해 보기로 마음먹었다.

영어 공부는 부지런함이 99%

처음 대학교에 와서 영어 공부를 시작한 것은 언젠가는 유학을 가리라는 굳은 결심 때문이었다. 그렇지만 대학을 졸업하고 나서의 문제였기 때문에 현실적으로 그리 크게 와 닿지는 않았다.

미국 대학원에 지원하려면 GRE라는 미국 대학원 입학 자격 시험과 토플을 봐야 했다. 아직 시간이 많았으므로 나는 먼저 토플과 전반적인 영어 실력 향상을 위한 공부를 하기로 마음먹었다. 그 중 토플을 공부하기로 한 것은 시험 공부라는 생각을 하면 아무래도 나태해지기 쉬운 마음을 조금이나마 붙잡고 열심히 할 것이라는 생각에서였다.

건성으로 영어 공부를 하던 차에 군대 문제로 고민을 하게 되었다. 군대를 빨리 갔다 오는 것이 좋겠다 싶어 카투사에 지원했다. 그때 카투사는 토익으로 선발 방식이 바뀌어 울며 겨자 먹기로 토익 공부를 했다. 처음 모의 토익을 풀었는데, 틀린 게 너무 많아서 맞은 개수를 세야 할지, 틀린 개수를 세야 할지 모를 정도였다. 그래도 남들보다는 영어 공부를 많이 했다고 생각했는데 점수가 잘 나오질 않아서 실망이 컸고, 이러다가 떨어지는 게 아닌가 하는 불안감마저 들었다.

무엇보다도 L/C(Listening Comprehension)는 그때 당시엔 공포로 다가왔다. 도무지 종잡을 수가 없었기 때문이다. Part A가 더 잘 들릴 때도 있었고, Part B가 더 잘 들릴 때도 있었다. 또 어느 날엔 이제 조금만 더 열심히 하면 다 들을 것 같은가 하면, 그 다음날엔 아직도 멀었구나 하는 좌절감을 느껴야 했다. 그래서 열심히 토익 학원에 다녔다. 시험에 대해 짜임새 있게 잘 가르쳐 주어서 사람들이 왜 학원에 다니는지 알 것 같았다.

그러나 학원에서 가르쳐 주는 것은 시험 문제를 푸는 기술과 전략이므로 근본적인 영어 실력을 높여 주지는 않았다.

TOEIC, TOEFL, GMAT, GRE, LSAT, SAT... 모두 영어가 관건인 시험이다. 각 시험마다 특징들도 주안점을 두는 곳도 난이도도 다 다르다. 그래서 나는 시험에 너무 치우치지 않고 영어 공부를 하기로 했다. 영어를 잘 하면 시험 성적은 원하는 만큼 나오리라는 생각에서였다.

일단 당면한 문제는 L/C였다. 이때 S/W(Structure and Written Expression)는 그냥 기본 실력으로 밀어붙이면 다 해결되리라 믿었다. 실제로 점수도 나쁘지 않았다. 다시 맨투맨 종합영어를 복습하면 다 맞추고 남겠지 하고 안심했다. 그리하여 L/C를 집중적으로 공략하기로 마음먹고, 영어 공부 방법에 대한 책을 뒤져보기 시작했다. 간간히 잡지에 나오는 짧은 글부터 시작해서 여러 가지 책들, 심지어는 논문도 조회해 보았다. 그 중에서 저자가 믿을 만하고(주로 언어학 박사나 교수님이 쓴) 나름대로 일리가 있다고 생각되는 방법들을 추려 하나씩 실행해 보기로 마음먹었다.

이때 얻은 지식이 영어 공부하는 데 좋은 지침이 되어 주었다. 그 자체로는 별 쓸모가 없었지만, 지금 하고 있는 방법대로 흔들리지 않고 꾸준히 할 수 있게 해주었다. 초심자는 보통 자신의 공부 방법이 제대로 된 것인지 확신할 수 없다. 그래서 조금 하다가 주위에서 그런 방법은 좋지 않고 저런 방법이 좋다고 하면 쉽게 바꾸어 버린다. 그렇기 때문에 성문종합영어를 1장만 보는 악순환이 반복된다.

하지만 나는 내가 선택한 방법을 믿고 의지하며 꾸준히 공부해 나갔다. 처음에는 잘 맞지 않는다 싶은 방법들도 많았고, 가끔은 시간도 없는데 괜한 헛수고를 하는 것이 아닌가 하는 불안감도 들었다. 그럼에도 불구하고 마음을 다잡고 꾸준히 한 덕분에 나의 영어 실력은 나날이 늘어만 갔다.

영어 공부는 부지런함이 99%이다. 물론 언어 감각이 있으면 좋지만, 아무리 감각이 있다고 해도 매일 1~2시간을 영어에 투자하는 사람을 이길 수는 없다.

위에서 말한 방법으로 꾸준히 노력해서 결국에는 토익도 보고 토플도 보았다. 토익은 군(카투사) 입대가 달려 있어 여러 번 보았다. 두 번째 보았을 때는 940점을 받았다. 그때 백분율은 99.88%였고 듣기는 만점을 받았다. 토플도 처음 본 시험에서 647점을 받았다. 물론 학원을 다닌 것도 도움이 되었지만, 영어를 잘 하려고 열심히 노력한 자세가 좋은 성과를 올렸다고 생각한다.

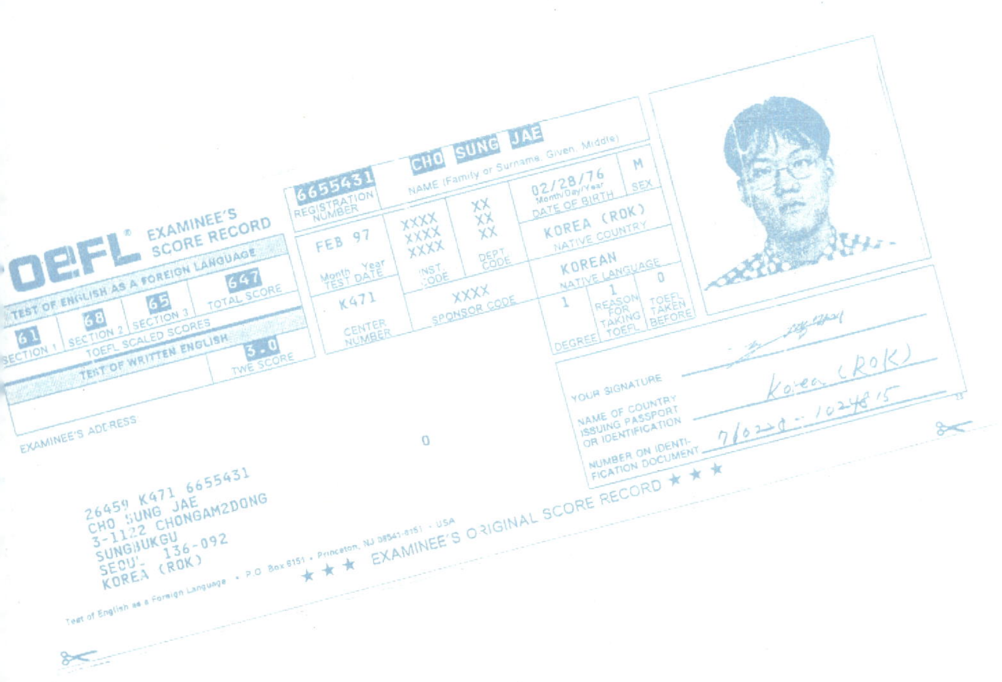

TOEFL® EXAMINEE'S SCORE RECORD
TEST OF ENGLISH AS A FOREIGN LANGUAGE

6655431 REGISTRATION NUMBER
CHO SUNG JAE NAME (Family or Surname, Given, Middle)
02/28/76 Month/Day/Year DATE OF BIRTH
M SEX

FEB 97 Month Year TEST DATE
XXXX XXXX XXXX INST. CODE
XX XX XX DEPT. CODE
KOREA (ROK) NATIVE COUNTRY
KOREAN NATIVE LANGUAGE

61 SECTION 1
68 SECTION 2
65 SECTION 3
647 TOTAL SCORE
TOEFL SCALED SCORES

K471 CENTER NUMBER
XXXX SPONSOR CODE
1 DEGREE
1 REASON FOR TAKING TOEFL
0 TOEFL TAKEN BEFORE

TEST OF WRITTEN ENGLISH
3.0 TWE SCORE

EXAMINEE'S ADDRESS

YOUR SIGNATURE
NAME OF COUNTRY ISSUING PASSPORT OR IDENTIFICATION Korea (ROK)
NUMBER ON IDENTIFICATION DOCUMENT

26459 K471 6655431
CHO SUNG JAE
3-1122 CHONGAM2DONG
SUNGBUKGU
SEOUL 136-092
KOREA (ROK)

Test of English as a Foreign Language • P.O. Box 6151 • Princeton, NJ 08541-6151 • USA
★ ★ ★ EXAMINEE'S ORIGINAL SCORE RECORD ★ ★ ★

우리의 뇌를 영어 모드로!

지금부터 여러분을 영어라는 광물을 캐는 광부라고 생각하자. 지금 여러분은 영어가 어느 곳에, 어느 정도의 깊이에 묻혀 있는지 아무것도 모른다. 마른 하늘에 날벼락처럼 막막함을 느낄 것이다. 이러한 막막함은 다음과 같은 도구(Tools)들을 활용함으로써 해결할 수 있다

도구의 활용

- 영영 사전 (그리고 영한 사전)
- 어학용 cassette tape recorder/player
- 주로 볼 책 (main text book)
- 참고서 (references)
- 단어장
- 학 원

이 정도만 가지고 있으면 대충 어느 곳에서라도 헤매지는 않을 것이다. 이 중에서 참고서는 참고용이므로 굳이 없어도 되지만 나머지는 꼭 있어야 한다. 고득점을 원한다면 말이다. 시중에 관련 책들이 여러 종류 나와 있다. 각각에 대해 자세히 살펴보면서 좋은 책들을 몇 권 추천해 보겠다.

1) 영영 사전

왜 영영 사전을 써야 하는지의 필요성에 의문을 제기하는 사람들이 있을 것이다. 혹자는 영영 사전으로 영어 단어를 찾으면 단어 정의 부분에 모르는 단어가 또 나와서 다시 한 번 사전을 찾아야 하므로 오히려 번거롭다고 말할 것이다. 그러나 결론적으로 말하면 영영 사전은 꼭 필요하다. 영영 사전이 영한 사전보다 단어의 뜻을 더 명확하게 설명해 주기 때문이다.

그리고 영어에는 'collocation' 이라는 현상이 있다. 어떤 말은 꼭 어떤 말과 같이 쓰이는 것이다. 예를 들면 우리나라에 '예쁘다' 란 말이 있다. 이 말은 보통 하는 짓이나 생긴 모양이 아름다울 때 쓰는데, 그렇다고 아무 말과 다 어울리지는 않는다. 여자의 얼굴을 보고 '예쁘다' 라고 하면 괜찮지만 남자의 얼굴을 보고 '예쁘다' 라고 하면 실례가 된다. 이러한 'collocation' 을 알기 위해서는 좋은 예문을 많이 봐야 하는데 영영 사전은 이러한 조건을 만족시켜 준다.

또한 영영 사전은 영어로 사고하는 데 도움을 준다. 우리는 영한 사전을 쓰면서 영어 단어와 한글의 1 : 1 대응에 익숙해져 있다. 영어 단어는 단 한 가지 뜻을 갖고 있는 경우가 드문데도 말이다. 1 : 1 대응으로 단어를 외우면 한글 뜻만 떠오른다. 가령 'make' 는 무조건 '만들다' 라고만 생각한다. 이는 나중에 'make' 가 나오면 무조건 '만들다' 로 해석하게 만드는 등 여러 문제점을 일으킨다.

영영 사전에는 두 가지가 있다. 하나는 우리와 같이 영어가 모국어가 아닌 사람들을 위한 영영 사전(ESL/EFL Dictionary)이다. 다른 하나는 모국어가 영어인 사람들을 위한 사전(바로 우리가 보는 국어 사전과 같은 식)이다. 우리같이 원어민이 아닌 경우엔 먼저 전자의 사전을 보는 것이 좋다. 후자는 정의가 굉장히 짧고, 정의어(단어를 정의하는 데 쓰이는 말)도 어렵다. 그리고 예문도 별로 없다. 대신 어휘가 풍부히 정의되어 있으므로 나중에 기본적인 어휘가 뒷받침되면 봐도 상관이 없다. 아니 나중에 영어의 고수가 되면 자연히 보게 될 것이다.

전자는 한마디로 우리들을 위한 영영 사전이다. 그래서 우리들의 고충을 대강 안다. 대개 이런 종류의 사전들은 정의어를 간단한 것들로 선정하여 그것들만으로 모든 단어를 정의한다. 한마디로 정의어를 알면 모든 것을 표현할 수 있다. 따라서 영영 사전을 읽는 것이 어렵다면 사전 속에 있는 정의어 일람을 펴서 그 단어들부터 조금씩 정복해 나가는 것이 좋다. 정의어들만 제대로 쓸 수 있어도 일상 생활에서 의사 소통하는 데는 별 문제가 없다.

되도록 영영 사전만을 보라고 권하고 싶지만, 처음엔 적응이 잘 되지 않을 것이다. 경우에 따라 영한 사전도 필요할 때가 있으므로 영한 사전도 구비해 놓자. 이미 최소한 1권은 갖고 있을 것이고 익숙한 사전이니 여기선 굳이 기술하지 않겠다.

자, 그럼 우리가 시중에서 볼 수 있는 영영 사전에 대하여 알아보자.

● Longman Dictionary of Contemporary English

Longman 출판사, 3rd ed., 1995.

8십만 개의 단어와 숙어를 포함하고 있다. 초 · 중급자라면 웬만한 단어는 이 사전에서 거의 다 찾아볼 수 있다. 필자가 강력히 추천하는 사전이다. 이 사전의 특징으로는 어휘가 풍부하고 믿을 수 있는 출판사에서 나왔다는 점을 꼽을 수 있다. 1억 어휘의 British National Corpus(현재 사용되고 있는 영어 어휘를 집대성한 언어 자료)와 3천만 어휘의 Longman Lancaster Corpus 등에서 엄선한 어휘를 담고 있다. 그만큼 잘 쓰이는 어휘를 선택했고, 여러 단어들에 그림이 나와 있어서 이해하기도 쉽다. 자동차를 찾아보면 자동차 그림이 나와서 계기판은 영어로 무엇인지 다른 부분은 또 영어로 무엇인지 친절히 가르쳐 준다. 탁상용과 휴대용 두 가지가 있다. 휴대용 사전의 경우 크기만 작을 뿐 내용이 적은 것은 아니다.

● Oxford Advanced Learner's Dictionary of Current English

A.S Hornby, Oxford University Press, 5th ed., 1995.

57,100개의 숙어와 단어, 12,720개의 idiom과 숙어구가 설명되어 있다. 81,500개의 예를 들어 어법(Usage)과 collocation을 설명하고 1,820개의 표제어는 삽화로 이해를 돕고 있다. 롱맨 사전과 함께 가장 많이 쓰이는 영영 사전 중의 하나로, 우리가 잘 알고 있는 혼비 영문법의 저자가 썼다.

● Collins Cobuild English Language Dictionary

Collins 출판사, 1st ed., 1987.

Cobuild : the Collins-Birmingham University International Language Database (3천만 단어 자료)

이 사전의 장점은 단어의 독특한 정의 방식으로, 9만 개의 예를 들어 설명하고 있다는 것이다. 'have' 를 설명한다고 하자. 보통 사전에서는 'have' 의 뜻만 간단히 정의하고 예문을 든다. 하지만 이 사전은 'have' 의 뜻뿐만 아니라 이 단어가 어떤 단어와 잘 어울리는지 다른 단어와의 궁합도 설명한다. 즉, collocation을 공부하기에 매우 좋다. 한국영어영문학회의 추천을 받은 사전이다.

● Cambridge International Dictionary of English

Cambridge University Press, 1st ed., 1995.

Cambridge Language Survey corpus (1억 개의 어휘 자료)

10만 개의 단어와 숙어를 포함하며 만 개의 예문이 있다. 또한 2천 개의 단어를 삽화로 설명하고, 2천 개의 정의어로 모든 단어를 설명하고 있다. 미국계 사전으로 깔끔한 정의와 풍부한 어휘로 많은 사람들이 보고 있다.

사전 종류를 보고 벌써부터 한숨이 나오는가? 그러지 않아도 된다. 이것을 다 사라는 소리가 아니다. 위의 네 종류의 사전은 나름대로 장단점을 가지고 있다. 이 정보를 바탕으로 서점에 가서 디자인도 보고, 그림도 보고 해서 입맛에 맞는 사전을 고르자. 영어에 관심이 있는 한 계속 옆에 있을 애인이 될 테니까.

2) 어학용 cassette tape recorder

cassette tape recorder는 아는데 어학용은 무언가 하고 의아해 하는 사람이 있을 것이다. 어학용은 기계식이고 고장이 나지 않으며, play 상태에서 rew(되감기)/cue(빨리 돌리기)가 작동해야 하는 조건을 갖춘 것이다.

기계식이란 버튼을 손으로 직접 눌러 작동시키는 방식으로, 옛날 리모콘이 없을 때의 전자 제품들을 생각하면 된다. 버튼을 눌러 놓으면 나중에 다른 버튼이나 정지 버튼을 눌러야만 스프링이 작동되어 버튼이 올라오는 것을 말한다. 속도 조절이 되면 금상첨화로, 반드시 play 상태에서 rew/cue가 되어야 한다. 이런 조건을 갖추지 못했다면 어학용으로는 쓸모가 없다.

3~4년 전만 해도 이 시장은 Sony사의 Tcm시리즈가 제패했었다. 어학용이라서 시중의 워크맨보다 음질은 좋지 않았다. 기본적으로 스테레오(음성 다중) 기능이 안 되는 것도 많이 있었다. 더불어 디자인도 투박했지만 그만큼 고장이 나지 않고 기계식이며 값도 3만원대로 저렴하여 어학 공부에는 정말 이상적이었다. 몇 번을 되감아도 전혀 문제가 없었다. 이 기계가 망가지는 날 득음을 한다는 전설도 있었으니, 특히 가장 싼 Tcm-313은 굉장한 인기였다. 필자는 지금도 이것을 가지고 있지만 성능에 전혀 문제가 없다. 나중에 313에 속도 기능까지 있는 더 좋은 제품이 나왔다. 하지만 요즘은 Aiwa 제품이 쏟아져 나

와 Sony의 아성을 무너뜨리고 있다. 기능은 별반 차이가 없다. 모델도 별로 다양하지 않으므로 위의 기능이 되는지 확인하고 싼 것을 사는 게 최고다.

보통 용산 전자상가나 강변역 테크노마트에 많이 가는데, 여러 군데 둘러본 후 사길 권한다. 바가지를 씌우는 곳이 많다. 그리고 확인할 것이 몇 가지 더 있다. 첫째, 품질보증서를 주는지 확인하자. 둘째, A/S를 위해 명함을 받고 A/S를 확실히 해준다는 다짐을 받자. 셋째, 테이프 넣는 곳을 열어서 헤드를 확인하고 테이프를 움직이게 하는 고무를 확인하자. 조금이라도 썼으면 이 부분은 먼지가 묻어 금방 티가 난다. 중고품 사는 것을 방지할 수 있다.

이 외에 아류작(?)들이 많이 나와 있는데, IC 구간 반복이 되는 것과 전자식은 별로 좋지 않다. IC 구간 반복은 칩이 내장되어 1분 구간 반복이면 1분 정도의 양이 칩에 저장되어, 굳이 버튼을 눌러 되감지 않아도 그 구간이 계속 반복되는 기능이다. 하지만 들어야 하는 부분이 1분이라는 보장이 없다. 짧을 수도 길 수도 있으므로 좋은 기능이 되지 못한다. 그리고 전자식은 너무 고장이 잘 난다. Dr.wicom이라는 1인용 어학 실습기가 있다. 굉장히 좋은 기계인데 기능이 많은 만큼 비싸고 휴대할 수 없다는 단점이 있다. 경제적으로 여유 있는 사람은 장만해도 좋을 듯하다.

3) 주로 볼 책(main text book)

그냥 막연하게 주로 볼 책이라는 것은 여러분이 공부하기로 마음먹은 책이다. 토플이 주 목표이고 시간이 없는 사람들은 토플 문제집 정도가 되겠고, 쉬엄쉬엄 영어를 공부하고자 하는 사람은 영화 대본, 드라마 대본, 영어 소설, 전공 원서, 《Time》 같은 외국 잡지, 영자 신문 등이 되겠다.

시간적 여유가 많은 사람들은 어떤 것을 선택해도 상관없다. 하지만 제발 끝까지 볼 수 있는 것을 고르자. 예를 들어 《Time》을 고르면 처음부터 끝까지 볼 필요는 없으나 최소한

3분의 2는 읽어야 한다. 지금 우리는 영어 교재를 선택한 것이지, 잡지를 보는 것은 아니기 때문이다. 부수적인 목적 때문에 주 목적을 잊어서는 안 된다.

4) 참고서(references)

참고서는 말 그대로 위의 도구들을 보충해 주는 역할을 한다. 있으면 상당히 도움이 되나 굳이 사지 않아도 된다. 보는 횟수도 그다지 많지 않지만 없으면 허전하다.

- **Practical English Usage, Oxford**

Michael Swan 저, 2nd ed., 1995, April.

정통파(?) 어법책으로, 말의 사용법에 관해 설명하고 있다. 문법책은 문장의 구성 성분이 어떻고 이들이 어떻게 연결되는가를 설명하고 있다. 반면 어법책은 예를 들어 during과 while은 어떤 차이가 있는지 그래서 쓰임새가 어떻게 다른지를 설명하고 있다. 심도 있게 섹션 2 Structure를 공부하고 나중에 작문에도 신경을 쓰려면 꼭 필요하다. 하지만 섹션 2만을 대비해서 사는 것은 좀 사치스러우므로 유념하기 바란다.

- **Longman Language Activator**

단어 활용에 초점을 둔 사전으로, 유의어 사전 비슷하지만 거기에 비할 바가 아니다. 이 책을 처음 접했을 때의 감동은 아직도 잊을 수가 없다. 여러 비슷한 의미의 단어들을 묶어 어떻게 다른지 어떤 때 쓰이는지, 어떤 것을 더 선호하는지 보여 주고 있다.

예를 들어, 우리가 아는 단어들 중 '놀라다'란 단어들이 있다. frightened, scared, terrified, petrified, panic-stricken 등이 있는데 이렇게 많으면 무엇을 언제 어떻게 써야 할지 고민이 된다. 이런 비슷한 단어들의 차이를 이 책에서는 모두 구분해 놓았다. 심지어 사전을 보면, 굉장히 놀라는 남녀의 얼굴 사진을 보고 설문 조사한 결과도 있다. 그 사진을 보고 인물들의 감정을 물어 보니, 42%가 frightened라고 대답하고, 17%가 fear, 47%는 기타로 처리되었다.

● Longman Dictionary of Phrasal Verbs

Rosemary Courtney 저, Longman 출판사, 5th impression in 1993.

거의 모든 숙어를 망라한 숙어 사전으로, 약 1만 2천 개의 숙어를 2천 개의 Longman 정의어만 사용하여 2만 5천 개의 예문을 들어 정의하고 있다. 시중에서는 잘 팔지 않는데 숙어 때문에 고민이 많은 사람이라면 장만해도 좋을 듯하다.

● Word by Word

Steven J. Molinsky, Bill Bliss 공저. Prentice Hall Regents 출판사.

Picture Dictionary로 생활에 쓰이는 여러 가지 도구나 물건의 이름을 그림으로 잘 구분하였다. 이 사전을 이용하면 여러 side dishes를 먹어본 경험이 없어도 그림으로 대충 먼저 이름을 알 수 있다. 심도 있게 영어를 공부하려면 필요한 책이다.

● 실용영어어법 (부제:영어 회화로 이어지는 살아 있는 영문법)

최인철 저, (주) 현대영어사, 1997년 7월 초판 발행.

제목으로 짐작할 수 있듯이 실용적인 영어 문법과 어법들을 거의 망라해 놓았다. 기존 참고서와는 달리 읽기가 좋고 예문도 권위 있는 원서에서 인용하여 좋은 책을 만들고자 한 저자의 노력이 엿보인다. 원서의 설명과 똑같이 문법 사항을 설명해 놓았다.

5) 단어장

단어장을 만들어 단어 외우는 것을 흔히 시간이 남을 때 하는 부수적인 영어 공부라고 생각하는 사람이 많다. 필자가 자투리 시간을 활용하라는 말은 단어 외우는 것이 기억력을 필요로 하기 때문에 반복 학습을 하라는 뜻이지, 그 정도만 하라는 것이 아니다. 솔직히 단어장을 만들어 외우지 않아도 시험이 단어만 묻는 것은 아니므로 다른 것들을 열심히 하면 점수는 올라간다. 하지만 단어를 외우지 않고 영어 공부를 하는 것은 흡사 한여름에 에어컨 없이 운전하는 것과 같다. 운전은 할 수 있지만 짜증이 계속 날 것이고, 심지어 나중엔 운전이 하기 싫어져 차에서 내리고 싶어질 것이다.

음성으로 인식을 하든 글자로 보든 영어는 단어로 시작해서 단어로 끝난다. 유추를 해서 모르는 단어를 알아 낼 수는 있지만 그것도 한계가 있다. 문법은 비교적 적은 내용이라 누구나 노력만 하면 어느 정도 경지에 오를 수 있으나, 단어는 그렇지 않다. 나중에 고득점에서의 점수 차이는 바로 이 단어 문제의 해결과 관계 있다. 그 문제가 듣기에서 나오든, 문법에서 나오든 항상 단어 공부를 게을리 하지 말자.

단어도 무작정 그 단어 자체만 외우면 비효율적이다. 단어는 그 단어 하나만 가지고는 아무것도 할 수 없다. 문장에서의 쓰임새를 알아야 한다. 그래서 되도록 외우려 노력하고, 외우지는 않더라도 최소한 그 단어가 문장 내에서 어떻게 쓰이는지 예문을 읽어 보고 또 단어장에도 적어 놓아야 한다. 그리고 영어 정의를 그대로 외우든지, 직역한 것을 외우든지 해야 한다. 단 1 : 1 대응식으로는 외우지 말자.

무엇보다도 단어는 매일 꾸준히 공부해야 한다. 기억력은 반복 학습이 최고이기 때문이다. 심심하면 외운 단어를 끄집어 내어 복습하라. 단어 외우는 방법에는 여러 가지가 있고, 어느 것이 더 낫다고도 할 수 없다. 각자의 취향에 맞는 방법을 고르라. 꾸준히 매일 할 수 있는 방법이 최고의 방법이다.

그러나 너무 어려운 vocabulary 책을 잡고 공부하는 것은 말리고 싶다. 첫째, 처음 시작할 때 재미가 없어서 쉽게 질린다. 둘째, 거기에 사용되는 단어들 중 절반은 너무 어려워 《Time》이나 고전 소설을 제외하면 거의 등장하지 않는다. 당장에 써먹지 못하는 단어는 그만큼 기억 저편으로 사라지는 법이다.

단어장을 만들 때는 쉬운 단어부터 정복한다는 자세를 가지는 것이 효율적이다. 가볍게 봤는데 생각보다 용법이 많은 단어가 있다. 'do' 나 'take' 등이 그렇다. 이런 기본 단어를 잘 찾아보기 바란다. 'do' 는 기본 의미가 '하다' 란 뜻으로, 쓰임이 너무 많아 웬만한 것은 다 표현할 수 있다. 예를 들어, '접시를 닦다' 는 'do the dishes' 하면 되고, '미국을 누비다' 는 'do America' 하면 된다. 이렇듯 사전을 찾아보면 의외로 많은 것을 얻을 수 있으므로 꼼꼼히 적어서 다시 찾아보는 불편함을 없애기 바란다. 너무 전문적이거나 오래되어 잘 쓰이지 않는 말은 그냥 뜻만 알아두고 지나가자.

단어를 적고 나면 반드시 해야 할 일이 있다. 예문을 적는 것이다. 예문을 써 봐야 실제로 그 단어가 문장 내에서 어떻게 쓰이는지 알 수 있다. 정 귀찮으면 한 번이라도 예문을 더 들여다보기 바란다. 그러려고 영영 사전을 보는 것이다.

한글로 정의를 쓰는 것은 될 수 있는 한 삼가라. 영어를 영어로 이해하는 습관을 들이기 위해 될 수 있으면 영어로 쓰자. 이렇게 되면 여러 이점이 있다. 먼저, 그 단어가 생각나지 않을 때 정의한 말을 영어로 외우고 있으면, 그 단어 대신 정의어를 쓸 수 있다. 이것은 작문할 때 같은 말을 다양하게 표현하는 데 많은 도움이 된다. 영어를 영어로 이해한다는 것이 무슨 소린지 의아해 할 텐데 L/C 편에서 보충 설명을 하겠다.

토플이 급한 사람들은 토플 시험용 어휘책을 따로 사서 공부하는 것도 좋다. 개인적으론 구학관 선생의 《No-frills English》 1편, 《Vocabulary》 1편을 추천하고 싶다. 전체적으로 토플에 자주 나오는 단어를 문제화해서 아주 자세히 설명해 놓았다. 처음 공부하는 어휘책으론 손색이 없다. 하지만 당장 급하지 않다면, 공부하면서 모르는 단어만 확실히 정복해도 무방할 듯하다. 꾸준히 계속하는 것이 무엇보다도 중요하니 말이다.

6) 시험 전문 학원

시간이 너무 촉박한데 단기간에 점수를 높게 받고 싶은 사람이나, 처음에 너무 막막해서 도저히 혼자 하기 어렵다고 생각하는 사람은 학원에 다녀라. 유명한 토플 학원으로는 '박정 어학원 (압구정동)', 'ELS 토플반 (ELS지점엔 거의 다 있다)' 등이 있다.

여기서는 시험에서 쓸 수 있는 문법 공식이나 skill들을 가르쳐 준다. 거의 모두 종합반으로 하루 최소 수업 시간만 3시간이며, 두 달 과정이 보통이다. 물론 skill이기 때문에 실제 영어를 쓸 때는 별로 도움이 안 된다. 따라서 시험 보기 바로 전에 총정리한다는 생각으로 듣는 것이 좋다. 대부분의 학원이 자기들만의 특수 교재를 만들어서 가르친다. ELS만 시중 문제집이 본 교재이다.

섹션별 공략법

1) Section 1 : Listening

거의 절대 다수의 사람들이 listening에서 고통을 느낀다. 사실 한국 사람들이 가장 많이 노력해야 되는 부분이다. 그 동안 독해나 문법에 비해 절대적으로 공부한 시간이 부족했으니까. L/C는 노력한 만큼 정직한 대가가 나온다. 한마디로 들은 만큼 풀 수 있다. 먼저 어떻게 공부해야 하는지 왜 그렇게 해야 하는지 설명해 보자.

듣기는 말 그대로 듣는 것이다. hearing이 아니고 listening이다. 그냥 귀에서 소리가 의미 없이 지나가는 것이 아니라, 뇌에서 의미 있는 단어나 이미지를 만드는 것이다. 'apple' 이 그냥 'apple' 로만 들리면 그것은 그냥 듣는(hearing) 것이고, 머리 속에 최소한 'apple' 이나 '사과' 나 사과 그림이 떠오르면 제대로 듣는(listening) 것이다.

그러므로 우리의 뇌를 영어 모드로 전환시켜야 하는 것이 듣기의 절대 과제이다. 그러면 어떻게 'apple' 을 잘 들을 수 있을까? 중학교나 고등학교 시절을 생각해 보자. 듣기 평가를 해본 기억이 있을 것이다. 그 때 우리가 듣기나 회화하면 무조건 반사적으로 떠올리는 말이 바로 'How do you do?' 이다. 이것은 native speaker가 아무리 빨리 말해도 잘 들리는데, 우리가 무의식중에 끊임없이 이 말을 연습했기 때문이다. 인사말이니 오죽했으랴. 그래서 우리 뇌는 이 말을 음성 정보로 잘 가지고 있다가, 외국인이 말하면 이것과 똑같은 소리를 귀에서 입력받아 'How do you do?' 하고 내놓았던 것이다.

결론적으로, 잘 들으려면 미리 뇌에 많은 정보를 가지고 있어야 한다. 듣기는 가지고 있는 말과 들리는 말을 뇌가 이어 주는 것이다. 그냥 마음속으로 몇 번 읽는 것으로는 소용없다. 최소한 자기가 말할 수 있는 경지까지 된 말들만 들린다. 유명한 말이 있다. '말할 수 있는 것만 들린다.'

방법은 간단하다. 아무 테이프나 잡아라. 처음엔 물론 쉬운 것을 택해야 한다. 일반 모의 시험 듣기 테이프이건 영화 테이프이건 수준에 맞기만 하면 상관없다. 먼저 한 번 들어 봐라. 잘 들리는가? 한 번 더 들어서 잘 알 수 있다는 느낌이 들면 여러 번 반복해서 들어도 상관없다.

대충 감을 잡았으면, script를 펴서 정확한 의미를 파악하자. 듣기 시간이므로 여기서 단어를 찾거나 하면 안 된다. 의미 파악이 끝나면 다음은 한 문장 단위로 크게 따라 읽어 보자. 어학용 cassette tape recorder를 활용하는 시간이다. 자, 이제 다시 따라 했던 문장을 틀어 보자. 비슷한가? 자신이 native speaker와 똑같이 발음했다고 생각하면 다음 문장으로 넘어가자. 아니면 계속 반복하라.

억양과 띄어 읽는 곳 등이 모두 같아야 한다(목소리만 빼고). 혹자는 모르는 단어와 복잡한 문장 구조 때문에 못하겠다고 할 수도 있다. 그럴 때는 그 문장을 외워라. 한 10회 반복하면 외워진다. 그러면 다음 문장으로 넘어가라. 전에 외웠던 것은 잊어도 상관없다.

억양과 강세도 거의 흡사해야 한다. 목소리만 다르고 다 같아야 한다. 영어는 우리말과는 다른 부분에서 띄어 읽고, 우리말에는 없는 강세라는 것도 있다. 이런 부분은 영어를 듣는 데 신호등 같은 역할을 한다. 'White house' 는 강세에 따라 백악관인지 그냥 하얀 집인지 구별한다. 물론 문맥상으로 파악해도 된다.

우리는 의식하지 않지만, 끊어 읽는 부분에서는 우리의 뇌도 멈춘다. 예를 들어 보자. 다음과 같은 예문이 있다. 'I think he is a bad guy.' 처음 보면, 우리는 'I think' 라 읽고 그 다음에 나머지를 읽을 것이다. 그렇게 하면, he가 아주 잘 들릴 것이고 그렇게 들리길 기대한다. 하지만 보통 원어민들은 'I think he' 까지 읽는다. 그렇게 되면 he는 원래 발음이 아니라 think와 결합하여 다른 발음이 된다.

띄어 읽기를 제대로 하지 않아 이러한 경험이 뇌에 없으면 뇌는 he를 듣지 못한다. 그래서 think 다음의 절이 주어가 없는 것처럼 들리거나 think를 인식 못하고 다른 동사로 착각하게 된다. 그냥 글자로 읽으면 분명히 모르는 단어도 없는데 말이다.

보통 우리는 급박한 상황을 제외하곤 먼저 예상을 하고 듣는다. 예를 들면, 드라마를 보는데 주인공 머리 위로 큰 돌이 떨어진다고 상상해 보자. 그것을 여주인공이 멀리서 보았다. 여주인공은 순간 얼굴을 찡그리며 뭐라고 외치려 한다. 우리는 이때 무의식적으로 나올 법한 단어를 떠올린다. '위험해', '피해' 등의 말들이 머리에서 일단 대기하고 있는 것이다. 물론 예상했던 단어와 전혀 다른 단어가 나올 수도 있지만, 최소한 뜻은 거의 비슷하다. 그리고 만약에 예상했던 단어가 나오면 거의 100% 들린다. 아무리 폭풍우 속에서 외치는 소리라고 해도 말이다. 그렇기 때문에 대화의 상황을 머리 속에 그리는 것이 중요하다.

위의 방식대로 하면 듣는데 사람의 귀, 눈, 머리, 입을 다 쓰게 된다. 귀로 듣고, 입으로 따라 하며, 눈으로 보고, 머리로 생각한다. 한 단어를 외우기 위해 코만 빼고 다 쓴 것이다. 그러면 뇌는 그 단어를 충분히 연습한 셈이다. 눈으로, 귀로, 입으로 다 느껴 봤으니 말이다.

기왕에 영어 공부를 시작했으므로, 처음부터 어려운 책을 공부하겠다고 의욕을 불태우는 사람들이 있다. 의욕은 좋으나 교재를 고를 때는 반드시 자기 수준에 맞는 교재를 택하자. 약 70% 정도 이상은 알아듣는, 최소한 무슨 내용이 오가고 있다는 것은 알아들을 수 있는 교재를 말이다.

이런 방법 이외에 영어 듣기 능력을 향상시키는 비결은 무엇보다도 자신의 독해 능력이다. 아무리 들을 수 있다고 해도 장문 독해 능력이 없으면, 이해되지 않는 것은 당연하다. 어려운 책은 읽어도 무슨 뜻인지 모른다. 하물며 그 책을 누가 읽어 준다고 생각해 보라. 이해될 리 없다.

AFKN을 듣고 싶은 사람이 많을 것이다. 듣는 데에는 두 가지 방법이 있다. 뉴스를 선택하는 방법과 오락 프로그램을 선택하는 방법이다. 뉴스를 들을 때의 장점은 아나운서가 또렷한 발음으로 정확히 읽어 준다는 것과 시사에 대한 배경 지식을 풍부히 얻을 수 있다는 것이다. 'Headline News' 나 우리나라의 '추적 60분' 같은 '60 Minutes' 를 권하고 싶다. 하지만 단점도 있다. 어느 정도 시사에 대한 지식이 없으면 듣기 어렵고, 아나운서가 빠른 속도로 말하기 때문에 속도에 익숙해지지 않으면 또 듣기 어렵다.

이러한 단점을 보완할 수 있는 것이 AFKN의 오락 프로그램인데, 일단 소재가 오락이기 때문에 집중이 잘 된다. 그리고 재미가 있다. 토크쇼에는 유명한 연예인이 자주 등장한다. 새로운 영화나 노래에 대한 정보도 가득하다. 'Tonight Show with Jay Leno' 나 'Late Show with David Letterman' 이 토크쇼로 유명하다. 단점은 말을 자유롭게 하기 때문에 초보자가 들으면 쏘아대는 것 같고 또 언제 말할지 모르므로 듣기에 수월하지 않다. 속어도 많이 등장한다. 문화적 배경이 없으면, 농담을 해도 같이 웃기 어렵다.

dictation은 나쁘다고 말할 수 없지만 오래 하지 않았으면 한다. 많이 들어야 하는데 한 문장 한 문장 듣고 쓰면 그만큼 듣는 양이 줄어든다. 그리고 오래 하다 보면, 꼭 음성을 문자화해야 직성이 풀리는 버릇이 생길 수도 있고, 자칫 억양이나 강세 등을 소홀히 할 수도 있다. 한 문장을 듣고 거의 비슷하게 말할 수 있다면, 듣기 연습으로서 아주 훌륭하다.

들을 때 해석하지 않는 것을 최종 목표 중의 하나로 삼아야 한다. 해석한다는 것은 영어를 한글로 전환한다는 것인데, 그만큼 머리에서 시간이 더 걸린다. 독자에게 묻고 싶다. 무엇을 듣는가? 영어다. 그러면 영어 시험에 무엇으로 질문하고 답하는가? 그것도 영어다. 그렇다면 굳이 왜 영어를 한글로 전환해야 하는가?

'이해해야 문제를 풀 텐데 그럼 어떻게 하란 말인가?' 하고 질문할 것이다. 한글로 바꾸지 말고 글의 상황을 머리 속에 떠올려라. 예를 들어 물건에 대한 설명을 들으면, 그 물건의 형상을 머리에 영화 찍듯이 떠올려 보자.

우리가 한글로 된 소설을 읽을 때 이런 구절이 나왔다고 치자. '흐린 어느 가을 밤, 달은 구름 뒤로 가리워져 있고 비가 시나브로 내렸다.' 이 말이 머리 속에서 어떻게 받아들여지는가. 달은 지구의 위성으로 지구 주위를 도는데 구름이 우리의 시각을 가려서 보이지 않는다. 여기서 '비가' 는 주어니까 주어로 해석하고, 시나브로는 부사다. 이런 식으로 이해하는가? 아니면, 어느 가을날 어두운 하늘에 비가 내리는 장면이 머리에 떠오르는가? 당연히 후자이다. 그러면 왜 영어는 이렇게 이해하면 안 되는가? 후자처럼 하면, 그림 1장으로 모든 상황을 기억할 수 있다.

한 가지 묻겠다. 사과가 무엇인가? 그러면, 십중팔구 모두 의아해 할 것이다. '사과가 사과지 뭐야.' 하고. 그렇다. 사과는 사과이다. 그러면 다시 묻겠다. apple이 무엇인가? 여기서 사과라고 생각한 사람은 습관을 바꿀 필요가 있다. apple은 apple이다. 왜 굳이 사과로 바꾸는가? apple이라 해도 맛이나 색깔 아무것도 달라지지 않는다.

물론 이런 훈련은 쉽지 않다. 하지만 그럴 가치가 있고, 영어를 잘하고 싶으면 언젠가는 반드시 넘어야 하는 과제다. 의식적으로 하면, 짧은 시간 내에 효과를 볼 수 있다. 무의식적으로 하면, 언젠가는 되겠지만 시간이 무척 걸린다. 영어에 많이 노출되라는 말은 바로 영어를 많이 들어서 이런 작용이 빨리 일어나도록 하라는 것이다. 언어 습득 연령을 넘어선 사람들은 참으로 어렵지만 말이다.

L/C에서는 다음과 같이 세 가지 방법에만 주안점을 두면 문제 푸는 데에는 부족함이

없을 것이다.

첫째, 문제 유형과 질문 형식을 완전히 파악하자.

둘째, 시간 활용을 잘하자.

셋째, 시험 형식에 완전히 익숙해지자.

첫째, 질문의 유형은 항상 정해져 있다. 그러므로 질문을 듣지 못하거나 해석이 되지 않아 풀지 못하는 일은 없도록 하자. 유형에 익숙해지면 그만큼 여유롭고, 문제 푸는 속도도 빨라진다. 문제 유형과 전형적인 질문 형식에 대해서는 다음에서 상세히 설명하겠다.

둘째, 주어진 시간을 잘 활용해야 한다. PBT에서는 답을 선택하는데 약 12초의 시간을 주었다. 이미 문제를 많이 풀어 본 사람이라면 이 정도의 시간이면 문제를 잘 못 들었어도 찍기에 충분하다. 잘 못 들었다고 해서 절대로 풀지 않은 채로 지나가거나 집착하면 안 된다. 풀지 않은 채로 지나가면 다음 문제를 풀 때 신경이 쓰이고 불안해서 잘 풀리지도 들리지도 않는다. 깨끗이 포기하고 최선을 다해 찍어라. 설사 틀렸다고 해도 감점은 없기 때문이다.

셋째, 시험 형식에 완전히 익숙해져야 하는 이유는 한눈파는 것에 대한 피해를 최소화하기 위함이다. 듣기 시간 내내 집중하는 것은 상당히 힘들다. 어떤 문제가 약간 쉬워서 빨리 풀고 기다리다가 망상에 빠지면 아차 하는 순간 다음 문제를 못 듣게 된다. 따라서 여러 번 실전 문제를 풀어서 듣기 형식에 익숙해지자. 문제 푸는 시간을 몸에 익숙하게 해서 듣고 풀고 잠시 후에 다시 들으려고 하는 순간까지를 자연스럽게, 주어진 시간 안에서 이루어지게 하라는 것이다.

둘째와 셋째 방법은 모의 토플이나 실전 문제들을 여러 번 풀어 보면서 자연스럽게 습득할 수 있다. 여러분들만의 감각이나 요령을 만들어 내면 된다. 하지만 첫째 방법은 처음부터 혼자서 하기에 어려우니 문제집이나 참고서를 보면서 정리하는 게 좋다.

In Part A of the Listening section, you will hear Short Conversations between two people. In some of ...

Short Conversation

Short Conversation에서는 먼저 사진이 화면에 나오고 그것에 대한 짤막한 응답문들이 나온다. 두 사람이 나와서 말을 주고받는데 1~2 문장 내외이다. 그렇기 때문에 한 번 놓치면 대화 내용을 파악하기 어렵다. 이 파트만큼은 최대한 집중력을 발휘해서 한눈파는 일이 없도록 하자.

먼저, 대화중에 나오는 사진들을 보고 대화 내용을 미리 짐작해 보자. 이는 토익의 맨 처음 파트를 공략하는 것과 비슷한 방법이다. 사진은 대화 내용과 관련이 있으니, 어떠한 말이 나올지 미리 예측해 보자. 그러고 나서 다음과 같은 사항들에 유의하며 대화를 듣는다.

① 글의 주제나 질문

글의 주제는 굳이 문제로 물어 보지 않아도 항상 생각해야 한다. 지문이 다 들리지 않아도 들렸던 문장이나 단어로 어떤 주제에 대하여 이야기하는지 유추하는 연습을 하자.

문제 유형은 다음과 같다.

- Where is the conversation probably taking place?
- When is the conversation probably taking place?
- What is the man's/woman's occupation?
- What will the speaker probably do?
- How does the speaker probably feel?
- What are these people probably doing?

이런 유형은 위에서 설명한 방법대로 대화를 들으면서 머리에 상황을 그리면 대개 쉽게 해결된다. PBT에서는 예문을 먼저 봐서 가장 큰 이득을 볼 수 있었던 문제 유형이다.

② 숙어나 관용구

문제 유형 중에 숙어가 나오고 그 숙어를 알아야 문제 해결이 되는 경우가 있다. 예를 들면, 어떤 남자가 대화중에 'Here. I'll give you a hand with them.' 이라고 말하고, 남자가 한 말의 의도가 무엇인지 묻는 문제가 나온다. 이 문제는 'give you a hand' 의 뜻을 모르면 풀기 어렵다. 또한 'come down with' 와 같은 숙어는 뒤에 질병이 오면 '병에 걸렸다' 라는 뜻으로, 그냥 물건이 오면 문자 그대로 '그 물건을 가지고 어디서 내려온다' 는 뜻으로 해석된다. 이런 문제는 평소에 꾸준히 쌓아온 어휘 실력이 있어야 풀 수 있다. 숙어를 잘 정리해 놓은, 특별히 좋은 책은 없다. 급하면 일단 듣기 문제집에 빈출 숙어들을 정리해 놓은 것이 많으니 그것을 보기 바란다.

너무 한정된 맥락에서만 쓰이는 속어(slang)를 실어 놓은 책은 토플 대비에 좋지 못하다. 토플은 대상 언어가 표준 spoken English(구어)와 written English(문어)이기 때문에 새로 나온 말이나 유행어들은 문제에 출제되지 않는다.

③ 제안이나 부탁

한 사람이 부탁을 하고 다른 한 사람은 그 부탁에 대해 거절이나 승낙을 하는 대화 형식으로 이루어진다. 구체적인 예를 보자.

Ex) Woman : Where do you want me to drop you off?
Man : Right here is fine.

Q : What will the man probably do?

Ⓐ Get out of the car
Ⓑ Pay the parking fine
Ⓒ Take his coat off
Ⓓ Make a right turn

답은 A이다. 여자가 '어디에 내려 줄까?' 하고 말을 했고, 그에 대해 남자가 '지금 여기 내려줘.' 하고 반응했다. 두 번째와 세 번째 예문을 만든 방법을 보자. 대화중에 있는 똑같은 발음의 fine과 off로 오답을 만든 것을 볼 수 있다. 이렇게 오답을 만드는 경향이 있으니 답을 고를 때 대화중에 들은 단어들과 비슷한 발음이 나오는 예문은 피하는 것이 좋다.

허락을 구하는 문장들은 다음과 같은 말로 시작된다.

- Shall I ...?
- Can I ...?
- Could I ...?
- May I ...?
- Should I ...?
- Let me ...
- Would you like me to ...?
- Do you want me to ...?

요청(요구)하는 문장들은 다음과 같은 말로 시작된다.

- Could you ...?
- Would you ...?
- Mind if ...?
- May I ...?
- Will you ...?
- Would you mind if ...?
- Can you ...?

④ 충고나 초대

대화 내용이 충고나 의견 제시에 관한 것이다. 주로 먼저 말하는 사람이 문제를 내놓고, 두 번째 화자가 조언이나 충고를 한다. 그러므로 먼저 들은 문장이 어떤 곤란한 상황에 대한 것이라면, 다음 사람의 말에 귀를 기울여야 한다.

Ex) Man : I don't know whether I should time my lecture now or keep on revising my lecture notes. What would you think?
Woman : I'd carry on with what you're doing.

Q : What does the woman suggest that the man do?
Ⓐ Give her the correct time
Ⓑ Use her notes
Ⓒ Time the lecture
Ⓓ Continue reviewing

먼저 남자가 강의에 대하여 어떻게 할 줄 몰라 하는 상황을 제시했고, 두 번째 화자가 그에 대하여 충고를 했다. 계속 검토하라고 충고했으므로, 답은 D가 된다. 예문도 검토해 보자. 답을 가르쳐 주는 핵심 문장에서 carry on이란 말이 나온다. 이것은 keep on이라고 남자가 한 말과 뜻이 같다. 그리고 continue도 같은 말이다. 본문에서 사용한 단어를 절대로 정답에 똑같이 쓰지 않았다. 세 개 모두 다 제대로 알아야 고민하지 않고 풀 수 있을 것이다.

이는 본문의 내용을 동의어를 사용해서 바꿔 놓은 것이 정답일 가능성이 많다는 것을 가르쳐 준다. 이 규칙에 따르면 위의 핵심 단어만 듣고도 문제를 풀 수 있다. 또한 이 문제는 남자가 'time my lecture를 할까, 아니면 revising my lecture notes를 할까?' 하고 선택적인 질문을 했다. 따라서 답은 무조건 C 아니면 D라고 생각할 수 있다. 여기서 여자가 긍정문으로 지금 하고 있는 것을 하라고 했으니 답은 D가 된다. 같은 '~ing'를 썼으니 말이다. 이것은 정 듣지 못했을 때 쓸 수 있는 최후의 방법이다. 해석을 거의 하지 않았음에 유의하자. time my lecture가 무슨 뜻인지 몰라도 풀 수 있다.

제안을 하는 문장들은 다음과 같다.

- Why not ...?
- What about ...?
- How about ...?
- Why don't we/you ...?
- If I were you ...
- Shouldn't we/you ...?
- Maybe we/you could ...
- We/you might want to ...
- Have you thought of ...?
- We/you should ...

초대를 하는 문장들은 다음과 같다.

- Would you like to ...?
- Do you want to ...?
- Can you ...?
- Let's ...
- Would you care to ...?
- Shall we ...?
- Will you be able to ...?
- Could you ...?

⑤ 동의나 반대(거절)

첫 번째 화자가 어떤 의견을 내놓으면 다음 화자가 동의 혹은 반대를 한다. 이런 문제의 문장은 주로 아주 짧다. 그래서 귀를 세워서 들어야 한다. 당연히 답은 두 번째 화자의 말이니 두 번째 화자의 말에 귀를 기울이자.

Ex) Man : The writer's style is very creative.

Woman : Isn't it though!

Q : What does the woman think about the writer?

Ⓐ He isn't very thorough.

Ⓑ He has no style.

Ⓒ He creates problems for himself.

Ⓓ He's very inventive.

남자의 '그 작가의 문체는 매우 독창적이야.' 라는 말에 두 번째 화자가 강한 긍정을 나타냈으므로 답은 D가 된다. A는 though와 비슷한 소리를 내는 단어를, B는 style을, C는 creates를 넣어서 수험생을 현혹하고 있다. D는 creative를 inventive로 바꾸어 넣었다. 이 문제는 답의 형식만 봐도 찍을 수가 있는데, 위의 세 문항이 모두 부정의 뜻을 갖고 있음에 한번 유의해 보자. 찍을 때 막연히 찍지 말고 이러한 형식을 봐서 찍으면 운이 더해지는 법이다.

동의를 나타내는 다음과 같은 말을 유의하라.

● 긍정문에 동의를 나타내는 말들

- I'll say!
- It certainly does.
- Isn't he (she) though?
- You're telling me.
- So do I.
- Who wouldn't?
- You can say that again!
- You bet!

● 부정문에 동의하는 말들

- Neither do I.
- I don't either.

● 반대를 나타내는 말들

- Not really.
- I don't think so.
- I'm afraid not.
- Probably not
- That's not what I think.
- That's not how I see it.

⑥ 사역동사가 들어간 대화

대화중에 사역동사가 나와서 어떤 이가 다른 화자에게 무언가를 시키는 내용이 이어진다. 당연히 초점은 누가 누구에게 무엇을 시켰느냐를 잡아내는 것이다.

● 대표적인 사역동사

- have
- make
- get
- let

Ex) Man : Linda, did you fix the leaky pipe?
Woman : No. I had the plumber do it.

Q : What happened to the pipe?

Ⓐ David fixed it.

Ⓑ The plumber fixed it.

Ⓒ It was left leaking.

Ⓓ It was removed.

남자가 '린다, 파이프 새는 것 고쳤어?' 하고 물으니 여자가 '배관공에게 고치라고 했어.' 라고 답했다. 따라서 답은 B가 된다. 정답문에 대화중에 나오는 단어가 다 나온다. 이전에 언급한 것과 같은 법칙이 통하지 않는 대화문이다.

⑦ 추론(Inference)

추론 문제는 사실에 근거해 다른 사실을 끌어내야 맞출 수 있다. 다시 말하면, 대화 내용에서 바로 정답을 찾을 수 없는 형태의 문제이다. 제대로 들어야 추론할 수 있고 또 근거 있는 추론을 해야 문제를 맞출 수 있다. 근거 있는 추론이란 사실을 근거로 유추 가능한 범위 안에서 생각하는 것을 말한다. 어떤 사람들은 곧잘 한 가지 사실만을 가지고 너무 큰 범위의 추론을 해버리는 경우가 있는데 유의하자. 예문을 보면서 설명하겠다.

Ex) Man : Peter says he doesn't like movies.

Woman : Yes, but he seems to spend a lot of time watching them, doesn't he?

Q : What does the woman think about Peter?

Ⓐ He spends too much money.

Ⓑ He bought an expensive watch.

Ⓒ He really does like movies.

Ⓓ He should watch more videos.

남자가 '피터가 영화는 별로 좋아하지 않는다고 말하더라.' 라고 했더니, 여자가 '근데 피터는 영화를 보는데 시간을 많이 쓰잖아. 안 그러니?' 라고 답했다. seems라는 동사를 썼으니 그녀가 보기에 피터는 영화를 많이 본다는 것이다. 질문은 '여자가 피터에 대해 어떻게 생각하는가?' 이다. 당연히 답은 C가 된다. 자 A에 주목해 보자. A는 '그는 돈을 너무 많이 쓴다.' 라는 문장이다. 영화를 보니 당연히 돈을 많이 쓰겠지 하고 정답으로 생각하면 너무 많이 생각하는 오류를 범한 것이다. 위의 두 문장만 가지고는 피터가 공짜표나 시사회를 통해 영화 보기를 좋아하는지, 정말로 돈을 많이 써가면서 영화를 보는지 알 수 없다. D도 진위를 알 수 없는 문장이다. 반드시 사실에 근거해 한 단계만 더 나아가 생각하는 버릇을 갖자. 여러 번 생각하면 할수록 정답과 멀어진다.

위의 질문에서도 알 수 있지만, 문제가 두 번째 화자의 반응에 초점을 맞추고 있다. 첫 번째 화자가 상황을 제시하고, 두 번째 화자가 이에 대한 반응을 하도록 구성되어 그렇다. 앞 사람의 말에선 상황만 파악해도 되지만, 두 번째 화자의 말은 뉘앙스와 억양까지 세심하게 듣자.

추론 문제에 대한 질문의 예들은 다음과 같다.

- What does the man/woman imply?
- What can be inferred from this conversation?
- What can be inferred about ...?
- What is the man/woman implying...?

In Part B of the Listening section, you will hear several longer conversations and talks. Each conversation or talk is ...

Longer Conversation

더 긴 대화가 나온다. 대화를 들을 때는 항상 대화의 주제가 무엇인가를 먼저 아는 것이 관건이다. 이 파트에 나오는 대화의 주제는 주로 생활사에 관한 것이 많다.

질문 유형은 다음과 같다.

- 화자들에 대해서
- 대화의 주제가 무엇인가?
- 대화가 일어나고 있는 장소는 어디인가?
- 대화 내용 중에 나오는 시간
- 화자들 서로에 대한 입장(attitude)은 무엇인가?
- 대화 내용 중 나오는 세부적인 사항

이 파트에 대응하기 위해선 다음과 같은 것에 주안점을 두자.

① 주제(Topic)를 예측하자

거의 매번 나오는 문제라고 봐도 무방하다. 주제는 대화의 흐름대로 내용을 머리 속에서 그려보면 쉽게 파악할 수 있다. 만약 대화 내용이 잘 들리지 않으면 들리는 내용과 나중에 보기에 나오는 문장들을 보고 문제를 풀어야 한다. 일단 들리는 내용 중에 나오는 단어들이 공통점이나 상관성이 있나 생각해 보자. 대화 내용은 잘 안 들리더라도 간간이 tickets, play, actor, reservation 등의 단어가 들리면 대강 내용이 연극 입장권 예매에 관한 것이 아닌가 하고 생각할 수 있다. 여기서 너무 성급히 결론을 내리지 말고 나중에 보기가 제시되면 비교해 문제를 푼다.

주제를 물어보는 질문 유형은 다음과 같다.

- What is the main topic of the conversation?
- What will most likely be the main topic of this conversation?
- What will this conversation probably deal with?
- What will speakers probably talk about?

② 도입 부분은 항상 주의 깊게 듣자

도입 부분은 주제나 대화의 상황을 제시한다. 때문에 항상 귀를 기울여 도입 부분을 듣도록 노력하자.

③ 대화 내용을 머리 속으로 상상해서 구성해 보자

사실 이 방법이 잘 되면 듣기는 반 이상 해결된 것이다. 굳이 해석하려 하지 말고 들은 내용으로 머리 속에 그림을 그리자. 세부 사항에 유의하면서 대화의 흐름을 따라 자연스럽게 그리자. 질문들도 대화 내용에 따라 차례대로 나온다. 뒷부분의 내용에 관한 질문을 앞에서 하는 일은 거의 없다. 대화가 일어나는 상황을 바로 옆에서 듣는다고 생각하자. 이 방법이 몸에 배면 자연스럽게 When, Where, What으로 물어 보는 문제들은 해결된다.

이런 종류의 문제 유형은 다음과 같다.

- Where does this talk probably take place?
- How many/much ...?
- When is this conversation taking place?
- What ...?

④ 예문을 꼼꼼히 읽어 보자

정답문에는 대화 내용을 그대로 제시하지 않고 다른 말로 바꾸어서 제시하는 경우가 많다. 따라서 대화에 나오지 않은 생소한 단어가 나오는 선택지도 그 의미를 음미하면서 꼼꼼히 읽자. 특히 추론에 관한 문제가 나왔을 때는 주의하자.

⑤ 세부적인 부분에도 신경 쓰자

세부 사항에 관한 문제도 출제되므로 듣는 도중에 특이한 의견이나 시간, 사건, 전체적인 분위기 등을 기억하려고 노력하자. CBT에서는 듣자마자 빨리 문제를 읽고 신중하게 답을 클릭해야 한다. 이 유형의 문제는 주로 'According to ...?' 로 시작된다.

⑥ 추론 능력을 기르자

들은 내용을 바탕으로 추론 연습을 해서 추론 문제에 대비해야 한다. 미리 연습한 사람들은 이런 유형의 문제를 접하면 바로 답을 찾아낼 수 있지만, 연습이 부족하면 조금 힘들다. 그러면 다음 문제를 풀 때도 영향을 미치므로 미리 연습하여 철저히 대비하자.

이런 유형의 문제는 다음과 같다.

- What does the man/woman imply about ...?
- What can be inferred from ...?
- What is the man's/woman's probable occupation?
- How does the man/woman feel about ...?
- What is the man's/woman's attitude towards ...?

Talks

듣기 초보자가 가장 듣기 싫어하는 부분이다. 주로 강의 형식이 많이 나오는데, 과학이나 미국 역사 그리고 잘 알려지지 않은 사실에 대한 내용이 나온다. 먼저 한두 부분이 안 들린다고 해서 긴장하거나 당황해 하지 말자. 이 파트는 내용이 길기 때문에 안 들리는 부분이 있다고 해서 문제를 풀 수 없는 것은 아니다.

내용에 대한 세부적인 질문들이 Longer Conversation보다 많이 나온다. 내용과 길이가 더 길어진 것을 빼면, 기본 전략은 Longer Conversation과 같다. 이 파트에서는 적은 분량의 글을 읽는다고 생각하면 된다. 영어는 단락별로 topic sentence가 두괄식으로 포진되어 있다. 따라서 항상 단락의 처음 문장을 잡아내어 뼈대로 활용하고, 들으면서 독해한다고 생각하면 된다. 그 다음에 세부 사항에 대해서 신경쓰자. 내용이 그러한 순서로 곧잘 흐르기 때문이다. 항상 추상적인 글이 앞에 나오고 뒤에는 예를 들거나 그 말을 설명하는 말들이 나오므로, 이런 글의 형식에 따라 들은 내용을 정리하는 것도 좋은 방법이다.

이 파트는 문장이 길어서 다 듣고 뜻을 이해하기 위해 앞뒤로 해석하면 그 순간 다음 말들을 놓치게 된다. 따라서 그러한 습관을 갖고 있다면 과감히 버리자. 항상 듣는 순서대로 해석해야 한다. 그러므로 잘 듣기 위해선 독해 능력도 길러야 한다.

'Lectures' 는 정말로 강의를 듣는다고 생각하면 편하다. 실제로 어떤 주제에 대한 강의를 듣게 된다. 우리가 학교에서 수업을 받을 때 듣는 동시에 이해하고 중요 사항을 암기하듯이 똑같은 방식으로 들으면 된다. 강의 형식을 빌렸지만 실제 대학 강의처럼 어렵거나 난해하지는 않다. 가끔 어려운 용어가 나오는데 당황하지 말고 지나치자. 나중에 설명해 주거나 다른 부분을 듣고 유추할 수 있다. 한두 단어의 뜻을 몰라도 대부분의 문제를 풀 수 있으니 항상 침착하자.

'Talks'는 대개 관광지나 유적지의 자연이나 역사, 유래 등을 설명하는 글들이 나온다. 그런 글들은 무엇에 대해 이야기할지를 먼저 말한다. 따라서 어떤 것에 대해 설명할 것인지 들은 다음, 그 글의 주제와 특성에 따라 시간 순으로 정리하거나 종류별로 정리한다.

또한 어떤 협회의 집회나 회의 일정 등을 공고하는 글들이 나오기도 한다. 이때는 자신들이 무슨 협회인지 언제, 어디서, 어떠한 일정으로 회의를 진행한다고 설명한다. 이에 따라 차분히 들은 내용을 마음속으로 정리해 나가자.

이와 관련된 대략적인 질문들을 살펴보면 다음과 같다.

● Main Subject

- What is the main topic of the talk?
- What is the talk mainly about?
- What is the lecture all about?
- What is the main subject of this conversation?
- What is the main subject of this talk?
- What does the speaker mainly discuss?
- What are the speakers discussing?
- What was the main idea?
- What would be a good title for the talk?

Factual Information

- Where does this talk probably take place?
- Who is the speaker addressing?
- What does the speaker think about ...?
- What does the man/woman say about ...?
- How many/much ...?

Implied Information

- Who is the speaker of the talk?
- What is the relationship between speakers?
- What is the man's/woman's attitude toward ...?
- What does the man/woman imply?
- What does the man/woman suggest?
- After this conversation what will the man/woman do?
- For whom is the talk intended?
- Where did this conversation probably/most likely take place?

Purpose

- What is the purpose of the conference?
- What is the main purpose of the talk?

This section measures the ability to recognize language that is appropriate for standard written English. There are two types of questions in this section.

In the first type of question, there are incomplete ...

2) Section 2 : Structure

CBT에서도 이 부분은 별로 바뀌지 않았다. 컴퓨터 조작법에 익숙해지고, structure 문제와 written expression 문제가 한 문제씩 번갈아 나온다는 것만 제외하면 종전의 방법이 그대로 적용된다.

이 섹션은 토플에서 고득점을 올리기 위한 초석이 된다. 여기서 점수를 많이 받아야 다른 섹션에서 잃은 점수를 보상받을 수 있다. 그리고 나오는 내용이 항상 정해져 있기 때문에 다른 섹션에 비해 상대적으로 점수를 받기가 쉽다. 물론 문항 수가 많긴 하지만 각 문법 사항들이 어려운 것이 아니므로 쉽게 점수를 올릴 수 있다. structure는 비결이 따로 없다. 배운 문법 사항을 패턴화하여 외우고, 그것을 바탕으로 많은 문제를 풀어 보면 된다.

어려운 문법책은 피하라. 특히 고시 영어를 위해 만든 영어 문제집이나(토플이라고 써 있지만) 문법책은 절대 피하라. 거기서 배운 지식들이 토플에서 유용하게 쓰일 것이라는 희망은 버려야 한다. 그러한 시도 자체가 시간 낭비이다. 고등학교 때 영어 시리즈를 독파하고도 structure에서 고전을 면치 못하는 것은 이유가 있다. 미국 사람들이 보는(전체적으로 외국 학자들이 보는) 중요한 문법 사항들이 우리가 보아 왔던 책에서는 중요하지 않기 때문이다. 우리가 보아 왔던 책은 어려운 문법 사항만을 주로 설명하고 있다. 그런 문법 사항만 대학 입시에서 문제화되었으니까.

토플은 대학 입시처럼 사람들을 떨어뜨리는 시험이 아니라 영어 능력을 측정하는 시험이므로, 어려운 문법보다는 쉽지만 기본이 되는 문법 사항들이 핵심이 된다. 따라서 옛날에 중요하다고 배워 왔던 문법 사항(주로 예외나 어려운 구문)을 적용하려 들면, 당연히 정답이 보이지 않는다.

이 파트에서 필요하다고 생각되는 부분을 다 서술하자면 문법책 한 권 정도는 될 만큼 많으니 tip과 skill을 중심으로 중요한 것만 짚어보자.

① 문법 사항을 간단히 패턴화하자

앞에서도 말했지만 패턴화하는 것이 가장 중요하다. 자신이 직접 패턴화를 해봐야지 어떤 사항들이 토플에서 중요하게 다루어지는지 알 수 있고, 문제가 나오면 그 부분에서 어떤 것을 물어 보려 하는지 금방 파악할 수 있다. 그렇지 않으면 빠른 시간 내에 문제를 풀 수도 없고 정답률도 떨어진다.

그리고 패턴화할 때, 핵심 사항을 한 문장이나 한 단어 이내로 만들어야 한다. 여러 가지 문법 사항을 외워야 하므로 외우기 쉽게 핵심만 간단히 정리해서 나중에 모든 문법 사항을 종합했을 때 1페이지를 넘지 않게 한다.

② 처음에는 해석을 하지 말자

문법 문제는 문법을 물어 보는 것이지 단어를 물어 보는 것이 아니다. 따라서 단어를 모르더라도 문법 사항만 알면 거의 모든 문제가 풀리게끔 출제된다. 물론 해석할 능력이 되면 해석을 해도 좋다. 처음에는 해석하지 말고 문법 실력으로만 푼다. 그리고 다음에 답을 넣고 해석하여 검사하는 것이 능률적이다. 어떤 문제는 문법은 맞지만 간결성이나 말의 논리가 틀려 답이 되는 경우가 있기 때문이다. 하지만 그런 문제는 많지 않으니 일단 문제를 풀어 놓고 해석하는 것이 좋다.

③ 주어, 동사부터 찾자

영어 문장은 기본적으로 주어와 동사에 살이 붙어서 만들어진다. 따라서 주어가 무엇인지, 동사가 무엇인지를 알아야 문법을 논할 수 있다. 이것만 잘해도 여러 문제를 풀 수 있다. 예를 들어 보자.

Ex) Neither David nor his sisters _________ the textbook.

Ⓐ need

Ⓑ needs

Ⓒ is needing

Ⓓ has need

위 문제는 동사 자리에 빈 칸이 있다. 그러면 동사를 알맞은 형태로 넣으라는 문제다. 모두 need를 갖고 있고 시제도 현재로 비슷하다. 무엇을 넣어야 할까? 유식하게 풀면 neither에 대한 근자 일치법으로 복수형이 필요한데 need만이 복수이므로 답은 A가 된다.

위와 같은 문제를 보면 본능적으로 먼저 주어를 찾고, 동사를 찾고, 다음에 목적어를 찾아야 한다.

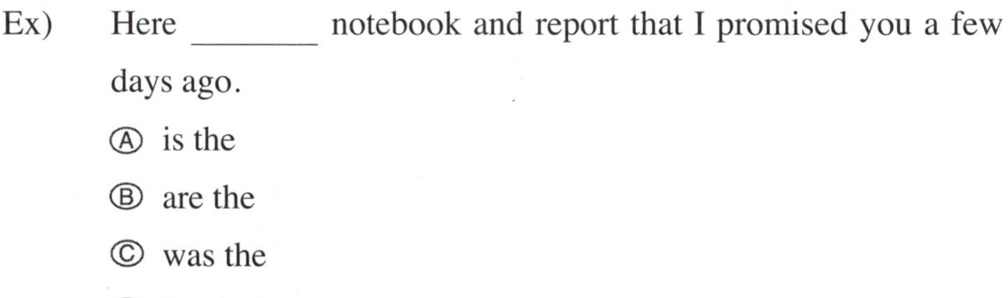

Ex) Here ________ notebook and report that I promised you a few days ago.

Ⓐ is the

Ⓑ are the

Ⓒ was the

Ⓓ has been a

첫 번째 문제를 잘 이해했으면 이 문제 역시 어느 방법으로도 풀 수 있다. 답은 B이다. that 이하는 문장의 뼈대(명사, 동사 등)가 아니므로 무시하자. 그러면 Here와 notebook and report가 남는다. 또 동사가 없다. a나 the는 부차적 문제이다. 자, 그러면 여기에 알

맞는 동사 형태는 무얼까? 문제를 살펴보면 '단수형을 쓸래, 복수형을 쓸래?' 하고 물어 보는 것처럼 들린다. 주어가 복수이므로 답은 B이다.

④ 문장의 기본 패턴을 단순화하자

여러 사람들이 문장의 기본 형식 하면, 5형식을 떠올린다. 이 섹션의 문제를 푸는 데 있어서 5형식을 다 외울 필요는 없다. 다음과 같이 간단한 패턴을 기본으로 나중에 실력이 되면 여기에다 살을 붙여 나간다.

- S + V + O(or C)
- S + V + O(or C) + prep + O
  : (adv) + S + *(adv) + V + O + (adv) + prep + O

● Subject(주어) 자리에 올 수 있는 품사

- 명사
- 명사 상당어구

● Adjective(형용사) 자리

- 명사 앞 Ex) You have a (adv) nice jacket.
- Be 동사 뒤 Ex) Your jarket is (adv) nice.
- Be 동사 + V~ing or V~ed.

위의 형식이면, 문장 구조의 기본은 잡힌다. S+V+O(or C)는 여러분들이 잘 알고 있는 3형식(또는 2형식) 문장이다. S+V+O(or C)+prep+O도 2형식 또는 3형식이지만 (5형식 관점으로 볼 때) 뒤의 전치사구가 없으면 어색한 문장이므로 다른 형식으로 잡는다.

(adv)+S+*(adv)+V+O+(adv)+prep+O는 부사가 올 수 있는 위치를 나타낸 것이다. 이 위치에 부사절과 부사구가 다 올 수 있다. 두 번째 부사 위치에 '*' 표시는 특히 빈도부사가 올 수 있다는 것이다. 빈도부사는 그 위치가 정해져 있다.

주어 자리에 올 수 있는 것으로는 명사 상당어구가 있다. '명사에 준하는 어구' 라는 뜻이다. 명사절, 명사구, to 부정사, 동명사 등이 있다. to 부정사나 동명사는 명사 자리에 올 때만 주어의 기능을 한다. 다른 자리, 이를테면 형용사 자리에 가면 형용사의 기능을 한다. 다시 말해, 이들의 기능은 위치에 따라 정해진다.

Ex) Orange is an excellent source ______ Vitamin C.

Ⓐ That

Ⓑ has

Ⓒ when

Ⓓ of

전형적인 S+V+O(or C)+prep+O 문장의 형식이다. 빠져 있는 것은 전치사 자리이므로 전치사를 넣어야 한다. 그러면 of가 정답이라는 것이 자연스럽게 보인다. 위의 문제 역시 단어를 몰라도 푸는 데 상관이 없다.

Ex) In his later years, ______________________ an autobiographical history of the Boston Teachers' Federation.

Ⓐ when Benjamin Heywood wrote

Ⓑ it was Benjamin Heywood's writing

Ⓒ Benjamin Heywood's writing of

Ⓓ Benjamin Heywood wrote

주어와 동사 둘다 빠져 있다. 간단히 주어와 동사를 넣어 주면 첫 번째 문장 형식이 된다. 주어 동사가 들어 있는 D가 답이 된다. A는 when이 이끄는 종속절 안에 있기 때문에 주절의 주어와 동사가 되지 못한다. B는 it ~ that 구문이다. 이것을 쓰면 writing 다음이 연결되지 않는다. C는 동사가 없다.

⑤ 동사의 요건을 파악하자

● 동사의 형태

- 조동사 + 동사 원형
- be 동사 + ~ing / ~ ed (to 부정사는 일단 제외시킴)
- have + ~ed

● 동사의 의미

• 인칭, 단수/복수

- be 동사
- have 동사 : 일반동사, have +p.p
- 나머지 동사들 : 3인칭 단수 현재시제가 나오면 끝에 's'

• 시제

- 시간 표현(부사)과 V의 시제 일치
- 주절 V 와 종속절 V의 시제 일치

• 능동/수동

- 주어가 하느냐? 당하느냐? (by+O가 있으면 그것으로 판단)

● 기타 불규칙 동사의 변화

동사의 형태 be동사+~ing/~ed에서 be동사 다음에 to부정사가 나올 수 있는데도 제외시킨 이유는 그 사항을 물어보는 경우가 드물기 때문이다. 그것보다 be동사 다음에 ~ing 이냐 ~ed이냐를 묻는 문제가 훨씬 많다. 특히 단수/복수는 잘 알고 있어도 확인을 하지 않고 지나가는 경우가 있으니 유의하자. 예문을 보자.

Ex) A ray of laser passing through(Ⓐ) the center(Ⓑ) of a thin glass keep(Ⓒ) its original(Ⓓ) direction.

아주 전형적인 주어와 동사의 수 일치를 물어 보는 문제이다. C의 keep의 주어가 3인칭 단수(A ray of laser)인데도 불구하고 s가 없다. 전형적인 문제라고 말한 이유는 주어와 동사 사이에 다른 단어들을 집어 넣어 멀리 띄어 놓았기 때문이다. 이 문제를 맞추려면 주어와 동사를 정확히 짚어내야 한다.

Ex) In 1970 James Sullivan, the famous singer, disappears(Ⓐ) during(Ⓑ) his(Ⓒ) trip to(Ⓓ) Korea.

시제 일치를 묻는 문제로, 이런 문제를 풀 때는 항상 시제의 기준이 되는 단어를 찾아내야 한다. 기준이 없으면 어디가 틀렸는지 알 수 없기 때문이다. 위의 문장에서는 In 1970라는 시간 부사가 앞에 있어서 기준이 과거임을 알려 준다. 그러면 동사도 과거에 맞추어야 한다. disappears를 과거형인 disappeared로 바꾸어 준다. 이와 같이 시간을 나타내는 부사어가 있고, 그 문장의 동사에 밑줄이 쳐져 있으면 시제 일치를 묻는 문제로 유추할 수 있다.

Ex) Jeju island has been one of the Korea's national parks in 1950.
　　　　　　　　　　　　　Ⓐ　　　　　Ⓑ　　　Ⓒ　　　　Ⓓ

현재 완료 시제가 왔으므로 in 대신에 since를 넣어야 한다. 현재 완료 시제는 '과거의 어느 시점에서 현재까지' 라는 선 개념의 지속적인 시간 개념을 갖고 있다. 하지만 in은 1950년이라는 점 개념의 시간 개념을 갖고 있다. 따라서 같이 쓸 수가 없다. 반면 since는 '어떤 때부터 쭉', '~이후로' 라는 선 개념의 시간 개념을 갖고 있으므로 현재 완료와 같이 쓸 수 있다.

⑥ 연결 방식을 알자

접속사, 전치사, 접속 부사는 모두 연결사이다. 연결사란 문장과 문장, 단어와 단어를 연결해 주는 일종의 장치라고 봐도 좋다.

● 접속사

접속사는 signal word라고도 한다. 즉, 접속사는 다음에 주어와 동사가 나온다는 신호를 해주는 말이다. 따라서 접속사가 나오면 주어와 동사가 나왔는지 반드시 확인하자.

– 종속 접속사 : When David arrives, we'll close the gate.

– 등위 병렬 구조

– 상관 접속사 : both ~ and, either ~ or, neither ~ nor,
not only ~ but also, whether ~ or

상관 접속사는 짝 찾기가 많이 나온다. 상관 접속사는 한쪽이 나오면 다른 한쪽도 반드시 나와야 한다. 그러므로 한쪽이 나오면 다른 한쪽이 등장하는지 꼭 확인하자.

● 전치사

전치사 뒤에는 반드시 명사가 따라온다. 즉 전치사는 뒤에 나오는 명사를 앞에 나오는 단어와 연결시켜 준다. to부정사와 that절은 명사 상당어구지만 전치사 뒤에 올 수 없다.

● 접속 부사

접속 부사는 의미상 접속사지만 기능은 부사이므로 바로 뒤에 주어와 동사를 이끌지 못한다. 접속 부사는 두 개의 독립된 절의 단순한 논리적 관계를 나타낸다. 그리고 반드시 semicolon(;)이나 comma(,)가 따라나와야 한다.

Ex) Marketing is important ; therefore we are hiring a professional team for P.R.
→ Because marketing is important, we therefore are hiring a professional team for P.R.

실제 문제에서 어떻게 출제되었는지 예문을 살펴보자.

Ex) The element scandium is hard Ⓐ and does Ⓑ not dissolve in Ⓒ either water nor Ⓓ acid.

상관 접속사에 관한 문제이다. 앞에 either가 있으므로 뒤에 or가 왔는지 확인해야 한다. 그런데 nor가 왔으니 틀렸다. 상관 접속사 사이에 오는 말들은 품사와 모양이 같아야 한다. 여기선 water와 acid 둘다 명사이다.

Ex) Daejeon has a limited water supply ___________ light rainfall.

Ⓐ because its

Ⓑ is it because

Ⓒ is because its

Ⓓ because of its

주어와 동사가 다 나왔다. 그런데 명사와 명사 사이에 빈 칸이 놓여 있다. 명사와 명사를 이어주는 연결사를 잘 알고 있는가를 물어 보는 문제이다. because는 접속사이므로 뒤에는 반드시 주어 동사가 나와야 한다. 그런데 보기 A, B, C는 because가 나왔는데 그 뒤에 주어와 동사가 없다. 따라서 D가 정답이다. 그리고 전치사 뒤에 명사도 맞게 나왔다.

Ex) Manufacturing industries are usually located in regions that have abundant natural resources, good transportation systems, ________________, and large populations.

Ⓐ the climates are mild

Ⓑ mild climates

Ⓒ the climates, when mild

Ⓓ mild and climates

전형적인 병렬 구조의 문제이다. A, B, C, and D의 병렬 구조를 아는지 물어 보는 문제이다. 같은 형태와 품사를 가진 단어를 찾아야 한다. 따라서 B가 정답이다. 병렬 구조 문제는 명사들이 길게 늘어서 있음을 알아두자.

⑦ 현재 완료를 확실히 이해하자

많은 사람들이 현재 완료와 과거 시제를 헷갈린다. 현재 시제가 독특한 시간 표현을 나타내기 때문이다. 다음과 같은 문장들을 비교하면서 그 개념을 잡아 보도록 하자.

Ex) I ran 2 miles last year.

여기서 last year는 이미 상황이 끝나버린 시간이다. 작년에 한 번 뛰고 그만이었다.

Ex) I have run 2 miles this year.

이 문장의 시간 표시 부사구는 this year이다. 아직 끝나지 않은 시간이다. 여기서 ran을 썼다면 어색한 문장이 된다. 즉 한 번 뛰고 끝난 것이 된다. 하지만 올해는 아직 지나가지 않았으므로 여러 번 더 뛸 가능성이 나타나 있다.

이와 같이 시간 표시 부사구는 현재 완료를 써야 하는가 과거 시제를 써야 하는가에 있어서 중요한 기준이 된다. 이미 끝나버린 때를 나타내면 과거 시제를, 아직 끝나버리지 않은 현재와 연관성이 있으면 완료 시제를 쓴다.

Unfinished Time (현재 완료와 함께 쓴다)	**Finished Time** (과거 시제와 함께 쓴다)
This year	Last year
During the last three years	During the winter
Recently	When I met her
Since I left home	A few minutes ago
This morning (아직 끝나지 않은)	This morning (이미 끝나버린)

이와 같은 의미가 현재 완료의 용법들에서 어떻게 표현되고 있는지 알아보자.

● 완 료

Ex) I just have finished my race.

'나는 방금 경주를 마쳤다.' 라는 뜻이다. 만약에 과거 시제를 쓰면 얼마 전이란 뜻이 된다. (I finished my race ten minutes ago.)

● 계 속

Ex) I have lived in New York for 2 years.

'나는 2년째 뉴욕에 살고 있다.' 라는 뜻이다. 과거에도 살았고 그리고 앞으로도 계속 살겠다는 의미가 내포되어 있다. 하지만 과거 시제를 쓰면 'I lived in New York for 2 years.' 와 같이 되어, 과거에 언젠가 2년 동안 뉴욕에 살았다는 말이 된다. 그 2년이 지금으로부터의 2년이 아니라 과거 어느 때의 2년 동안을 말한다. 따라서 지금도 뉴욕에 사는지는 알 수 없다.

● 결 과

Ex) I bought a camera last year, but I have lost it.

지난해 카메라를 하나 샀는데 잃어버려서 그 결과가 현재까지 유지되고 있다는 뜻이다. 따라서 지금도 카메라가 없다. 그러나 'I lost it 2 days ago.' 라고 말하면 다시 사서 지금 새 카메라를 갖고 있는지 아니면 아직도 없는 건지 알 수 없다.

● 경 험

Ex) I have seen a seahorse. I saw it in Jeju island last month.

과거에 본 경험을 말할 때는 현재 완료를 쓴다. 반면에 언제 봤느냐를 나타낼 때에는 과거형을 쓴다.

위와 같이 소개한 방법으로 문법 사항들을 정리하고 나중엔 1~2 page 정도로 요약한다. 토플에서 문법 문제를 푼다는 것은 한마디로 정리해 놓은 문법 사항과 문제를 비교하는 것이다. 예를 들어 동사에 밑줄이 쳐져 있으면 형태가 맞는지, 시제가 올바로 되어 있는지 등 위에서 정리한 것을 바탕으로 비교하는 것이다. 만약에 그래도 안 풀리면 해석을 해서 의미상 오류가 있는지 검사한다. 그러면 문법 문제는 만점을 바라볼 수 있을 것이다.

이 섹션은 많이 풀어 보는 것이 최고의 연습이다. 따라서 많은 교재를 풀어 볼수록 좋다. 토플에 관한 책 또한 여러 종류이니 2~3권 정도 골라서 풀어 보면 많은 도움이 될 것이다.

● 반석 토플 Grammar Structure & Written Expression (반석 출판사)

실전 대비로 단 한 권만 사고 싶다면 이 책을 권하고 싶다. 이 책은 처음부터 끝까지 문제와 약간의 해설만 있으며, 책의 크기에 비해 상당히 많은 문제를 싣고 있다. 따라서 실전 마무리용으로 가장 좋다. 책에 실린 문제들이 나쁘지는 않지만 최신 경향에 맞는 문제가 별로 없는 게 단점이다.

- Hackers Toefl Grammar, by David Cho (Hackers 어학 연구소)

Hackers Toefl의 대표 강사가 쓴 책이다. 간결한 문법 정리와 S/W 실전 파트가 부록으로 실려 있고, 깨끗한 편집도 눈에 띈다.

This section measures the ability to read and understand short passages similar in topic and style to those that students are likely to encounter in North American universities and colleges. This section contains reading passages and questions ...

3) Section 3 : Reading

CBT에서 이 섹션은 문제 형태가 달라지는 등 여러 가지로 바뀌었다. 하지만 기본 독해 실력을 가지고 있으면 문제가 없다. 가장 문제시되는 것은 독해 지문이 길어져 빠른 독해 능력을 요구한다는 것이다. PBT에서도 보통 지문이 평균 25줄을 약간 넘었다. 어떤 것은 더 긴 것도 있었다. 따라서 빠른 독해 실력이 없으면 시간이 모자랄 수도 있다. 그러면 빠른 독해를 가능케 하는 요소는 무엇일까?

① 풍부한 단어 실력을 기르자

단어는 항상 영어 공부의 단단한 초석이 된다. 특히 독해에서는 다른 부분보다 더 절실하다. 문법은 단어를 몰라도 풀 수 있지만, 독해는 단어의 뜻을 모르면 풀지 못하는 문제가 많다. 특히 문맥상 단어의 의미를 물어 보는 문제는 그 단어 자체의 뜻을 잘 알지 못하면 난관에 부딪히게 된다.

② 글의 구조를 이해하자

영어에서 글은 단락(Paragraph)으로 이루어져 있다. 그리고 각각의 단락들도 topic sentence를 필두로 순서에 따라 기-서-결 구조로 되어 있다. 이러한 글의 구조를 미리 머리 속에 기억하고 있으면, 그러한 순서에 따라 내용을 정리할 수 있어 이해하는 데 큰 도움이 된다. 어떤 행사에 갔을 때, 식순을 알면 마음이 편해지는 것과 같은 이치이다. 이는 작문을 할 때에도 필요하므로 대강이라도 알고 있자.

③ 올바른 직독 직해 능력을 쌓자

직독 직해의 뜻은 그다지 어려운 것이 아니다. 바로 읽고, 읽으면서 해석하는 것이다. 많은 사람들이 이렇게 해야 하는 것을 알면서도 실제로 문제를 풀 때는 문장을 읽고, 분석하고 해석한다. 이러면 당연히 시간이 많이 걸린다. 읽으면서 영어 그대로 받아들이는 연습을 하자. 읽을 때 당연히 좌에서 우로 읽을 것이다. 이때 다시 해석한다고 문장 앞을 읽는 사람들이 많은데 그런 방식은 삼가자. 특히 명사를 뒤에서 수식하는 형용사절이 올 때나 관계대명사절을 해석할 때 그런 현상이 많이 나타난다. 하지만 글을 읽을 때 절대 다시 돌아가면 안 된다.

④ 모르는 단어가 있더라도 당황하지 말자

당연한 이야기지만 다시 한 번 말한다. 절대 당황하지 말자. 한 지문에서 모르는 단어가 약 5개 이하이면 그 단어의 뜻을 직접 물어 보는 문제를 제외하면 문제를 푸는 데 거의 지장이 없다. 모르는 단어가 나오면 그냥 지나가라. 나중에 정 그 단어 때문에 이해하는 데 어려움이 있다면 다 읽은 다음에 다시 돌아가 여태까지 읽은 것을 바탕으로 유추해 내자.

⑤ 문법을 올바로 이해하자

혹자는 독해나 영어 공부를 할 때, 문법은 몰라도 된다고 한다. 하지만 필자는 최소한 성인이 된 학습자로서 문법의 도움 없이는 영어 공부를 체계적으로 할 수 없다고 생각한다. 문법은 일종의 나침반과도 같다. 나침반이 없어도 물어물어 길을 찾아갈 수 있으나, 나침반이 있으면 최단 거리로 최단 시간에 갈 수 있고 중간중간에 겪을 시행착오도 최소한으로 줄일 수 있다.

그렇다고 두꺼운 문법책을 공부하라는 것이 아니다. 기본적인 영문법만 익혀도 아주 어려운 문장이 아닌 이상 이해하는 데 충분하다. 너무 현학적이고 어려운 문법서는 피하고, 반드시 알아야 할 문법 사항들을 쉽게 쓴 책을 찾아보는 것이 좋다.

그리고 책을 읽을 때 반드시 각 사항의 개념을 잡아 놓자. 너무 길지 않게 한두 문장이면 족하다. 예를 들어, 현재완료시제가 무엇인가라는 질문을 들으면 무엇이 떠오르는가? 만약에 현재완료시제에는 완료, 경험, 계속, 결과의 용법이 있다라는 말이 먼저 나오면 조금 곤란하다. 그 전에 현재완료시제는 '과거의 어떤 영향이 현재에까지 미칠 때 쓰는 말'이란 개념이 먼저 떠올라야 한다. 위의 용법은 사실 별로 알 필요가 없다. 토플에는 '다음 문장의 용법과 같은 것은?' 이란 문제는 없기 때문이다.

배우자마자 바로 독해에 쓸 수 있는 문법 사항을 그 개념부터 숙지하자. 문법은 쓰라고 배우는 것이다. 배운 것을 항상 쓰려고 노력하자. 쓰지 않는 나침반은 서랍 속에서 공간만 차지할 뿐이다.

⑥ 배경 지식을 많이 축적하자

배경 지식을 많이 갖고 있으면 당연히 독해할 때 이해력을 증진시켜 준다. 그러면 자연히 독해 속도도 증가한다. 대개 토플에는 미국의 역사, 과학, 환경에 대한 글들이 많이 실린다. 과학에 대한 글은 이런 종류의 글을 접하지 않은 사람들에게는 약간 어려울 수도 있다. 글 자체도 어려운데 어려운 과학 관련 어휘가 섞여 있으면 고통은 배가될 것이다.

따라서 책이나 인터넷을 통해 기본 지식들을 미리 알고 있는 것도 좋은 방법이다.

⑦ 사고력을 기르자

어떤 글을 제대로 이해하려면 당연히 글을 읽고, 읽은 글을 바탕으로 생각을 해야 한다. 그러나 한글로 된 글을 읽으면 잘하는데, 영어를 보면 그 문장의 1차적 의미 파악에만 급급한 나머지 전혀 생각을 하지 않는 경우가 있다. 토플에는 글을 읽고 추론이나 유추 또는 종합하는 문제들이 나온다. 이에 대비해 사고하는 버릇도 들이자.

특히 새로운 유형으로, 문맥에 맞게 삽입문 넣는 문제가 있다. 수능 세대라면 고등학교 때 많이 접해 보았을 문제 유형으로, 독해의 정확성보다는 문맥의 흐름을 잘 잡고 있는가를 물어 보는 문제이다. 논리적인 사고로 글의 논지를 잘 파악해야만 쉽게 풀 수 있다.

4) Section 4 : Writing

CBT에서는 문법 파트에 포함되어 점수가 산출된다. 따라서 Essay도 이제 반드시 넘어야 할 산이 되었다. 최고 점수인 6.0 은 맞기 힘들더라도 4.5 이상은 맞아야 심각한 타격을 면한다.

Essay는 컴퓨터로 쓸 수도 있고 직접 종이와 연필로 쓸 수도 있다. 자기 기호에 맞는 방법을 택해서 작성하면 된다. 종이와 연필로 글을 쓰면 컴퓨터로 썼을 때보다 채점하는데 오래 걸리므로 점수도 늦게 나온다는 것을 알아두자.

작문은 문법, 맞춤법, 어휘력 등을 총체적으로 측정한다. 그러나 우리는 영작문 형식에 익숙하지 않기 때문에 무엇보다 형식에 대해 알아두는 것이 가장 시급하다. 여기에선 Essay를 쓸 때 어떤 원칙을 두고 써야 하는가에 대해 알아보자.

먼저 단락(Paragraph)에 대해 알아야 한다. 한마디로 정의하면 단락은 한 개의 중심 생각을 나타내는 일련의 문장 그룹이다. 단락은 그 자체로 글이 완벽하게 구성되어 있고 장문의 한 요소가 되기도 한다. 단락의 시작은 들여쓰기(indentation)로 한다. 길이는 너무 길거나 짧아도 안 되며 글의 목적에 따라 유동적이지만, 8~12 문장 사이로 하는 것이 바람직하다. 다음과 같은 원칙을 지켜 단락을 작성하는 것이 좋다.

① 항상 하나의 주제만을 가지고 있어야 한다

한번에 너무 여러 가지 주제를 쓰려고 하면 단락이 산만해진다. 반드시 하나의 중심 생각만을 갖고 나머지 문장은 그 생각을 묘사, 설명하는 문장으로 쓴다. 따라서 중심 생각(단락의 주제)을 잘 만들어야 한다. 항상 주제문을 만들고 그 주제문의 핵심이 명확한지 확인하자.

② 통일성(Unity)이 있어야 한다

통일성은 단락이 한 가지의 기본 목적을 갖는 한 단위가 되어야 한다는 것이다. 위에서 언급했듯이, 단락은 물론 큰 글의 한 부분이지만 그 자체로도 완벽한 글이 된다. 단락은 단순한 이야기 조각이 아니다. 또한 다른 사람의 대화중에 무심코 엿들은, 전체 내용을 모르면 무슨 소리인지 도통 알 수 없는 그런 토막이 아니다. 그 자체로도 완벽하게 이해가 되는 한 단위이다.

③ 응집성(Coherence)과 연속성(Continuity)이 있어야 한다

응집성이란 단락의 문장들이 논리적으로 배열되고 연결되는 것을 말한다. 응집성이 있는 글을 쓰려면 논리적인 순서나 배열에 따라 써야 한다. 예를 들어 사람에 대한 묘사를 하면, 대개 머리부터 시작해서 발끝으로 간다. 이렇게 어떤 정해진 순서에 따라 일관되게 글의 흐름을 만드는 것이 응집성이다.

연속성이란 문장의 연결이 매끄러워야 한다는 것이다. 연속성은 transitional words or phrases를 넣어서 확보할 수 있다. transitional words란 First, Second, Finally, After that, Next 등과 같이 문장 사이에 들어가 연결을 부드럽게 해주는 말들이다. 이들은 논지의 흐름을 더 명확하게 해준다.

④ 단락을 충분히 전개시켜야 한다

단락도 장문의 글처럼 내부에 구조가 있다. 그 구조는 다음과 같다.

Introduction (대개 topic sentence가 된다)
Discussion (topic)
Conclusion (summary, brief statement)

이와 같은 구조가 바람직하다. 도입 부분이 너무 길거나 결론이 길면, 글의 전개가 제대로 이루어진 단락이라고 보기 어렵다. 따라서 도입 부분은 topic sentence로 간단히 처리하고, Discussion 부분에서 충분히 전개시킨 다음 결론 부분에서 요약하거나 짧게 언급하는 것이 이상적이다.

이러한 단락들이 모여서 하나의 글이 된다. 글의 전체적인 구조도 바로 위에서 본 것처럼 3단계로 나뉜다. 하지만 그 구성 요소가 단락이 된다는 점에 차이가 있다. Discussion 부분은 항상 글이 전개되는 부분이므로 가장 길다. 만약 전체 글을 5개의 단락으로 만들었으면, 3개의 단락이 Discussion이 되고 나머지 2단락이 각각 도입과 결론이 되면 가장 이상적이다. 다시 말하면 전체 글의 3/5정도가 Discussion 부분에 할당된다.

thesis sentence는 글의 목적을 설명하는 문장이 된다. 글의 중심 생각을 나타내며, 보통 한 문장으로 된 글의 요약이다. 한 문장으로 부족하다고 느끼면 추가 문장을 2~3개 넣어서 보충해 줄 수 있다. thesis sentence는 전체적인 글의 흐름에 관여하지만, topic sentence는 단지 그 단락에만 관여한다. 위와 같이 뼈대를 잡아서 쓰면 좋은 글을 쓸 수 있을 것이다.

Introduction (a paragraph with thesis sentence or just a thesis sentence)
Discussion (paragraph 1) (paragraph 2) (paragraph 3)
Conclusion (conclusion paragraph)

맞춤법은 그리 어렵지 않지만, 정 곤란함을 느끼면 맞춤법 책을 사서 조금만 공부하면 된다. 그리고 자신이 없으면 쉬운 단어를 쓰자. 어려운 단어를 용법도 잘 모르면서 과시하려고 썼다가 잘못 쓰면 낭패를 보기 쉽다.

영어에 지속적으로 노출되자 

영어 책을 쳐다보기도 싫을 때

토플을 준비하면서 가장 힘들고 어려웠던 점이 세 가지 있었다. 가장 기억에 남는 것은 첫째, 영어가 지겨워졌을 때이다. 자주는 아니지만, 가끔 영어책을 쳐다보기도 싫을 때가 있었다. 매일 하리라고 굳게 결심했는데, 시간이 없는 것도 아니면서 영어책을 쳐다보기가 싫었다. 여러분도, 특히 시험을 한두 달 정도 남겨 놓고 밤낮으로 영어랑 씨름을 해야 한다면 이런 때가 올 것이다.

그 다음으로 힘들었던 점은 둘째, L/C 섹션 공략을 할 때이다. 위에서 언급했듯이 L/C는 skill만을 알아서는 제대로 문제를 맞출 수가 없다. 반드시 내가 문제를 풀 정도로 확실하게 듣는 능력이 있어야 한다. 그런데 듣기 능력은 원하는 대로 단기간에 실력이 오르지 않았다. 그렇다고 듣기 능력을 향상시키는 비결을 알고 있는 것도 아니어서 속이 많이 탔다.

마지막으로 단어 공부를 했을 때이다. 외우기를 별로 좋아하지 않는 성격이라, 어휘책은 그야말로 나와 상극이었다. 전혀 독자의 흥미를 고려하지 않은 듯한 어휘책들……. 보긴 봐야 하는데 어떤 것을 봐야 할지 몰랐고, 그 책을 사서 다 볼 수 있을지도 의문이었다.

토플 공부의 색다른 재미

시간이 많은 사람들은 여유를 갖자. 지겨우면 손을 떼라. 오늘 한두 자만 보고 내일 능률이 오를 때 부족한 부분을 메우면 된다. 가장 중요한 것은 흥미를 잃지 않는 것이다. 한 번 손을 놓으면 걷잡을 수 없다. 찍찍이(어학용 casette tape recorder)가 싫으면, 그때는 영화나 비디오를 보자. 아니면 좋아하는 음악을 들어도 좋다. 꼭 의식적으로 들으려 하지 않아도 된다. 그냥 영어에 지속적으로만 노출되자. 그런 다음에, 다시 공부할 마음이 생기면 책을 잡자.

이럴 때 난 AFKN과 비디오를 봤다. 굳이 들으려는 것이 아니라 오락용으로 말이다. 비디오도 영어 공부를 하는 한 가지 방법이 될 수 있다. 일단 마음 편하게 비디오를 보자. 물론 자막을 읽을 것이다. 어떤 때에는 자막이 배우들이 하는 말보다 먼저 나올 때가 있다. 만약에 그 말을 이미 알고 있다면 다음에 배우가 할 말을 조용히 유추해 보자. 배우가 하는 말과 자신의 말이 같을 때의 희열은 느껴 본 사람만이 알 것이다. 영화도 마찬가지다. 부담 없이 보면서, 반드시 내가 듣는 말 중에 오역이 있을 거란 확신을 갖고 영화를 보자. 그러면 지루한 영화에서 색다른 재미(?)를 찾을 수 있을 것이다.

AFKN의 프로그램은 미국 프로그램 중에서도 괜찮은 것만 선정된다. 그래서 웬만한 프로는 다 볼 만하다. 자기 기호에 맞는 프로그램을 찾아서 계속 시청하는 것도 효과적인 휴식법이 된다.

외국인들과 이야기를 나누는 것도 좋다. 굳이 학원을 다니지 않아도 시내에서 길을 찾는 관광객과 짧게 이야기할 기회는 많다. 용기를 내어 배운 내용들을 써먹자. 길을 물어보면 그냥 가르쳐 주지 말고 같이 가자고 해서 되도록 많은 시간 동안 이야기를 나누도록 하자.

고득점의 결정적 요인

토플 고득점의 첫 번째 결정적 요인은 L/C에서 찍찍이를 이용한 학습법을 택한 것이다. 다시 듣기 공부를 하라고 해도 나는 이 방법을 반복할 것이다. 가장 많이 쓰이는 방법이라는 사실만 봐도 사람의 기호와 상관 없이 효과적임을 알 수 있다. 물론 하는 동안에는 지겹겠지만 조금만 참으면 반드시 보답받을 날이 올 것이다.

두 번째 요인으로 많은 문제를 풀어본 것을 들 수 있다. 이것은 토플 문제 출제 방법이 문제 은행이므로 가장 효과적이다. 문제 은행식 시험은 형식이 있기 때문에 비슷한 유형을 많이 풀어 봐서 형식에 익숙해지면 점수 향상을 기대할 수 있다.

하지만 무작정 처음부터 문제집만 푸는 것은 당장 한두 달 이내에 시험을 볼 사람이 아니라면 권하고 싶지 않다. 문제 패턴의 뼈대를 알고 풀어야 자기 것이 되기 때문이다. 즉 영어의 기본 사항들을 알고 문제를 풀어야 한다는 것이다.

세 번째 요인으로는 영어에 많이 노출된 것을 들 수 있다. 공부를 하지 않는 시간에도 나는 영화나 영어 잡지 등을 꾸준히 읽으려고 노력했다. 굳이 영어 잡지를 읽을 때, 《Time》만 읽어야 되는 법은 없다. 시중 대형 서점에 가면 오락 잡지도 있고 여러 가지 쉬운 문장으로 된 잡지도 많다. 자신에게 맞는 잡지를 골라서 보든지, 영자 신문을 보든지, 영화를 보든지 상관없다. 항상 영어에 노출되도록 노력하자.

네 번째 요인은 단어장의 적극적인 활용이다. 나는 단어장을 매일 정리하였다. 영영 사전을 활용하여 단어장에 영어만을 쓰려고 노력하였다. 예문도 항상 적어 놓았다. 그렇게 해서 만든 단어장만 3권이다. 하지만 매일 많은 시간을 할애하진 않았다. 하루에 외울 단어를 열 단어 미만으로 정해 놓고 그 단어만 찾아서 적어 넣었다. 뜻이 많으면 핵심 개념이 되는 뜻만 추렸다. 이렇게 해서 적힌 단어는 매일 자투리 시간을 이용해서 다 외우려고 노력했다. 그 다음날 잊어버리는 것은 별로 상관하지 않았다. 다시 외우면 되니까.

비단 단어뿐만 아니라 핵심이 되는 문법 사항이나 숙어도 넣어서 암기장처럼 썼다. 그렇게 하면 시험 당일 단어장만 봐도 되므로 편하고 좋다.

Slow and Steady Wins the Race!

토플을 볼 사람들은 어차피 영어를 평생 쓸 사람들이라고 해도 과언이 아니다. 그러면 토플을 위한 영어 공부가 아니라, 영어를 위한 영어 공부를 했으면 하는 게 나의 바람이다. 토플 공부는 앞으로 영어 공부를 하는 데 있어 방법을 찾아가는 과정일 뿐이라고 생각하자. 토플 공부 방법이 근간이 되어 그 다음에 진짜로 영어 공부를 해야 된다고 생각했으면 한다.

영어는 언어다. 언어는 하루 아침에 이루어지는 것이 아니다. 아무리 열심히 한다고 해도 1~2년으로 해결되지 않는다. 생각해 보라. 미국에서 태어난 아이들은 태어날 때부터 눈만 뜨면 영어에 노출되고, 부모님이란 최고의 가정 교사를 두었으면서도, 제대로 말할 때까지 몇 년이 걸린다. 따라서 영어 실력을 향상시키려면, 꾸준히 공부해야 된다. 'Slow and steady wins the race.' 란 말을 항상 명심하자.

두 달 이내에 토플 점수를 올려야 한다면, 학원에 다닐 것을 추천하고 싶다. 학원에서 체계적으로 가르쳐 주는 것을 독학으로 습득하기란 시간도 많이 걸리고 상당히 힘들다. 학원에서 제공해 주는 교재와 모의 시험만 두 달 동안 열심히 공부해도 기본이 있으면 500점대 중반은 받을 수 있다.

만약 학원에 다니기가 불편하면, 너무 많은 문제집을 풀려고 하지 말고 각 섹션별로 한 권씩 풀고, 남는 시간은 모의 토플을 계속 풀면서 복습하는 것이 최선책이다. 무엇보다 문제에 대한 적응이 점수를 높이는 가장 효율적인 방법이다.

하하~ 안녕하신가요.
6명의 독한 놈들 중 가장 잘생긴
조성재입니다.
사실 이 책의 순서는 잘생긴 사람
먼저 쓴다고 하던데…
진짜죠?

*02
CHUNG
SOON-JO

고난을 헤쳐 가며 성장하는 MIT 유학생활에 도전장을 내밀다

1976년 서울 출생 | 1994년 경복고등학교 졸업 | 1998년 KAIST 항공우주공학과 수석 졸업 | 1998년-2000년 6월 KATUSA 군 복무
2001년 9월 현재 미국 MIT Department of Aeronautics and Astronautics 대학원 재학중 | TOEFL 점수 643점(68/62/63) 99년 5월

swornluv@hanmail.net

두 번째 사람

정순조

이 글이 영어 공부에 관심은 있으나 어떻게 해야 할지 망설이는 분들과, 낮은 토플 점수로 '내 영어 실력은 이 정도인가!' 하며 쉽게 영어를 포기하려는 분들에게 공부 방향을 제시하고 용기를 북돋아 주었으면 한다. 그리고 나 역시 영어 때문에 고생하고, 시험 준비에 부담을 느꼈으며, 아직도 계속 영어 공부를 하고 있는 입장에서, 그 동안 효과를 본 영어 학습 방법을 여러 사람들과 공유하는 공간이 되길 희망해 본다.

토플 준비가 가장 쉬웠다

미국으로 유학을 가고자 할 때, 외국인 학생에게 필수적으로 요구되는 것이 토플 점수이다. 대학에서 항공우주공학을 전공한 나는, 그 분야에서 최고인 미국에서의 박사 학위를 목표로 자연스럽게 토플을 준비하게 되었다.

길고 힘든 유학 준비 과정 속에서 어떻게 보면 토플 준비가 가장 쉽지 않았나 생각된다. 미국 대학원에 지원하려면 우선 대학교 때의 평점(GPA)과 기본적인 시험 점수가 필요하다. 토플 외에 진학하고자 하는 대학원 종류에 따라 GRE(일반 대학원)나 GMAT(MBA) 혹은 LSAT(Law School) 같은 시험을 보게 되는데, 이런 시험은 토플보다 훨씬 어렵고 더 많은 준비 기간이 필요하다.

시험 점수가 준비되면, 미국 대학에 연락하여 원서를 받고 기입하는 또 다른 긴 준비 과정에 돌입해야 한다. 교수님께 3통의 추천서도 받아야 하며, 자신의 학업 계획과 경력을 쓰는 자기 소개서(Statement of Purpose)도 써야 한다. 이것들 모두가 입학 사정에 우위를 가리기 어려울 정도로 중요하기 때문에 유학 준비를 위해서는 남들보다 부지런히 움직여야 한다.

그래서인지 학교와 학과에 따라 정해진 최하 점수만 넘으면 되는 토플 준비가 상대적으로 쉬웠다. 일찍부터 영어에 관심을 가지고 영어 공부를 나름대로 성실히 했던 것이 주효해서, 막상 유학 준비를 할 때는 토플 이외의 다른 유학 준비에 집중할 수 있었다.

이 글이 영어 공부에 관심은 있으나 어떻게 해야 할지 망설이는 분들과, 낮은 토플 점수로 '내 영어 실력은 이 정도인가!' 하며 쉽게 영어를 포기하려는 분들에게 공부 방향을

제시하고 용기를 북돋아 주었으면 한다. 그리고 나 역시 영어 때문에 고생하고, 시험 준비에 부담을 느꼈으며, 아직도 계속 영어 공부를 하고 있는 입장에서, 그 동안 효과를 본 영어 학습 방법을 여러 사람들과 공유하는 공간이 되길 희망해 본다.

대학 때의 영어 실력은 평생 영어 실력

대학생일 때 영어를 공부하자! 대학 때만큼 영어 공부하기 좋은 시절도 없을 것이다. 대부분 전공 공부나 대학원 준비 등으로 고등학교 때의 영어 실력을 크게 향상시키지 못하다가, 졸업을 앞두고 부랴부랴 토플이나 토익 시험을 보려고 뒤늦게 영어 공부를 시작한다. 하지만 모든 언어 공부가 다 그렇듯이, 단기적으로 영어 시험 고득점을 위해 공부한다면 능률도 오르지 않고 기본 실력이 부족하므로 쉽게 좌절하기 쉽다.

사회에 나가면 영어 공부 할 수 있는 시간이 더 줄어드는 것이 현실이므로, 대학에서 갈고 닦은 영어 실력은 자신의 평생 영어 실력이 된다. 졸업을 하고 유학을 가든 취직을 하든, 결국 대학교 때 습득한 영어 어휘 수와 청취 및 독해 능력 등이 바탕이 되므로, 바쁘더라도 영어에 대한 감을 잃지 않도록 노력하고, 방학 중에는 밀린 영어 공부를 열심히 해야 할 것이다.

대학 입학 전에 PC 통신을 하면서 가장 먼저 가입했던 곳이 영어 동호회였다. 거기서 다양한 경험을 한 영어 고수들을 만날 수 있었다. 또한 외국에서 공부하거나 살다 온 사람도 많았기 때문에, 이들과 영어 채팅을 하면서 영어 표현도 배우고 내가 배운 영어 단어나 숙어 등을 직접 표현해 볼 수 있었다. 외우기 힘들고 잘 떠오르지 않는 단어와 숙어일수록 효과가 좋았고, 이렇게 직접 써본 단어는 오래도록 기억에 남았다.

이 영어 동호회에는 여러 종류의 소모임이 있었는데, 영어 회화 모임, 영어 시험 준비 모임, 영어 청취 모임 등 종류가 다양하였다. 대학 들어가기 전 겨울 동안 단어 암기 소모임을 결성했는데, 매주 한 번씩 모여 시험을 보고 틀린 개수만큼 벌금을 내는 식으로 운영했다. 일주일마다 진도가 정해져 있고 강제적인 성격도 있어서 단어 공부를 시작하기에는 좋은 방법이었다. 혼자 단어 외우기가 지루하면 스터디 그룹을 시도해 보는 것도 좋은 방법이다.

어렸을 때부터 유학을 계획하고 있었기 때문에 영어 공부에 항상 관심은 있었으나, 막상 대학에 들어와서는 본격적으로 열의를 갖지 못했다. 전공 공부와 동아리 활동에 열심이라서 틈틈이 공부한 것이 전부였다. PC 통신 모임에서 공부했던 3만 3천 수준의 어휘 교재는 대학교 2학년 때까지도 다 보지 못했고, 매달 배달되는 영어 청취 잡지 또한 봉투째 쌓여 갔다.

그러다가 호주에 교환학생으로 가기 전 겨울 방학 동안, 카투사에 응시하기 위해 토익을 준비하게 되었다. 방학 두 달 동안이었는데, 그 동안 영어 공부를 등한시하여 제대로 점수가 나올지 의문이었다. 그래서 택한 방법이 AFKN 방송을 자주 들어 귀를 훈련시키고 문법 교재로 구조 부분을 복습하며, 10회 이상의 모의고사를 풀어보는 것이었다. 모의고사를 자주 풀어 보면, 문제 유형에도 익숙해지고 그 유형에 대비하는 요령이 생기기 때문이었다.

처음 보는 토익 시험이었고 처음 준비한 영어 시험이었지만, 885점으로 카투사에 합격했다. 모의고사의 중요성과 효과를 확인하는 순간이었다. 그리고 이때 배운 경험과 지식은 나중에 토플을 보는 데도 도움이 되었다. 유학이나 취직을 위해 토플을 준비하는 사람들에게 좀더 저렴한 토익이나 텝스 등 다양한 영어 시험을 준비하고 경험해 보는 것을 추천하고 싶다.

대학교 3학년 1학기 때, 호주 멜버른에 있는 RMIT(Royal Melbourne Institute of Technology)대학에 교환학생으로 가게 되었다. 그때까지 한 번도 외국에 못 가본데다가, 미리 유학 생활을 해보는 것이 실제 유학 갈 때 도움이 될 것 같았기 때문에 큰 기대를 하고 갔다. 많은 여행과 새로운 문화 체험의 추억은 매우 만족스러웠으나, 네 달 동안의 영어 공부는 낙제점이었다. 학교의 배려로 1주일에 세 시간 정도 영어 회화 수업을 들었지만 효과를 기대하기는 어려웠다. 수업 내용을 이해하거나 시험을 보는 데 큰 어려움이 없어서 영어 공부에 열의를 갖지 않았던 것이다. 게다가 교양 수업은 한국 교환학생들을 위한 특별 강좌였으므로 외국인 친구를 사귀는 것보다 한국 학생들과 몰려다녀 영어 실력이 늘 리가 없었다.

부끄러운 영어 실력 덕분에

호주에서의 경험은 나에게 크나큰 자극이 되었다. 호주에서 은행 계좌를 개설할 때 짧은 영어 때문에 고생한 기억이 아직도 생생하다. 은행에서 쓰는 표현은 알고 있었지만 자신 있게 말하지 못하고 입 안에서 웅얼웅얼거리기만 하였다. 한 달이 지나서야 whopper 햄버거가 '후퍼'가 아닌 '와퍼'로 발음됨을 알고서, 왜 점원이 내가 주문할 때마다 다시 물어 보았는지 깨달았다. 한국으로 돌아올 날이 다가오면서 초라한 내 영어 실력이 점점 부끄러워졌다.

한국에 돌아와서는 열심히 그리고 즐겁게 영어 공부를 하려고 노력했다. 그러기 위해 많은 외국인 친구를 사귀면서 영어를 배웠다. 호주에서 교환학생으로 있을 때는 소극적인 자세로 많은 친구들을 사귀지 못했지만, 호주에서의 교환학생 경험이 오히려 한국에 온 외국인 교환학생들과 친해지는 계기가 되었다. 그들에겐 한국인 친구가 필요했고, 나에겐 영어를 배울 수 있는 기회가 필요했다. 이때 공부한 영어 표현이나 단어를 써보면서, 내 영어 실력이 발전하고 있다는 기쁨도 맛보았고, 그렇게 써 본 표현은 오래도록 잊혀지지도 않았다.

이들과 자주 만나는 동시에, CNN이나 AFKN 등 미국 방송을 청취하려고 노력하였다. 슬슬 귀가 뚫리는 기쁨과 알쏭달쏭한 영어에서 내가 아는 단어와 숙어가 들리는 즐거움 그리고 방송 내용을 부분적이라도 이해하고 알아내는 과정 속에서 큰 만족을 얻었고, 영어를 더욱 열심히 해야겠다는 다짐을 했다.

영어 청취 잡지나 영어 관련 잡지를 사서 공부를 하기도 했다. 그런 잡지 속에는 영화 대본과 테이프가 함께 수록되어 있는데, 영화 대본은 좋은 회화 표현을 배우고 청취력을 향상시키는 가장 재미있고 효과적인 방법이 아닌가 생각된다. 영화 대본과 테이프로 공부한 후에 한글 자막을 보지 않고 영화를 보면 외운 영어 표현도 복습하고 청취력 향상도 기대할 수 있다.

'Good Will Hunting' 이라는 영화를 재미있게 보았는데, 어느 날 서점에서 그 영화 대본을 이용한 영어 교재를 발견하고 무척 기뻤다. 인물간의 대화가 많기 때문에 영어 공부에 적격이었다. 열심히 테이프를 듣고 때로는 속어 표현도 익히면서 대본을 공부했고, 결국 비디오 테이프를 구하여 여러 번 보면서 재미있게 공부했던 기억이 난다.

또한 잡지 보는 것을 좋아해서 《TIME》, 《Business Week》, 《Forbes》 같은 영어 잡지를 통해 독해와 어휘를 공부했다. 꼭 영어 공부를 한다는 생각 없이 관심 있는 분야의 잡지를 읽으면서 관련 지식도 얻고, 속독 훈련을 해보는 것도 좋은 방법이다. 대학 때는 학교 도서관에서 컴퓨터나 항공우주에 관련된 잡지를 찾아보기도 했고, 군 복무 당시 부대에 있는 근사한 도서관에서 다양한 영문 잡지를 접할 수 있었기 때문에 매우 즐거웠다. 영어 공부가 지겨워질 때는 보고 있던 영어 전문 교재를 잠시 덮고, 다양하고 부담 없는 공부 방법을 시도해 보는 것도 괜찮을 것이다.

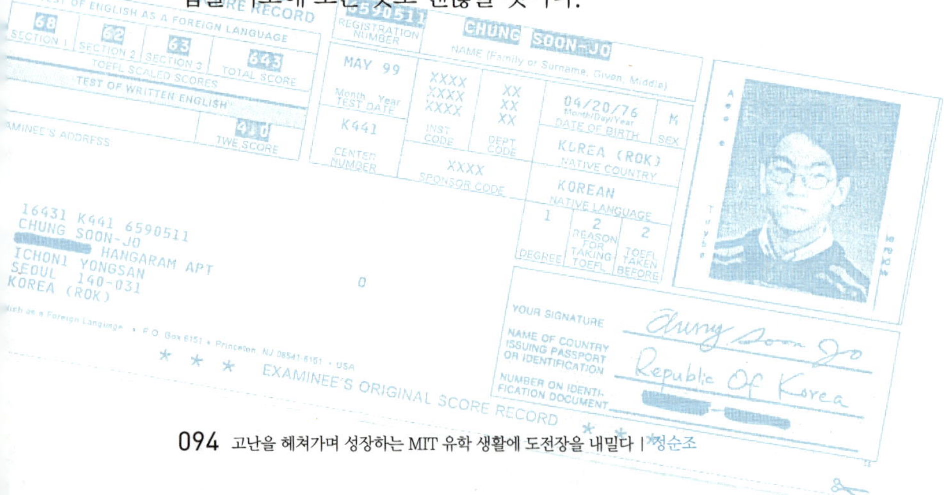
TOEFL® EXAMINEE'S SCORE RECORD
TEST OF ENGLISH AS A FOREIGN LANGUAGE

SECTION 1	SECTION 2	SECTION 3	TOTAL SCORE
68	62	63	643

TOEFL SCALED SCORES

TEST OF WRITTEN ENGLISH — TWE SCORE: 4.0

REGISTRATION NUMBER: 6590511
NAME (Family or Surname, Given, Middle): CHUNG SOON-JO
TEST DATE (Month Year): MAY 99
CENTER NUMBER: K441
INST CODE: XXXX XXXX XXXX
DEPT CODE: XX XX XX
SPONSOR CODE: XXXX
DATE OF BIRTH (Month/Day/Year): 04/20/76
SEX: M
NATIVE COUNTRY: KOREA (ROK)
NATIVE LANGUAGE: KOREAN
DEGREE: 1
REASON FOR TAKING TOEFL: 2
TOEFL TAKEN BEFORE: 2

EXAMINEE'S ADDRESS
16431 K441 6590511
CHUNG SOON-JO
HANGARAM APT
ICHON1 YONGSAN
SEOUL 140-031
KOREA (ROK)

0

YOUR SIGNATURE: Chung Soon Jo
NAME OF COUNTRY ISSUING PASSPORT OR IDENTIFICATION: Republic Of Korea
NUMBER ON IDENTIFICATION DOCUMENT:

...lish as a Foreign Language • P.O. Box 6151 • Princeton, NJ 08541-6151 • USA
* * * EXAMINEE'S ORIGINAL SCORE RECORD * * *

석 달 동안 50점이 오르다

서서히 유학을 준비하기 위해 GRE와 토플 시험 대비를 위해 listening 공부를 하고 있었다. 96년 10월에 첫 번째 토플을 보았는데, 유형 파악도 안 된데다 문제집 한 권도 제대로 보지 못한 상황이었다. 전반적인 청취력 향상과 GRE에 대비한 어휘 암기를 하고 있다가, 영어 실력을 테스트해 본다고 준비 없이 본 시험이었다. 결과는 577점. 무척 불만족스러운 점수였다. 유학 준비를 하고 있었고, 지원하는 학교에 따라 600점을 최하 점수로 하는 경우도 있었기 때문에 체계적인 토플 공부의 필요성을 느꼈다. 호주에서 돌아온 후 시작한 GRE 준비로 어휘수는 물론, 독해 능력과 청취 능력이 골고루 향상되고 있었기 때문에, 좀더 좋은 성적을 받고픈 욕심이 생겼다.

그 해 겨울 흔히 'Longman TOEFL' 이라고 불리는 《Longman Preparation Course for the TOEFL Test-Volume A》를 구입해서 토플 문제를 분석하기 시작했다. 토플을 처음 시작하는 분들에게는 최적의 토플 안내서 및 교재가 아닌가 생각된다. 나도 이것으로 토플의 섹션별 · 유형별 공략 방법을 알 수 있었고, 기본적인 시험 요령도 터득했다. 더불어 토플식 listening에 익숙해지는 데도 도움이 됐다.

주의할 점은 《Longman TOEFL》에 있는 문제는 실제 토플보다 훨씬 쉬우므로, 롱맨을 보면서 점수가 잘 나온다고 자만하면 안 된다는 것이다. 그러나 처음부터 어려운 문제를 풀면 공부 효과가 반감되기 때문에 토플 공부를 시작하는 사람들이 자신감을 키우기에는 적격이다. 《Longman TOEFL》을 보고 시중 모의고사를 몇 회 푼 후 97년 1월에 두 번째 시험을 봤는데, 627점이 나왔다. 충분히 만족스러운 점수였다.

그럼 석 달 사이에 무슨 변화가 있었기에 성적이 향상된 것일까? 석 달 동안 50점이 오를 정도로 내가 하루 종일 영어 공부만 한 것은 아니었다. 단지 계속 GRE에 대비해 단어를 외우고 있었기 때문에, 독해력과 어휘력 증강에 조금은 효과가 있었던 것 같다. 그러나 무엇보다도, 그 전에는 토플에 어떤 문제들이 나오는지 모르는 상태에서 시험을 봤고, 두 번째 시험은 충분히 토플 문제 방식에 대비하고 있었기 때문이 아닌가 싶다. 즉, 영단어를 외운다든지 영자 신문을 읽으면서 혹은 미국 방송을 들으면서 나름대로 영어 공부를 하고 있다 해도 토플 시험에서 자기 실력을 제대로 발휘하려면 토플 문제에 대한 최소한의 대비는 해야 된다고 생각한다.

대학 졸업 후 카투사로 미군 부대에서 군 복무를 하게 되었고, 이때는 좀더 여유롭게 영어 공부를 할 수 있었다. 바쁜 군대 생활이었지만, 군 복무 내내 거의 하루도 빠짐 없이 《Korea Herald》를 읽고 독해 연습을 하면서, 신문에 자주 나오는 단어와 표현을 습득하였다. 또한, 미국 방송을 최대한 자주 청취하려고 노력하였다. 이때는 특정 시험에 대비한 공부가 아니라 전반적으로 영어 실력을 향상시키기 위한 공부를 했다. 두꺼운 영문 서적도 여러 권 읽으면서, 전공 이외의 두꺼운 영문서에 대한 부담도 없어졌다.

토플 성적은 유효 기간이 2년이어서 2000년도에 시작하는 미국 대학원 과정에 지원하기 위해 다시 토플 시험을 보았다. 이때는 따로 토플 교재를 준비하지 않고 실전처럼 모의고사를 풀어보고 시험을 보았는데, 그 동안 중점을 둔 영어 청취가 효과를 보았는지 Listening 섹션에서 만점 68점(총점 643점)을 받을 수 있었다.

고득점 비결의 노하우

미리 토플을 공부한 입장에서 생각하는 전반적인 토플 고득점 방법을 살펴보자.

모의고사로 실전에 대비하라

어떤 영어 시험이든 모의고사를 자주 풀어 보는 것이 중요하다. 모의고사를 통해 실전 감각을 익히고, 문제 유형에 익숙해지는 것은 토플 고득점을 위한 필수 조건이다. 우선 자기가 취약한 섹션의 전문 교재를 준비하여 중점적으로 그 분야를 공략하는 것이 중요하다. 자신의 취약 분야는 모의고사를 풀어 보면 쉽게 발견할 수 있다. 실제 시험 전, 최소 5회 분 이상의 모의 시험을 치르는 것이 좋다. 섹션별 시간을 엄수하고, 긴장된 분위기에서 실전처럼 문제를 풀어봐야 한다. 모의 시험 후, 다시 한 번 문제를 훑어보며 분석하고 연구하는 것도 필수다. 이것은 자신의 부족한 부분을 발견하고, 토플 문제 유형의 감을 잡는 아주 중요한 과정이다.

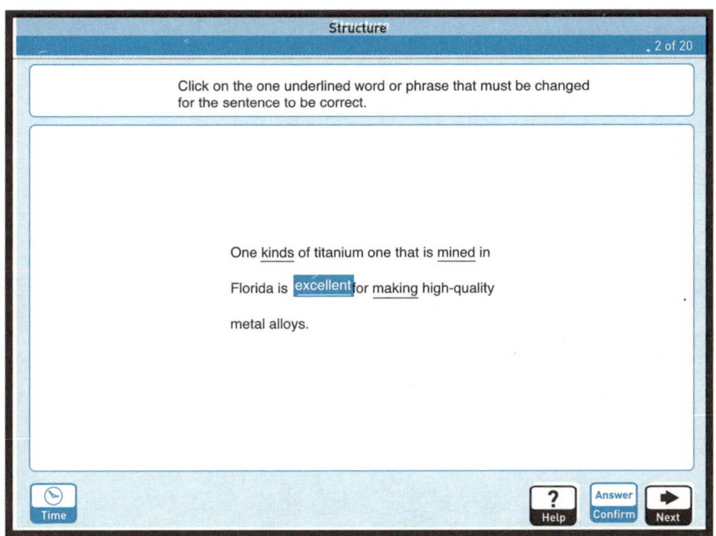

ETS에서 배포한 Sampler CD 등을 이용하여 CBT 환경과 컴퓨터 작동법에 쉽게 익숙해지는 것이 필요하다. 금방 익숙해질 정도로 친숙하고 쉬운 컴퓨터 환경이므로 부담감

은 갖지 않아도 된다. 해당 번호나 글자에 마우스를 위치시키고 클릭한다. 그리고 다음 문제로 넘어가기 전에 Next 버튼을 누르고, Confirm(Answer) 버튼을 누름으로써 다음 문제로 넘어간다. 독해는 Previous 버튼이 있어서 여러 문제 사이를 이동하며 풀 수 있다.

이런 과정은 PBT 답안지를 작성하는 불편함을 보완하여 결과적으로 수험생들에게는 더 이롭다. 시험도 자주 있고, 성적도 빨리 받아 볼 수 있으며, 기초적인 컴퓨터 사용법만 알면 답안지를 작성하는 불편함 없이 개인별로 시험을 볼 수 있기 때문이다.

그럼 기존의 모의고사 교재가 유용할까? 자신의 토플 성적을 향상시키는 데는 여전히 유용하다. CBT 토플의 Listening과 Reading에는 새로운 형식의 문제들이 추가되었다. Listening의 경우 답이 두 개라든지, 내용에 맞춰 순서에 맞게 보기를 구성하는 등 컴퓨터 시험에서만 볼 수 있는 몇 가지 새로운 유형의 문제들이 색다르게 느껴질 수 있으나, 결국은 올바른 Listening 청취에 바탕을 두고 있다. 그러므로 이전부터 계속 출제되는 유형들로 훈련하는 것도 양질의 CBT 모의고사 교재가 나오기 전의 갈증을 해소하는 좋은 방법일 것이다(뒤에 나오는 모의고사 교재 참고).

시험을 자주 봐라

앞의 내용과 같은 맥락에서 보면 일반적으로 시험을 볼 때마다 점수가 오르게 되어 있다. CBT가 시행된 후 시험 날짜가 좀더 유연하게 바뀌어 시험을 자주 볼 수 있는 기회가 생겼다. 실제로 GRE의 경우 CBT가 시행된 후 더 높은 점수를 얻는 경우를 많이 보았다. 그러나 비싼 토플 응시료를 생각할 때 무턱대고 자주 응시할 수는 없다. 이에 대한 대안으로 텝스나 토익을 보는 것도 좋은 방법이다. 매달 볼 수 있고 응시료도 훨씬 저렴하므로, 실전에 대한 경험도 키우면서 다양한 기준으로 영어 실력을 테스트할 수 있다.

또 토익이나 텝스를 준비하고 있는 수험생이라면 한 번쯤은 잠시 다른 영어 시험을 준비하고 응시해 보는 것도 자신의 약점을 파악하고 보완하여 영어 공부 전략을 세우는 데 도움이 될 것이다. 대학 졸업을 앞두고, 급하게 영어 시험 준비를 하는 것보다는 미리 한 번 응시해서 경험을 쌓는 것이 좋다. 나중에 정말 필요에 의해 토플이나 토익 시험을 준비할 때, 그 전의 응시 경험은 많은 도움이 될 것이다. 그러니 미리미리 준비하고 일찍 토플에 도전하자.

Listening 섹션을 공략해라

많은 사람들이 listening 점수가 나오지 않아서 고생을 한다. 하지만 listening도 꾸준한 학습을 통해 충분히 정복될 수 있다. 자주 듣는 말이지만, 영어 청취력 향상에는 왕도가 없다. 귀가 뚫리고 이해할 수 있을 때까지 듣고 또 들어야 한다. 자세한 Listening 섹션 공부 방법은 다음 장에서 살펴보기로 하고, 우선 여기서는 왜 Listening 섹션이 중요한지 알아보자.

대학교 때 본 토플 점수는 627점이었다. 다른 학생들과 마찬가지로 문법이나 독해 문제인 섹션 2와 섹션 3에서는 65점, 64점을 받았지만, Listening은 68점 만점에 59점을 기록했다. 졸업하고 카투사로 복무하면서 잡다하게 영어 지식이 늘었던 것은 사실이지만, 다른 유학 준비를 하느라 영어 공부를 열심히 할 수 없었다. 그 대신 영어 방송을 자주 들었고,

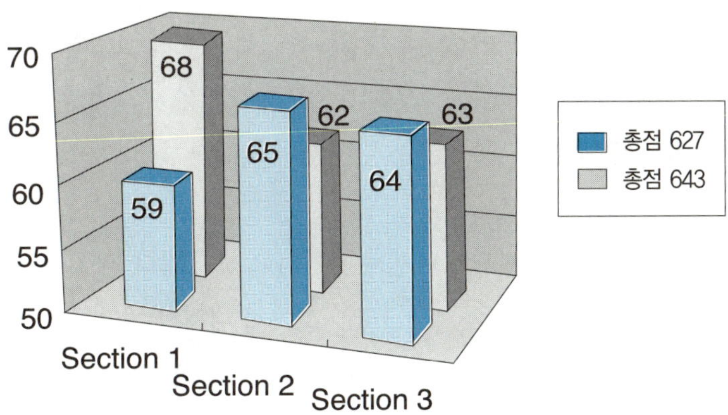

틈틈이 영자 신문과 영문 잡지, 영어로 쓰여져 있는 책을 읽었다. 그리고 따로 공부는 못했지만 토플 문제도 기억할 겸 모의고사만 중점적으로 풀어 보고 다시 토플 시험을 쳤는데, 의외로 Listening이 68점 만점이 나오고 문법과 독해 점수가 대학교 때보다 내려가서 643점이 나왔다. 섹션 2와 섹션 3의 점수가 하락했음에도 불구하고 Listening 점수의 높은 상승으로 종합 점수가 오른 것이다.

대부분의 미국 대학은 토플 600점(CBT 토플로는 250점) 이상이면 아무런 문제가 없다. 경영 대학원(MBA)과 높은 영어 구사력을 요구하는 인문, 사회 계열은 학교와 학과에 따라 더 높은 점수를 요구하기도 하지만 말이다. 대부분의 토플 600점 이상 고득점자의 경우는 Listening 섹션(68점 만점)에서 50점대 후반 그리고 섹션 2(68점 만점)와 섹션 3(67점 만점)에서 만점을 받거나 몇 개 틀려 61~68점의 점수가 나와 600점을 넘긴다. 사실 Listening 보다도 한국 사람들의 전공인 문법과 독해만 파고든다면, 토플 600점을 넘기는 것이 불가능하지는 않다. 중학교 때부터 해온 공부가 문법과 독해 아닌가.

그러나 Listening을 포기하고, 섹션 2와 섹션 3를 만점 받아 고득점을 획득하려는 것은 위험한 전략이다. 섹션 2와 섹션 3의 경우, 한 문제의 맞고 틀림으로 많은 점수 차이는 나지 않는다. 토플 문제 난이도는 시험에 따라 다르고, 시험 응시자 역시 실수를 할 수 있는 법인데, 운이 안 좋아 섹션 2와 3에서 목표한 점수를 얻지 못할 때는 그만큼 자신의 목표 점수에서 멀어지게 된다. 섹션 2와 3만큼 Listening에도 관심을 가지고 공부해서, 섹션 1에서도 60점 이상의 점수를 받는다면, 토플 600점은 좀더 쉽게 달성할 수 있을 것이다.

교재 선택에 신중해라

두꺼운 백과 사전식의 토플 교재는 별로 추천하고 싶지 않다. 새로운 토플 문제 경향에 맞추어 구성되어 있지도 않거니와, listening 분야에 대해선 빈약한 교재들도 많아서 그런 책으로 공부하다가 덩달아 Listening도 소홀히 할 수 있기 때문이다. 또한 너무 두꺼운 책은 쉽게 질리기 마련이다. 영어 실력에 따라 일반적인 토플 입문서나 전문적인 토플 원서 교재 한두 권 그리고 부족한 부분을 보충할 수 있는 부문에 관한 책을 구입하는 것이 나을 듯하다. 방향이 잡히지 않을 때는 몇 달 학원을 다니면서, 강사들의 강의도 듣고 정보도 얻는 것이 좋다. 다음은 참고할 만한 교재들이다.

1) 참고 교재

- **Longman Preparation Course for the TOEFL Test Volume A**

처음에는 쉬운 것으로 시작해도 괜찮다. 앞에서 설명한 초보에게 적합한 교재이다. 실제 토플 문제보다 쉽지만, 유형별로 토플 문제에 익숙해지는 훈련에 좋다.

- **Peterson's TOEFL Success**

600점(CBT 토플로는 250점) 이상의 고득점을 목표로 한다면 볼 만한 책이다. 난이도가 있는 문제에 요즘의 출제 경향과 맞는다. L/C와 R/C 부분은 특히 도움이 된다. Test가 3회 들어 있고, 부록에 있는 빈출 단어, 숙어 리스트가 많은 도움이 된다.

- **Complete Guide to the TOEFL Test**

상표는 다르지만 같은 저자이기 때문에 《Peterson's TOEFL Success》와 내용이 같다. 학원에서 많이 쓰는 교재이다.

- **그 외 교육방송 EBS 토플과 박정 어학원의 강사들이 쓴 비법책 등이 있다.**

2) 좋은 모의고사 (practice test) 교재들

● Powerprep Software-Preparation for the Computer-Based TOEFL

ETS에서 새로 나온 CBT 대비용 software로 실제 시험과 같은 형식의 테스트 2회분이 포함되어 있다. 가장 믿을 만한 CBT 교재라고 할 수 있다.

● Longman Preparation Course for the TOEFL Test Volume B

테스트 5회분이 들어 있는데, 독해 지문이 짧은 옛날 문제들이다. 전반적인 토플 교재인 Volume A처럼 실전 문제보다 쉽지만 연습용으로 풀기에는 좋다.

● Heinemann TOEFL Practice Test

ETS에서 만들지 않은 책 중에서 가장 실전과 비슷한 문제들이다. 테스트 5회분이 포함되어 있고, Reading 부분이 다른 섹션에 비해 어려운 편이다.

● ETS Preparation Kit, 2nd Edition

최근에 ETS에서 출판된 책으로 테스트 7회분이 들어 있다. ETS에서 나오는 책들이 그렇듯이 가격이 비싸지만, 문제가 실전과 비슷해서 공부할 만한 가치가 있다. 높은 점수를 얻기 위해서는 반드시 풀어 봐야 한다.

● ETS TOEFL Practice Tests Volume 2

테스트 4회분이 들어 있고, 실전 경향을 잘 반영하는 문제들로 구성되어 있다. 외화 유출이 아쉽긴 하지만 가장 믿을 만한 교재는 시험을 주관하는 ETS에서 나온 교재들이다. ETS 공식 교재들은 http://www.ets.org에서 보다 자세한 정보를 얻을 수 있다.

GRE, GMAT 공부를 먼저 하라

일반 대학원 입학을 위한 GRE나 MBA를 위한 GMAT의 영어 관련 섹션은 토플의 섹션 2, 섹션 3보다 훨씬 고차원적이고 어렵다. 토플은 영어를 외국어로 쓰는 사람들을 위한 시험이고 GRE와 GMAT는 미국인들도 보는 시험이므로 당연히 그럴 것이다. GRE의 어휘 수준은 3만 3천 단어 교재의 수준을 뛰어넘어, 미국인들도 잘 모르는 수준까지 공부해야 하고, 독해 지문의 난이도도 토플보다 훨씬 어렵다. 따라서 GRE, GMAT의 홍역을 미리 치른 사람이나 준비하고 있는 사람들은 상대적으로 토플 성적이 잘 나오는 편이다.

고득점 욕심을 버려라

역설적인 얘기지만, 토플 고득점 획득만을 위한 영어 공부는 사실 바람직한 영어 실력 향상에 크게 도움이 되지 않는다. 영어의 필요성과 중요성을 깨닫고, 지속적인 관심을 가지고 재미있게 공부를 계속 해나가는 것이 중요하다. 토플에서 만점 가까운 점수를 받았다고 해서 그 사람이 원어민 같은 영어 실력을 가졌다고는 볼 수 없다. 그러나 원어민처럼 영어를 잘하려고 노력하는 사람들은 토플에서 당연히 높은 점수를 받을 것이다.

토플 시험을 볼 때는 좋은 교재 선택과 효과적인 공부로 자기의 영어 실력보다 좋은 결과를 이끌어 낼 수 있도록 노력하자. 그러나 토플 공부가 영어 공부의 전부라고 생각하지는 말자. 영어가 모국어가 아닌 이상 아직 갈 길이 너무도 멀다.

최고의 토플 비법 노트

영단어 정복하기

우선 여러분이 대학교 1, 2학년 정도 되고 그 동안 영어 공부를 제대로 하지 못했다면, 단어 공부부터 시작하라. 어휘 능력은 listening이라든지 독해 능력, 영작 능력의 기본이면서 동시에 앞으로 치를 토플, 토익 시험에도 큰 도움이 된다. 실제로 한국 사람들은 토플 독해 중 특히 어려운 단어 문제에서 감점을 많이 당한다. 또한 토플 점수의 대부분을 깎아 먹는 listening 점수 향상을 위해서도 어휘 능력 배양은 필수적이다.

다시 강조하지만, 영어 청취력 향상을 위해서는 풍부한 어휘, 숙어 실력이 바탕이 되어야 한다. 따라서 대학교 졸업 전까지 3만 3천 단어 수준의 교재 한 권 정도는 봐야 한다. 이때 외운 단어가 평생 어휘 실력의 기본이 되기 때문이다.

1) 단어 교재

요즘도 다양한 최신 교재들이 많이 나오고 있다. 기존의 vocabulary 2만 2천, vocabulary 3만 3천 계열의 단어 전문 교재들과, 미국인들이 잘 쓰는 단어, 숙어를 정리하여 나온 소설책 두께의 책들도 많이 있다. 꼭 한 가지 방법과 교재로만 단어를 암기할 필요는 없다. TV 방송이나 영어로 쓰여진 어떤 매체라도 단어 공부를 위한 교재가 될 수 있다.

① 페리언과 거로

흔히 위의 두 교재 중 하나로 단어 공부를 시작한다. 그 외에 3만 3천이 붙은 책들은 무척 많지만, 위 두 교재가 가장 적당하다. GRE Verbal 섹션을 공부할 때 시작하는 교재들이기도 하다. 실제 GRE 단어 수준은 이것보다 높지만 우선 3만 3천을 기본으로 확실히 외우고, GRE에 중점적으로 나오는 낯선 단어들(미국인들도 잘 모르는 단어)은 기출 문제를 풀거나 상위 교재를 사용하면서 공부하는 것이 정석이다. 토플 단어의 수준이 높아졌다고 하지만, 대개 이런 3만 3천 단어 교재에서 대비가 가능하다.

단어는 3만 3천 단어 수준을 기본으로 표제어들이 있고, 그에 상응하는 파생어, 동의어들이 작게 덧붙여 설명되어 있다. 처음부터 욕심을 부려서 이런 단어들까지 다 외우려고 하면 진도 나가기가 상당히 버거울 것이다. 따라서 처음에는 큼직하게 쓰여진 표제어를 중심으로 우선 책 한 권 떼는 것을 목표로 해야 한다. 한 페이지에 5~6 단어 정도 되니까, 하루에 수십 페이지씩 외우고 종종 앞 페이지 단어도 복습하면서 진도를 나가자. 표제어를 대충 다 외운 것 같으면 다시 첫 페이지로 돌아가 잊었던 단어를 다시 외우며 아울러 그와 관련된 단어를 같이 외워라. 이런 방식으로 책을 두 번 보면, 학업 능률도 오르고 단어를 오랫동안 기억할 수도 있다.

② TIME, 영자 신문

단어를 아는 것에는 능동적으로 아는 것과 수동적으로 아는 것이 있다. 능동적으로 아는 것은 writing이나 speaking에서 그 단어를 사용할 수 있는 수준이고, 수동적으로 아는 것은 독해하다가 그 단어를 봤을 때 뜻을 아는 상태이다. ubiquitous 라는 단어를 외웠다고 하자. 지금은 대충 철자와 그 뜻을 아는 정도의 수준이다. 아무리 머리가 좋다고 해도, 여러 단어를 한꺼번에 많이 외우면 잊어버리는 것이 당연하다. 이를 위해 단어 공부와 더불어 독해 공부도 할 겸 《TIME》 같은 영자 신문을 틈틈이 읽을 것을 적극 추천한다.

《TIME》을 보다가 ubiquitous라는 단어를 봤는데, 가물가물하고 기억이 잘 나지 않는다. 분명히 외운 단어인데 뜻이 생각나지 않는 것이다. 그때는 사전을 찾아보자. '아 맞아, 이거!' 이렇게 우연히 만나는 단어는 쉽게 까먹지 않는다. 《TIME》을 보면, 자신이 어렵다고 생각한 단어들이 너무나도 자주 쓰이고 있음을 발견하게 된다. 이런 독해 방법은 수동적으로 외운 단어를 능동적으로 쓰기 위해 반드시 거쳐야 하는 단계이다.

단어 교재로 단어를 외우면서도 《TIME》 같은 주간지나 영자 신문을 자주 읽으려고 노력하자. 따로 단어장을 만들어 직접 기록하며 복습하는 것도 좋다. 사전에서 찾은 뜻을 적어 놓는 동시에, 그 단어가 직접 쓰인 문장을 《TIME》에서 옮겨 와 적어 놓으면 암기에 더욱 도움이 된다. 독해 공부 방법은 나중에 설명하겠지만, 단어 공부를 위해서는 두꺼운 소설책보다 짧은 양을 선택해서 읽을 수 있는 잡지나 신문이 효과적이다.

③ 기타 교재

《Word Smart》라는 원서도 아주 좋은 교재다. 《Word Smart I, II》가 있는데 GRE 공부를 위해서도 많이 이용하지만, 《Word Smart I》 정도는 토플 수준의 단어 능력 배양에 좋다. 또한 테이프가 있기 때문에 단어를 외우면서 틈틈이 테이프를 들으면 단어 암기하는 데도 좋고, listening 공부도 할 수 있으니 일석이조다.

다양한 그림에 미국 문화 및 속어, 숙어 등도 부담없이 공부할 수 있는 영어 교재들이 많이 나오고 있으니 잘 활용하면 좋다.

2) 스터디 그룹

스터디 그룹을 조직해서 영어 단어를 외우는 방법도 단기간에 승부할 수 있으므로 아주 효과적이다. 일주일 단위로 공부할 양을 정해 놓고 일주일에 한 시간 정도씩 만나서 시험을 보는 것이다. 시험은 한 사람당 한 페이지씩 준비하여 남이 출제한 문제를 푸는 방법이 있다.

내가 썼던 방법을 소개하겠다. 일주일에 100단어에서 200단어 정도로 진도를 정해 놓고, 각자 공부한 후 시험을 봐서 한 문제 틀릴 때마다 100원씩, 결석할 때마다 어느 정도의 벌금을 내어 회식비로 사용하였다.

친구들끼리 방학을 이용해 스터디를 하는 것도 좋은 방법이다. 아니면 PC 통신망에 있는 유학 동호회와 영어 동호회를 이용하거나, 학원을 다니면서 수강생끼리 스터디 그룹을 조직해 보는 것도 괜찮다. 인터넷상에서도 영어 스터디 모임이 많이 결성되고 있다.

3) 컴퓨터를 이용한 학습

① 어휘 마법사

어휘 마법사라는 프로그램은 95년 통신망에 shareware로 공개 등록된 후 그 동안 꾸준히 업그레이드되었으니 믿을 수 있는 영어 학습 교재가 아닌가 한다. 최근에는 영문 버전이 나와서 좋은 평가를 받고 있다. 토플이나 GRE 대비용 단어들이 모두 입력되어, 사용자가 원하는 방식(객관식, 주관식)으로 효과적인 반복 학습을 할 수 있다. 또한 자기만의 데이터 베이스를 만들 수 있기 때문에, 수시로 단어장을 관리하는 것도 가능하다. 문제도 만들어 프린트할 수 있으니 스터디할 때도 편리하다. 컴퓨터에 설치해 놓고 심심할 때마다 공부하면 시간 절약도 할 수 있다.

나는 예전에 GRE에 대비할 때 단어 복습용으로 사용하였다. 프로그램을 짜다가 혹은 인터넷에서 자료를 뒤지다가 잠시 단어 마법사를 화면에 띄워 놓고 영어 단어를 외우기도 했다. 종이로 된 책을 보다가 친숙한 컴퓨터로 영어 공부를 하는 것도 색다른 재미가 있었다.

http://www.prosigner.com에서 정보를 얻을 수 있으며, 정식 버전과 별 차이 없는 데모 버전을 다운받을 수 있다. 써보고 맘에 들면 정식 등록을 하면 된다. 필요에 따라 CD-ROM을 구입할 수도 있는데, 문제를 풀면서 해당 단어의 영어 발음을 직접 들어 볼 수 있다. 어휘 마법사 이외에도 영단어 암기를 도와주는 다양한 공개 프로그램들이 인터넷상과 각종 PC 통신 자료실에 등록되어 있다. 컴퓨터를 자주 사용하는 학생들이 중간 휴식을 취할 때 쉽게 공부할 수 있는 좋은 방법이다.

② 인터넷을 이용한 영어 공부

요즘에는 인터넷으로 영어 공부를 할 수 있는 좋은 사이트들이 많이 생기고 있다. 유료 사이트도 있지만, 무료로 다양한 시험 정보와 영어 학습법을 제공하는 유용한 사이트들이 많다. 이 책을 읽는 바로 그날 Yahoo나 Lycos 같은 검색 엔진에 접속해서 영어 학습이라는 단어를 검색해 보자. 수많은 영어 학습 사이트로 안내될 것이다. 유료 사이트의 경우 인터넷에서 실시간으로 원어민의 발음이나 학원 강사의 강의를 들으면서 마치 학원에 가서 강의를 듣는 효과를 거둘 수 있다. 바쁜 사람은 이런 유료 사이트도 고려해 볼 만하다.

이런 전문 사이트가 아니더라도, 인터넷 라디오 방송 기술의 보급으로 다양한 미국 방송을 인터넷으로 접해 볼 수 있다. TV를 자주 볼 수 없는 사람은 수시로 인터넷 방송을 이용하여 청취력 향상에 힘쓰자. CNN과 《TIME》을 비롯한 거의 모든 유명 언론과 잡지사들이 인터넷 기사 서비스를 하므로, 관심 있는 사이트에서 종종 기사를 검색하며 독해력을 향상시키는 방법이야말로 인터넷 시대에 걸맞는 영어 공부 방법이다.

《Korea Herald》와 《Korea Times》 두 영자 신문도 인터넷에서 기사를 제공하고 있다. 내가 정기 구독했던 《Korea Herald》의 경우 별첨 부록으로 배달되던 English Update라는 코너가 영어 상식을 늘리는 데 아주 많은 도움을 주었다. http://www.koreaherald.co.kr을 참고하기 바란다.

Listening 공략법

1) 원어민들과의 대화

시중에 유행하는 영어 관련 서적을 보면, 외국에서 공부하거나 생활하면서 쌓인 경험에서 나온 것들이 많다. 반면, 외국에서의 그런 장기 체류 경험 없이도 영어를 아주 잘해서 성공한 사람들이 있는데, 이들의 공통점은 대부분 영어 배우기를 무척 좋아해서 어렸을 때부터 용기를 가지고 영국인이나 미국인들과 대화를 많이 한 경우다.

원어민과 함께 직접 영어를 듣고 써볼 수 있는 기회를 만들도록 하자. 영어를 잘하고 싶은 동기를 부여하고, 영어에 대한 자신감을 불어 넣는 최고의 방법이다.

또는 직접 영어권 나라로 유학을 가는 방법이 있다. 사실 어학 연수 그 자체에 대해선 회의적인 생각을 가지고 있지만, 자신이 얼마나 사전에 준비를 하고, 가서 얼마나 시간을 효과적으로 사용하느냐에 따라 어학 연수도 좋은 방법이 될 수 있다. 그러나 한국에서 어느 정도 영어 공부를 한 상태에서 어학 연수를 가야지, 한국에서도 충분히 할 수 있는 수준의 기초 내용을 외화 낭비하며 외국에서 들을 필요는 없다.

실제로 적지 않은 어학 연수생들이 수업 후에는 한국 사람들과 어울려 다니며 아까운 시간을 낭비하지만, 나름대로 열심히 공부하여 효과를 본 사람들도 많다. 가장 큰 효과는 향상된 영어 실력으로 인한 자신감과 영어 공부에 대한 감을 터득하는 것이다. 아울러 자신이 다니는 대학에 교환학생 프로그램이 있으면, 직접 미국에서 수업을 들으면서 영어 공부를 하는 방법도 효과적이다.

2) TV와 방송 교재의 활용

listening 향상에 제일 도움이 되는 방법이다. 나는 요즘도 시도 때도 없이 영어 방송을 들으려고 노력중이다. 물론 여건상 쉽지도 않고 인내심도 필요하지만, 시간이 좀더 있는 대학교 저학년들의 경우는 일찍부터 CNN 방송을 자주 보는 것이 좋다. 그러나 무작정 본다고 해서 청취력이 향상되는 것은 아니다. 앞에서 강조했듯이, 전반적으로 영어 공부를 열심히 하고 있어야만, 방송을 보다가 자기가 공부한 표현을 찾는 기쁨을 누릴 수 있다. 뉴스 방송의 경우 다양한 분야의 사전 지식이 큰 도움이 되고, 드라마나 영화는 미국 문화에 대한 이해와 구어체, 속어 표현을 알고 있는 것이 유용하다.

케이블 TV로 CNN 방송을 시청할 수 있다. CNN은 listening 공부에 최적의 교재다.

처음에는 쉽지 않겠지만, 인내심을 가지고 CNN 뉴스 시청 습관을 들이자. 사실 뉴스 듣기가 영화나 드라마 듣기보다 훨씬 수월하다. 또박또박 표준 발음으로 말해 주니 아무래도 알아 듣기 쉽다. 미국 뉴스가 너무 어려우면 국내 뉴스를 영어로 방송하는 Arirang News로 시작하는 것도 괜찮다. 국내에서 일어나는 일은 좀더 이해하기 쉽기 때문이다.

AFKN이나 케이블 TV에서 하는 각종 드라마나 코미디를 보는 것도 괜찮다. 이때는 한 드라마를 선택해서 꾸준히 보는 것이 좋다. 등장 인물 등 배경 지식이 있는 상태에서 듣기 때문에 즐기면서 청취력 향상을 꾀할 수 있다. 나는 청춘 시트콤인 'Friends' 나 'Seinfeld' 같은 코미디를 즐겨 봤다

드라마 이외에 영어 공부에 좋은 프로그램은 토크쇼다. 국내에서도 Jay Leno나 David Letterman의 토크쇼를 시청할 수 있다. 부담 없는 주제로 유명한 게스트들이 나와서 수다를 떨기 때문에 방학 때 집에서 자주 시청했던 기억이 난다.

이런 공부 방법의 효과를 더욱 증진시키기 위해서는 매달 나오는 각종 테이프 교재 등을 구입하여 dictation(받아쓰기)을 병행하는 것이 좋다. 아무래도 listening 전문 교재인 만큼 연음이라든지, 듣기 어려운 발음 등을 청취하는 데 도움이 된다.

TV 시청이 여의치 않을 때는 listening 교재 테이프나 AFKN FM 라디오 방송도 활용해 보자. AFKN 라디오에서는 일반적인 음악 방송 말고도, 매시 정각마다 AP News를 방송한다. AP News를 녹음해서 반복 청취해 보고, 받아쓰기를 해보는 노력도 바람직하다. 헤드폰을 귀에 꽂고 하루 종일 영어를 계속 듣고 다니는 것을 일주일 동안 해보면, 귀가 뚫리는 느낌을 받는다. 물론 그 후에 그 느낌을 진짜 실력으로 향상시키는 것은 여러분에게 달려 있다.

기타 EBS TV와 라디오의 영어 관련 프로그램도 참고하기 바란다. 자세한 사항은 http://www.ebs.co.kr이나 http://www.ebsfm.co.kr으로 들어가 보기 바란다.

3) 학원 AFKN 강좌

여러 사설 영어 학원에 개설되어 있는 listening 전문 강좌(주로 AFKN 청취라고 함)를 수강하는 방법도 있다. 대학교 4학년 마지막 겨울방학 때 모 학원에서 AFKN 강좌를 두 달 정도 수강했다. 한 시간 강의지만 매일 공부해야 할 범위는 많았다. 공 테이프를 두 개 맡기면 복사해 주므로, 집에 가서 복습용으로 활용했다. 한 주의 절반은 뉴스 청취, 나머지는 드라마 청취를 중심으로 운영되었다. 드라마는 'Kevin은 13살(원제는 Wonder Years)' 이었는데, 예전에 우리 나라 방송에서 재미있게 보던 프로그램이라 매우 흥미로웠다. 다른 AFKN 강좌는 들어보지 않았지만 비슷하게 영화, 드라마, 뉴스 청취를 같이 하고 있다.

이 강좌는 나에게 세 가지 면에서 도움을 주었다.

첫째, 영어에는 조금 자신이 있었는데, 수강하면서 주위에 나보다 훨씬 뛰어난 사람들이 있다는 것을 알고 자극을 받게 되었다.

둘째, listening 강좌를 들으면서 약간의 listening 테크닉과 유용한 표현을 익혀, 독해 능력도 자연스럽게 늘었다.

셋째, 혼자 하면 게을러지기 쉬운데 진도가 정해져 있고 복습을 하지 않으면 수강료가 아까우므로 열심히 공부했다.

4) Dictation

dictation(받아쓰기)은 각종 listening 도사(즉 listening이나 영어 강좌로 떼돈 버는 유명한 영어 강사)들이 강조하는 최고의 listening 향상 방법이다. 나는 대학교 1학년 때, 1년 동안 영어 청취 잡지를 정기 구독했다. 그러나 나날이 쌓이는, 손때 하나 묻지 않은 교재와 테이프를 보면서 한숨을 쉬었었다. 지금 와서 생각해 보니 기본 영어 실력(단어와 독해 능력)이 없어 듣고 있는 문장도 독해하지 못했을 텐데, 받아쓰기까지 하려고 했으니 진도가 나갈 수 없었던 것 같다. 또 그 당시 내가 받아쓰기를 할 영어 실력이 되었다고 해도, 한 달 동안 테이프 두 개의 내용을 소화하기엔 너무 무리였다.

따라서 듣기 교재는 정기 구독하지 말고 한 권 구입한 후 그 책을 소화할 때까지 공부한 후, 필요하면 또 구입하는 것이 좋다. 다시 강조하지만, 받아쓰기는 어느 정도의 독해 실력과 listening 실력이 기본이 된 상태에서 시작해야 한다.

5) Listening 고득점 전략

사실 위와 같이 공부하는 것은 정석이고, 단기간 내에 토플이나 토익 점수를 올리는 몇 가지 요령이 있긴 하다. 이런 내용은 각종 교재에도 잘 나와 있지만, 영어 실력이 좋다고 해도 그 실력 발휘를 하려면 최소한 5~6회 정도의 모의고사를 치르고 문제 유형을 파악해야 한다.

Short Conversation

① 토플 Listening 시험에 익숙해져라

모의고사를 많이 풀어 보고 유형별 정리를 해놓는 것이 좋다. CBT 토플 시험에서는 그림과 같이 listening 문제가 나가는 동안 문제와 보기를 미리 읽으면서 문제에 대비할 수가 없다. 그 대신 짧은 대화가 끝나면 그림이 사라지고 문제와 보기가 나온다. 사진을 보면서 실제 대화 상황에 자기를 몰입시키고, 최대한 정신을 집중해서 듣도록 하자. 사진으로 많은 정보가 나오진 않지만 최소한 대화 장소와 대화하는 사람은 추측할 수 있다. 짧은 대화의 경우 두 사람이 등장하는데, 두 번째 대화자의 마지막 말을 집중해서 들어야 한다. 대부분 두 번째 대화자의 문장에서 문제가 나온다.

② 못 들은 문제 당황하지 말기

한 번 놓치면 순식간에 문제가 나와 버리고 바로 답을 선택해야 하는 순간이 있다. 이때 절대 당황하지 말고 보기 하나를 찍은 후 그 다음 문제에 전념해야지, 안 그러다가는 연속적으로 몇 문제를 놓칠 수가 있다. CBT에서는 쉬운 문제를 맞추면 더 어려운 문제로 넘어가고, 틀리면 비슷한 수준이나 더 쉬운 문제가 나온다. 따라서 문제의 수준이 갑자기 내려가면 그 전 답이 틀렸다고 아쉬워하거나 신경 쓰일 수 있으므로, 지나간 문제에 대해선 신경 쓰지 말고 다음 문제에 집중하도록 하자.

③ 찍기도 요령 있게 하자

앞에서 문제를 못 들었을 경우에 빨리 하나를 찍고 다음 문제에 대비하라고 했다. 사실 찍기라고 했지만 주어진 지식과 정보로 순식간에 최상의 답을 선택하는 것이다. 이런 것은 역시 문제를 많이 풀어 보면서 훈련할 수 있다. 예를 들어 문제에 해당하는 대화의 어느 부분을 못 들었거나 전체를 다 이해하지 못했다고 해도, 몇몇 단어는 알아 들었다고 하자. 그런데 보기에 이 단어가 반복되거나(품사가 바뀌어 나타날 수 있음) 비슷한 발음을 이용한 엉뚱한 단어가 나오면 90%는 답이 아니다. 단지 수험자에게 혼동을 주기 위해 만든 보기이므로 이런 식으로 오답을 제외하면서 빠른 시간 내에 정답을 선택하는 훈련이 필요하다.

한편 Short Conversation에서는 실제 생활에 쓰이는 숙어적 표현을 질문하는 문제가 자주 나오므로, 모의고사를 풀면서 토플에 나오는 숙어 표현을 일일이 단어장에 기록하는 정리 방법도 좋을 것이다.

Longer Conversation and Talks

컴퓨터로 보는 시험의 성격을 십분 발휘하는 새로운 형식의 문제가 많이 출제된다. 두 사람간의 대화나 긴 강의가 나오는데, PBT보다 더 길어져 집중력을 요한다. Talks의 경우 시작하기 전에 topic이 화면에 크게 표시되고, narrator가 무엇에 대해 설명할지를 알려주므로, 그것을 듣고 무슨 내용이 전개될 것인가를 예상해야 한다.

문제를 듣는 동안에는 이 강의의 목적과 주제 그리고 강의를 듣는 대상 등에 대해 곰곰이 생각해야 한다. 그림을 보면서 실제 강의를 듣는 사람처럼 주어지는 정보 하나 하나에 관심을 가지고 어떤 문제가 나올지 마음속으로 추측해야 한다. 한편 중간 중간 강의 내용에 맞추어 나오는 그림에는 강의를 이해할 수 있는 정보가 있으므로 주의 깊게 보자. 그림에서 보기가 주어지고 답을 택하는 문제도 나온다.

CBT 토플에서는 강의 내용에 맞게 해당되는 단어를 연결시키는 문제, 강의에서 설명한 순서대로 절차를 나열하는 문제, 강의에 맞는 그림을 고르는 문제 등이 나온다. 답을 두 개 고르는 문제도 종종 나오는데 이럴 경우에는 답을 마우스로 클릭하는 곳이 둥근 원에서 사각형으로 바뀌게 된다. 이런 문제에 대비해서는 무엇보다도 전반적인 청취력 향상이 크게 필요할 것이라 믿는다.

Structure와 Writing 전략

1) 영문법 복습

토플이나 토익 준비를 하면서 도움된 것이 있다면 바로 문법 공부이다. 우리나라에서는 문법 위주의 영어 교육이라 문제가 되고 있지만, 기본적인 문법 지식은 나중에 영작을 할 때나 영어 회화를 할 때 도움이 된다. 특히 나이가 들면서 영어 공부를 한다고 따로 문법을 공부하기는 더욱 힘들어지므로, 토플 공부할 때만이라도 확실하게 문법을 복습해 두는 것이 좋다. 이때 복습한 것이 유학 가서 논문을 쓰거나, 회사에서 영어로 e-mail을 교환하는 데 기본 지식이 될 것이다.

그렇다고 낡은 문법책을 꺼내 볼 필요는 없다. 빈칸 채워 넣기나 틀린 부분 찾기 유형에 맞추어 문법을 정리하면서 문제를 풀 수 있는 얇은 책들이 많이 있으므로 적당한 책을 골라 공부하면 된다. 시간이 좀더 있으면, 문법을 부분별로 설명하고 그에 맞추어 영작(writing) 연습을 하는 교재들도 있으므로, 좀더 폭넓게 공부하는 것도 바람직하다.

2) 빨리 푸는 연습

실제 토플 S/W를 풀 때 시간이 약간 부족하거나, 간신히 주어진 시간 내에 보았던 것 같다. 문제를 풀다 보면 초반에 몇 문제가 확실치 않아 고민하다가 결국 뒤에 있는 문제에는 그만큼 신경을 쓰지 못하고 서둘러 답안지를 채웠었다. CBT도 주어진 시간이 있으므로 한 문제에 집착하지 말고 적당하게 시간을 안배해서 풀어 보는 연습을 해야 한다. 주어진 시간보다 빨리 문제 푸는 연습을 하는 것이 크게 도움이 된다.

3) 빈칸 채워 넣기

빈칸 채워 넣기의 경우, 정답이라고 고른 답을 반드시 문장에 넣고 눈으로 읽어 보면서 문맥상 혹은 문법상으로 옳은지 확인하도록 하자. 보기만 보고 답을 고르다가는 실수를 할 수 있다. 정답을 쉽게 찾을 수 없는 경우도, 먼저 전혀 가능성이 없는 보기들을 제외하고 남은 보기를 문장에 넣어 읽어 보고 가장 바람직하게 보이는 것을 선택하도록 하자.

4) 틀린 부분 찾기

모든 문장을 해석하거나 읽어 보면서 틀린 문장을 찾을 필요는 없다. 밑줄 쳐진 단어만 훑어 봐도 답이 보이는 문제들은 빨리 답을 고르고, 다음 어려운 문제로 넘어가야 한다. 예를 들어 주어와 동사의 시제나 수의 불일치(a laser send out a beam), 복수가 있어야 할 자리에 단수가 있는 경우(Million of people from all over the world), 같은 품사끼리 나열될 때의 불일치(a human emotion, such as fear, grief, happy, or love), 부정관사 a와 an이 잘 못 쓰인 경우(She became a organizer and lecturer) 그리고 주어의 틀린 반복인 경우 (The Earth it is not suspended motionless in space) 등은 문장 전체를 정독하지 않고도 쉽게 답을 찾을 수 있다. 정답을 쉽게 찾을 수 없는 문제들만 세밀하게 읽어 보며 살펴보도록 하자. 이것 역시 모의고사를 많이 풀어 보면서 익숙해지는 훈련을 해야 한다.

5) 영작 시험(TWE)

PBT의 TWE는 토플 종합 점수 외에 따로 표시되었던 것에 반해, CBT에서는 영작 점수가 Structure와 함께 종합 점수에 포함된다. 타이핑을 빨리 하는 사람은 컴퓨터로 작성하는 편이 결과도 빨리 나오고 종이 위에 쓰고 지우는 불편함이 없으므로, 종이로 써내는 선택권이 있더라도 컴퓨터로 타이핑하자. 컴퓨터 문장 편집 명령을 그대로 사용하므로, 완료 전에 손쉽게 편집할 수 있다

서론 · 본론 · 결론의 구성을 취하는 것이 바람직하고, 때로는 결론에 자기 주장을 미리 적어 놓고 시작하는 것도 좋다. 글을 쓰다가 시간이 모자라 끝맺음을 제대로 하지 못하고 결론 없이 마무리할 가능성도 있기 때문이다. 나의 경우 학교에서 TWE 점수를 요구하지 않았으므로 Writing에 신경 쓰지 않고 토플을 보았다. 하지만 그 이후 유학 준비를 하면서 Essay를 쓰거나 미국 대학과 e-mail 연락을 하면서 영작을 많이 하게 되었고, 앞으로도 영작 공부를 계속하려고 한다.

단어 선택에 있어서는 동일어 반복을 피하고 다양한 단어를 쓰도록 하자. 그리고 괜히 문맥상 흐름에 맞지 않는 어려운 단어를 쓰거나 철자가 어이없게 틀리면 오히려 감점되므로, 아는 단어와 표현으로 자신 있게 내용을 구성하는 것이 바람직하다.

Reading 공략법

전공 공부를 원서로 많이 했고 어렸을 때부터 공부한 것이 영문법과 독해였으므로 독해만큼은 자신 있다고 생각했는데, 실제로는 그렇지 않았다. 독해도 열심히 공부해야 할 부분이다.

하지만 독해는 listening과 마찬가지로 특별히 교재를 마련하지 않고 재미있게 공부할 수 있다. 《TIME》이나 《Newsweek》 같은 시사 잡지를 읽는 것이 제일 좋은 공부 방법인 것 같다. 처음엔 읽으면서 모르는 단어가 나오면 밑줄만 그어 놓고 사전의 도움 없이 대의를 파악하는 감을 잡도록 노력해야 한다. 다 읽고 난 후에야 밑줄 쳐 놓은 어려운 단어나 표현을 사전을 보면서 연구한다. 이때는 영영 사전 이용을 원칙으로 하되, 필요에 따라 영한 사전을 혼용하여 사용하는 것이 좋다.

영자 신문이나 《TIME》을 자주 읽다 보면 자주 쓰이는 표현과 단어들이 보인다. 그 단어들이 처음엔 독해를 어렵게 하지만, 자주 마주치게 되면 자연스럽게 사용법과 뜻을 익히게 된다. 그러면서 독해 실력이 향상되고 나중에 listening에도 도움이 된다.

사실 영어 청취와 독해는 밀접하게 연관되어 있다. 신문이나 잡지를 읽을 때는 모든 내용을 소화하려는 욕심을 버리고 관심 있는 부분만 골라 읽어도 충분하다. 관심 있는 분야의 잡지를 도서관에서 찾아보는 방법도 있다. 공대생의 경우에는, 각종 컴퓨터 잡지와 《Popular Science》, 《Scientific America》 같은 잡지도 좋은 교재가 될 수 있다.

그러나 한 분야에 치우치지 말고 다양한 분야의 영어 문장을 접해 보는 노력도 잊지 말자. 아울러 독해 능력 향상을 위해 시중 서점에 많이 있는 포켓북을 보는 것도 도움이 된다. 독해 속도가 빨라지고 단어 수준도 높아지므로 시도할 만한 방법이다. 단 사전을 자주 찾아보는 것은 피해야 한다.

1) 영자 신문 읽으며 독해 공부

2년 동안 《Korea Herald》를 꾸준히 읽은 것이 여러 면에서 도움이 되었다. 영자 신문도 읽는 재미를 찾으면, 국내 신문보다 재미있다. 그러다 보니 자연스레 국내 신문은 보지 않게 되었다. 영어 독해를 잘하려면 지속적으로 하루에 몇 페이지씩 아니면 몇 문장이더라도 꾸준히 영어를 접하는 훈련이 필요하다. 이러한 훈련으로는 영자 신문 독해가 최적의 방법이다. 《Korea Herald》와 《Korea Time》에서는 별첨으로 4페이지의 각종 영어 공부 자료(English Update)가 나오니, 바쁜 사람은 틈틈이 그 내용만 소화해도 도움이 될 것이다.

① 한국어 신문을 멀리하자

영자 신문을 처음 접할 때는 재미도 없고, 내용을 소화하기도 벅차기 때문에 당연히 흥미를 잃고 만다. 하지만 포기하지 말고, 꾸준히 읽는 습관을 들이자. 관심 있는 기사와 분야를 찾아서, 자신의 시사 상식을 영자 신문에 의존하는 재미를 찾자. 세상이 어떻게 돌아가는지 알기 위해서는 신문을 읽어야 할 것이 아닌가? 습관이 들고 독해 속도가 붙으면, 앞의 목적을 위해 자연스레 영자 신문을 가까이 하게 된다. 이제 지하철에서 당당히 스포츠 신문이 아닌 영자 신문을 펴놓고 읽자.

② 과욕은 금물이다

신문의 모든 내용을 소화하려는 욕심은 낼 필요가 없다. 한국어 신문도 모든 기사 내용을 꼼꼼히 읽지는 않으니 말이다. 하지만 제목은 대충 훑어보자. 영자 신문으로도 이렇게 기사를 훑어보거나(scanning) 필요한 정보만 찾아 빨리 읽는(skimming) 훈련, 기사 제목만을 보고 기사의 내용을 짐작하는(anticipating or guessing) 훈련을 쌓을 수 있다. 그리고 관심 있는 기사면만을 매일 정독하면 된다. 나 같은 경우는 국제면이나 경제 · 산업 기사를 정독했고, 때로는 흥미 있는 기사만을 찾아서 독해했다.

③ 속독 연습을 하자

속독 연습을 하려면 잡지나 신문만큼 좋은 것이 없다. 특히 하루에 많은 양의 독해를 해야 하는 영자 신문이 속독 연습하기에 좋다. 영자 신문에 익숙해지려면 어느 정도 어휘력이 바탕이 되어야 한다. 의욕적으로 시작한 공부인데 모르는 단어투성이라서, 한 문장, 두 문장 진도 나가기도 어렵다면, 속독 같은 독해 훈련은 될 수 없다. 처음에는 빠르게 훑고, 아는 단어에 집중하면서 대의를 파악하는 연습을 해야 한다. 그러고나서 그 글의 내용을 생각해 보고 다시 한 번 읽어보자. 이때는 새로 알게 된 영단어나 영어 표현을 따로 단어장에 정리하면서 공부하는 것도 좋다.

나의 경우 어떤 기사는 속독 연습만 하고 모르는 단어에는 크게 신경 쓰지 않는 반면, 어떤 기사는 철저하게 분석하며 모르는 단어나 표현을 암기하며 공부했다. 한 달만 꾸준히 읽어 보면, 신문에 자주 쓰이는 표현이 눈에 보이게 될 것이다.

④ 사전은 융통성 있게 쓰자

전반적인 독해력과 독해 속도의 향상을 위해서는 사전을 자주 찾아보면 안 된다. 모르는 단어가 나오면 그 뜻을 모르는 상태에서 독해하는 연습을 해보자. 독해하고 나서 사전을 찾아보면, 그 단어를 오랫동안 기억할 수 있게 된다. 실제 토플 시험중에도 모르는 단어가 지문이나 문제에 있을 때, 있는 지식을 총동원해서 문제를 풀어야 한다. 모르는 단어가 나오면 문맥상 대충 이런 뜻일 거라고 생각하고 넘어가자.

결론적으로 영자 신문 읽는 것은 대단한 효과를 보았다. 우선 전공서 외에는 인내심이 모자라 영어 소설책 한 권도 제대로 읽지 못한 나였는데, 군대 생활 동안에는 두꺼운 영어 소설책, 역사책, 전기 등을 손쉽게 읽을 수 있었다. 무엇보다도 독해하는 속도가 빨라졌기 때문이다.

2) Reading 고득점 전략

① 어떤 문제가 나오는지 보고 지문을 읽자

CBT 토플에서는 한 지문당 6~7개의 문제가 나오는데, 우선 문제 없이 지문을 읽어보도록 화면에 지문이 뜬다. 다 읽은 후 PROCEED라는 버튼을 누르면 문제가 오른쪽에 제시되고 지문은 그대로 왼쪽에 남아 있으므로, 다 읽지 않고 PROCEED 버튼을 눌러도 된다. 대충 문제를 먼저 보고 이 문제들을 풀기 위해 어떤 정보가 필요한지 그 정보를 찾아 읽는 것이 더 도움이 되기 때문이다. 전체적인 주제(main idea)를 묻거나 제목을 묻는 질문이 나오더라도 질문 옆에 똑같은 지문이 남아 있으므로, 득점 정보를 찾기 위해 주의하며 읽는 것이 훨씬 더 바람직하며 결국 문제를 빠르게 풀 수 있게 도와준다. 참고로

PROCEED 버튼을 누르기 전에 스크롤 바를 밑까지 내려야 문제로 진행할 수 있다.

② 꼭 문제 순서대로 풀 필요는 없다

먼저 문제를 빠르게 살펴본 후 지문을 독해할 때 문제에 대한 정답을 확실하게 알면 바로 푸는 것도 괜찮다. 특히 단어의 뜻을 묻거나 대명사가 지시하는 단어나 문장을 찾으라고 하는 문제들은 독해하다가 바로 찾을 수 있으므로, 그 부분을 또다시 읽어볼 필요가 없다. 그러나 한 지문 내에서 문제 푸는 순서가 바뀔 수는 있어도, 그 지문에서 나온 모든 문제를 푼 후 다음 지문으로 넘어가는 것이 바람직하다.

③ 모의고사는 빨리 풀자

자신이 시간을 관리하므로 주어진 시간보다 빨리 푸는 것이 도움이 된다. 모의고사를 볼 때는 목표 시간보다 더 빨리 문제 푸는 연습을 하자. 그리고 앞에서 강조한 전반적인 어휘력 향상과 속독 능력이 토플 독해의 가장 좋은 고득점 방법임을 잊지 말자.

결심만 굳건하면 유학 준비의 반은 끝난다

2000년도 가을 학기에 미국 대학원 입학을 목적으로 유학 준비를 하고 있던 나는 입학년도 전해(1999년) 겨울에 지원했다. 빠른 학교의 경우 원서 접수 마감이 12월인 경우도 있으나, 대개 1월 15일 혹은 2월 초 마감이다. 카투사로 근무하면서 유학 준비가 그리 쉽지는 않았으므로 일찍 시작해서 11월경에 마무리하자는 계획을 세웠다.

카투사로 미군 부대에 근무하면, 영어를 배우거나 미국인들과 생활하는 경험도 쌓을 수 있고, 근무 시간 외의 자유 시간을 이용해 유학 준비를 할 수 있었기 때문에 지원했다. 그러나 밤늦게까지 일하는 경우가 많았고, 아침 일찍 기상해야 하는 부담감 때문에 유학 준비는 더디기만 했다. 게다가 몇 주 훈련이라도 나가게 되면 한 달이 후딱 지나갔다.

가장 큰 문제는 부대에서 인터넷 접속이 용이하지 않았고, 부대가 학교와 집에서 멀리 떨어져 있다는 사실이었다. 그래서 해당 학교와 학과의 입학 절차부터 시작해서 나의 관심 분야를 연구하는 곳이 있는지 알아보는 것들이 정말 힘들었다. 요즘은 원서를 신청하고 지원하는 과정이 인터넷 상에서 많이 이루어지기 때문에, 인터넷에서 정보를 모으는 것이 무척 중요하다. 나는 주말이 되어서야 간신히 근처 PC방을 이용할 수 있었다.

또한 학교가 대전에 있었고 부대는 서울에서 2시간 걸리는 거리에 있었기 때문에 교수님들을 뵙고 추천서를 부탁 드리거나 각종 서류를 받기 위해 혹은 전공 분야의 추세를 알아보기 위해 학교를 찾아가는 것도 쉽지 않았다. 하지만 유학 준비를 하면서 나 스스로를 다시 평가해 보는 소중한 시간을 가질 수 있었다. 더불어 카투사로 군 복무를 하였으므로 나 자신에게 투자할 시간을 찾았다는 것이 커다란 행운이었다고 항상 감사하게 생각한다.

GRE는 입대하기 전 한 번 보았는데 점수는 만족스럽지 않았지만 GRE 공부할 시간에 Essay나 추천서 등에 더 신경을 쓰기로 결심했기 때문에, 그나마 없는 시간을 조금이라도 여유 있게 활용할 수 있었다. 토플 시험은 2년 유효 기간이 끝나서 다시 봐야 했는데, 시험 보는 것 자체가 쉽지 않았다. 1999년 5월 토플 시험이 있던 그 주말에 하필 부대 전원이 외출 금지를 당했다. 군대 특성상 어쩔 수 없는 일이었지만, 더딜 수밖에 없는 나의 유학 준비 기간과 훈련 기간 등을 고려할 때, 가을에 토플을 본다는 것은 유학 계획에 적지 않은 차질을 빚게 하였다. 결국 중대장한테 급한 사정을 얘기하고 시험 보는 당일 서울로 가서 토플 시험을 보고 허겁지겁 부대로 복귀한 기억이 난다. 다행스럽게 만족스러운 점수가 나와서 시험들을 일찍 끝내 놓고 남은 기간 동안 다른 유학 준비를 할 수 있었다.

2000년 3월 어느 날, 군대에서의 마지막 2주 간의 훈련을 받고 있었다. 이미 Stanford나 Georgia Tech에서는 합격 통지를 받았지만, Caltech에서는 떨어졌기 때문에 초조하게 MIT 합격 결과를 기다리고 있었다. e-mail로 결과가 통보된다고 했기 때문에 무척 궁금했으나 훈련이 끝날 때까지는 확인할 방법이 없었다. 그러다가 부대 일등 상사의 배려로 훈련장에서 부대까지 대신 문서 수발을 하게 되었고, 'Good Luck'을 외치는 미군 동료의 말과 함께 컴퓨터 앞에 앉았다. 그리고 'I'm pleased to inform'으로 시작하는 MIT 합격 통지를 확인할 수 있었다. 게다가 내가 원하는 분야의 교수로부터 학비 면제와 생활비를 받는 전액 장학금을 받게 되어, 그 동안의 유학 준비와 기다림의 과정을 보상하고도 남을 정도로 기뻤다. 유학을 계획하는 여러분께 도움이 되고자 다음에 나의 유학 준비 과정을 간략히 설명하겠다.

젊은은 도전이다

글 첫 부분에서 힘든 유학 준비라 했는데, 준비할 것이 많으므로 이리 저리 뛰어다니며 정보를 잘 수집해야 한다. 주위에서 유학을 준비하는 친구들이나 후배들에게 자주 하는 말이 있다. 유학 간다는 결심만 굳건하면 유학 준비의 반은 끝난 것이라고. 자신이 유학을 통해 뜻한 바가 있다면, 그 결심을 확고하게 밀고 나가는 것이 가장 중요하지 않을까? 젊음은 도전이다. 나는 전공 분야의 특성상 미국에서 배울 것이 많다는 점 외에도 젊었을 때 외국에서 생활해 보면서 다양한 문화를 접해 보고 스스로 고난을 이겨 내며 성장하는 기쁨을 맛보고 싶었기에 도전장을 내밀었다.

유학 준비 과정

1998. 4	마지막 Paper General GRE 시험 응시.
1998. 4. 13	카투사 군 입대.
1999. 1	본격적인 유학 준비 시작. 학교에 관한 정보 찾기 시작.
1999. 4	정기 휴가. 학교에 가서 추천서 부탁 드릴 교수님 세 분 결정, 교수님과 상담.
1999. 5	토플 시험 응시.
1999. 7	Statement of Purpose(자기 소개서 + 학업 계획서) 초안 작성 시작. 미국 대학원에 원서 신청 시작. 학교별 정보 모으기.
1999. 9	미국 대학의 교수들과 한국 학생들에게 e-mail로 연락하여 해당 학교의 정보를 얻고 유학 준비에 반영함. 교수님께 드릴 자기 소개서 완성. 교수님 세 분께 추천서 form 드림.
1999. 10	Statement of Purpose(자기 소개서 + 학업 계획서) 완성. 대학원 지원 원서 받기 마무리. 원서 작성 준비 완료.
1999. 11	휴가 기간을 이용하여 미국 6개 대학원에 지원 작업 완료. TOEFL과 GRE 성적 Reporting, 성적표와 졸업증명서 서류 준비, 원서 작성(최소 1주일 걸림), 교수님께 추천서 받기, DHL로 원서 발송.

1999. 12. 12	MIT와 Caltech에 전화로 모든 서류 도착 확인. Stanford와 UCLA는 TOEFL, GRE 성적이 도착하지 않아 ETS에 재요청.
2000. 1. 19	UCLA에서 GRE 성적을 받지 못해 팩스로 성적표 복사본 보냄.
2000. 2. 3	Georgia Tech 항공우주공학과 석사과정 합격 통지 (e-mail).
2000. 2. 24	Stanford University 항공우주공학과 석사과정 합격 통지 (letter).
2000. 2. 25	Caltech Control Dynamical Systems 박사과정 불합격 통지 (letter).
2000. 3. 7	MIT와 University of Michigan 합격 통지 (e-mail).
2000. 3. 30	UCLA 기계항공과 박사과정 합격 통지 (letter).
2000. 5. 22	MIT에 필요 입학 서류 보냄.
2000. 6. 12	군 복무 제대.
2000. 8	미국으로 출국.

Apply Early

나의 준비 과정은 일반적인 유학 준비와 다소 차이가 있다(조금 일정이 빠르다). 하지만 원서를 지원할 때 유념할 것이 Apply Early(일찍 지원하라)이다. 대학과 학과에 따라 차이가 있지만, Admission Committee를 자주 여는 대학에서는 Rolling System이라고 해서 수시로 학생을 심사하고 기준에 맞으면 입학 통지를 낸다. 장학금도 미리 지원하고, 교수와 미리 연락할수록 유리하다. 일반적인 경우 8월부터 원서 신청을 하고, 10월 혹은 늦으면 11월까지 토플이나 GRE 시험을 끝내고 1월이나 2월경 마감 날짜에 맞추어 지원하는 사람들이 많다. 불완전한 지원 서류를 내서는 안 되겠지만, 조금 계획을 앞당겨 12월에 지원하는 것이 좋다. 일찍 지원하면 결과도 일찍 나온다.

인터넷을 통해 유학 정보를 얻자. 유학 세계(http://www.studyworld.co.kr)나 천리안, 하이텔 등 PC 통신 유학 동호회에서 많은 유학 선배들의 정보를 얻을 수 있다. 특히 천리안의 유학과 토플 동호회(go tf)는 양이나 질적인 면에서 나에게 큰 도움이 되었다. 우선 자신의 성적과 시험 점수 그리고 지원 과정과 결과 등을 설명한 유학 준비 게시판에 꼭 들러, 자신이 원하는 분야와 학교에는 어느 정도의 성적이 필요하고, 한국 사람이 얼마나 합격하는지 정보를 얻자. 이렇게 게시판에 올라오는 질문과 답변을 읽어 보면 대충 유학 준비의 감이 잡힐 것이다. 그리고 유학원에 자신의 미래가 달린 유학 준비를 맡기느니, 인터넷을 이용하여 서로 정보를 주고받으며 자신이 직접 준비할 것을 권한다.

지원하는 학교를 선정하는 작업은 어려운 일이다. 보통 자신의 성적보다 좋은 몇 학교, 자신의 성적으로 들어갈 몇 학교 그리고 안전 지원 몇 학교를 선택하는 것이 보통이지만, 적극적으로 정보를 얻어 입학 가능성을 타진한다면, 위와 같이 지원하지 않고 자신이 가고 싶은 곳에 소신 지원할 수 있다. 가장 공신력 있는 ranking 평가 기관인 US News에서 각종 대학원 ranking 정보를 얻을 수 있다(아래 웹사이트 참고). 아울러 전공 교수님께 원하는 분야의 유명한 교수님과 학교를 여쭈어 보는 것을 잊지 말자.

지원할 학교 후보 목록이 갖추어지면, 해당 학교 홈페이지에 들어가 보자. 지원 요건이나 몇 명을 뽑고 어떤 연구를 하는지, 장학금은 얼마나 주는지 등을 찾아보거나, 교수들과 재학생들에게 열심히 e-mail 연락을 해서 정보를 캐내도록 하자. 학과 행정관들에게도 e-mail을 보내어 과에 대한 정보를 요구하거나 입학 자격 요건을 물어 보자.

대학원 Ranking 정보 Web Site

A. Peterson's : 미국 모든 대학의 정보와 웹사이트 연결
http://www.petersons.com

B. US News and World Report Graduate Rankings
http://www.usnews.com/usnews/edu/beyond/bcrank.htm

C. Customized Graduate Program Rankings : NRC 이공계 대학원 Ranking 검색
http://www.phds.org/ratings/

D. NRC 박사과정 Ranking : 인문, 사회, 순수과학, 공학

http://www.ibc.wustl.edu/nrc_rankings/view.cgi

E. 미국 Analytical Philosophy 분야 대학원 Ranking

http://www.blackwellpublishers.co.uk/gourmet/

F. Business Week Best Business School Ranking

http://www.businessweek.com/bschools/index.html

G. 다른 Business School Ranking

http://www.library.uiuc.edu/edx/rankbus.htm

H. Law School Ranking

http://www.library.uiuc.edu/edx/ranklaw.htm

다양한 경력을 쌓자

미국 대학은 사회 봉사 등 고등학교 때의 다양한 경험(extracurricular activities) 등을 성적과 함께 중시하며 학생 선발에 반영한다. 대학원도 마찬가지다. 자신을 확실하게 광고하고 내세울 수 있는 다양한 경력이 도움이 된다. 미국 대학원의 원서를 보면 대학교 때의 서클 활동이나 장학금 수상 경력, 연구 경력, 논문이나 출판 실적을 적는 난이 있다. 당연히 성적도 좋고 이런 난들이 빽빽이 적혀 있는 지원자가 밋밋하게 학점만 좋은 지원자보다 유리하다. 공대생의 경우는 일찍부터 다양한 연구 경험을 쌓는 것이 유리하다. 서클이나 학과에서의 리더십 발휘도 원서에 한 줄 추가되는 경력이 된다는 사실을 명심하자.

GRE와 토플

자세한 GRE 준비에 대해서는 생략하겠지만, 원하는 학과에서 어느 정도의 점수를 요

구하는지, 어떤 섹션을 중요시하는지 알아보고 목표 점수를 세우자. 예를 들어 요즘 공대 대학원에서는 verbal보다는 math와 analytical 점수를 중요시 여기기도 하고, MIT의 몇몇 학과처럼 아예 GRE를 요구하지 않기도 한다. 어떤 곳은 전공별 GRE Subject 시험을 요구하기도 한다.

학점이 낮은 것을 보충하려면 좋은 GRE 점수를 받는 것이 도움이 된다. GRE 점수의 높고 낮음이 어드미션에 크게 영향을 미친다고는 생각지 않으나(학과나 학교마다 다르다) GRE 점수가 뛰어날 경우 장학금을 받기가 상당히 유리해지므로, 높은 점수를 받는 것이 좋다.

제일 중요한 GPA(평균 학점)

자신의 성실도와 실력을 판단하는 기준이므로 GPA(Grade Point Average; 학과 성적 평점)는 입학 사정에 가장 중요하다. 하지만 GPA가 낮더라도 경력과 대학원 학점, 좋은 논문 그리고 높은 GRE 점수 등으로 보완할 수 있다. 대학원 학점보다는 학부 때 학점을 훨씬 중요시 여기며, 대학교 1, 2학년 학점보다는 전공 수업을 많이 들은 3, 4학년 학점이 좋을수록 유리하다. 학교에 따라서는 이런 고학년 학점을 따로 계산해서 적는 경우도 있다. 미국 대학의 경우 학교마다 다르지만 A=4.0, B=3.0 식으로 플러스나 마이너스가 없는 4.0제가 많다. 따라서, B^+ 보다는 A^-를 받는 것이 유리하다. 이것 역시 학교마다 기준이 다르니 원하는 대학의 정보를 잘 알아보자.

추천서를 무시하지 마라

사실 절대적인 학점(GPA)만큼 중요한 것이 학과에서의 석차나 석차 백분율이다. 대부분의 추천서에는 이런 것을 적는 난이 있다. 추천서도 정말 중요하다. 자주 찾아 뵙고 유학

상담도 하면서 교수님과 친해지자. 그리고 추천서는 좋은 성적을 거둔 해당 과목의 교수님이나 연구 경험이 있는 연구실의 교수님께 받는 것이 유리하다. 보통 학교당 3통의 추천서가 필요하다.

SOP로 막판 뒤집기

SOP(Statement of Purpose ; 자기 소개와 학업 계획을 담고 있는 Essay)와 추천서를 1주일 만에 작성한 후 대충 교정만 보고 보낼 수는 없다. 생각해 보자. 어차피 해당 대학원에는 비슷한 실력과 점수를 갖춘 학생들이 지원한다. 비슷한 성적의 사람들을 심사하는데 정해진 점수 기준만으로 합격 여부를 결정하기란 쉽지 않다. 그렇다면 무엇을 참고할까? 바로 추천서와 자기 소개서인 SOP이다. 따라서 시간적 여유가 있으면 SOP에 시간을 투자하여 독창적으로 자신을 광고할 수 있는 멋진 글을 써보자.

나의 경우는 5월부터 내용 구상에 들어가 7월부터 여러 초안을 잡고 그에 맞추어 몇 가지 후보 SOP를 작성한 후 계속 고쳐 나갔다. 쓴 내용을 검토하다가 몇 주 덮어 놓고 마음에 안 드는 부분을 찾아 내면서 수정했다. SOP는 무엇보다 처음 부분이 매우 중요하다. 처음에 눈길을 끌어야 뒤에 나오는 내용이 더 강한 인상을 줄 수 있다. 그리고 단어도 좀더 적극적이고(proactive) 자신감 넘치는(confident) 것이 좋다. 자기 소개서를 쓸 때 겸손의 미덕은 접어 두고, 자기 경험을 자신 있게 드러내는 것이 바람직하다. 글을 완성한 후에는 여러 사람들에게 읽어 보라고 부탁하고 수정해 보자.

원서 작성과 마무리

원서는 Online Apply(인터넷상에서 원서 접수)한 학교들(UCLA, Stanford)을 빼고는 PDF 파일 형식으로 다운받아, Adobe acrobat으로 모두 기입했다. 원서를 컴퓨터 상에서 내 마음대로 저장하고 수시로 편집할 수 있어서 편했다. 하지만 여의치 않을 경우 펜을 이용하여 손으로 또박또박 기입하는 것도 상관없다.

원서를 보내면 해당 대학에서 원서를 받았다는 연락이 오게 된다. 부족한 서류가 무엇인지를 알려 주기도 하는데, 토플과 GRE 성적표는 ETS에서 해당 대학으로 바로 가므로 항상 문제가 생긴다. 즉 리포팅을 요구한 비용이 결제되었는데도 종종 배달이 늦어지거나, 우편 사고가 나기도 한다. 따라서 원서를 보내기 전에 미리 (한 달 정도 일찍) ETS를 통해 토플과 GRE 성적을 리포팅하도록 하자. 필요한 서류가 모두 도착되었다는 연락을 받은 후에도, 적극적으로 학과에 연락해서 그 학교에 입학하고 싶다는 의사를 나타내는 것이 나의 경우에는 적지 않게 도움이 되었다.

잘할 수 있다는 자신감이 제일 중요!

싱가포르는 중국계(75%), 인도계(15%), 말레이계(7%) 등 다양한 문화가 뒤섞여 있는 나라이다. 공용되는 언어도 마찬가지이다. 그러나 학교나 직장 등 사회에서 통용되는 언어는 영어이고 이들 대부분이 자기 인종의 언어와 영어를 모국어로 유창하게 구사한다. 이것이 그 작은 나라가 세계 무역의 중심으로 우뚝 서게 된 원동력이 아닐까?

한국 사람들의 평균 토플 점수가 아시아에서 하위권이라는 뉴스를 접한 적이 있다. 아울러 일본의 영어 공용화 움직임에 자극받아 우리나라에서도 이 문제로 열띤 공방전을 벌였다. 인터넷 혁명으로 세계가 더욱 좁아지는 이 시대에 우리나라가 더욱 발전하려면 영어를 모국어만큼 잘하는 국민들을 많이 키울 수 있는 사회적 시스템이 갖춰져야 한다. 이 글도 어쩌면 그런 바람에서 시작되는 나만의 작은 첫걸음일 수 있겠다.

어떻게 하면 토플 고득점을 받고 영어를 잘할 수 있을까? 나 역시 아직 영어를 계속 공부하고 있는 입장에서 감히 그 질문에 자신있게 답변할 수는 없다. 단지 이 글에서 나에게 도움이 된 영어 공부 방법을 여러분에게 소개하는 것뿐이다. 그러나 내가 확신하는 것은 영어에 대한 두려움을 떨쳐버리고 영어를 즐겁게 배우는 자신감이 무엇보다도 중요하다는 사실이다. 아무쪼록 이 글이 영어에 관심을 가지고 다시 영어 공부를 시작하려는 사람들에게 도움이 되길 간절히 바란다.

이렇게 해서 내 잘생긴
모습이 클로즈업되는 군.
사진발이 안 받아서 그렇지,
사실은 더 잘생겼다구~
한준형 못 나온다구 속상해 마~
이건 운이니까…

*03
KIM HAN-JOON

언제가는
미국에 가서
기술의 끝을
경험하고
오리라

1989년 서울 상문고등학교 졸업 | 1990년 연세 대학교 전기 공학과 입학

1992. 9~1993. 7 University of California, Santa Barbara 교환학생

1994년 연세대학교 전기공학과 학사 | 1996년 연세대학교 전기공학과 석사

1996년~현재 LG산전 중앙연구소 근무 | TOEFL 점수 633점(62/64/64) 2000년 3월

joon332@hanmail.net

세 번째 사람

김한준

말하기보다는 아무래도 듣기가 더 빨리 나아지는 것 같았다. 말하기의 경우엔 한국어가 먼저 떠오르고 그것을 영어로 번역하는 과정을 거치곤 했다. 듣기도 처음엔 말하기와 반대의 과정 ―― 영어로 듣고 한국말로 번역하여 그제서야 이해하는 ―― 을 충실히 거쳤지만, 계속 영어로 포위된 괴로운 생활을 하다 보니 어느 순간, 영어를 그대로 알아듣는 나를 발견하게 되었다. 한 3개월 지났을까. 밤에 악몽에서 깨어나 생각해 보니 맙소사, 꿈이 전부 영어로 진행되었던 것이다. 어떻게든 영어에 자주 노출되는 것이 듣기 능력 향상을 위한 가장 효과적인 수단이 아닐까?

시험 점수가 선택을 좌우한다

회사에 입사한 순간부터 언젠가는 미국에 가서 기술의 끝을 경험하고 오리라는 생각을 하고 있었다. 대기업 연구소 석사 학위 소지자로서의 한계를 느껴서인지 그 생각은 의무 복무 기간 5년(흔히 병역 특례라고 하는 전문 연구 요원)을 다 채워감에 따라 더욱 강해져만 갔다.

유학 준비 기간은 유학에 필요한 시험 준비 기간을 포함해서 최소 2년을 잡았다. 개인적인 일정에 맞추어 2001년 5월에 특례 기간이 만료되므로 2001년 9월 학기에 맞추어 유학을 떠나려면 그 전년도인 2000년 가을까지 토플과 GRE 성적이 나와야 했다. 입사 후 줄곧 머리 속에 이 일정을 넣고 다니며 일찌감치 시험 준비를 끝내고 여유 있게 나머지 준비를 하려고 했지만, 실제로 만족할 만한 토플 점수는 2000년 3월에야 받을 수 있었다. GRE 공부에 3~6개월이 걸리는 상황을 감안할 때 결코 이른 편은 아니었다. 회사 다니면서 시험 준비하기란 왜 그리 힘든지…….

처음 토플을 치른 것은 대학교 3학년 때였다. 내가 다니던 학교는 교환학생 프로그램이 잘 되어 있어서 미국 여러 학교들과의 교류가 활발한 편이었는데, 교환학생 지원에 필요한 것이 학교 성적과 토플이었다. 학교 어학당에서 미국인이 진행하는 강좌를 들으며 조금씩 준비해서 550점이 약간 넘는 점수를 받았다. 버클리나 브라운까지는 힘들지만 나머지 학교는 충분히 갈 수 있는 점수였다. 결국 약 10개월 간 UC Santa Barbara에 교환학생으로 다녀오면서, 영어와 많이 친숙해지고 다양한 경험을 할 수 있었다.

두 번째로 치른 토플은 1999년 1월이었다. 2000년 가을까지는 만족스러운 점수가 꼭

필요했기 때문에 서둘러 시험을 치렀다. 영어 공부? 단 한 글자도 하지 않았다. 교환학생으로 다녀온 지 5년이 넘었지만 그래도 listening은 좀 한다고 생각했던 나는 600점에 대한 희망을 품고 안이하게 도전했다. 결과는 577점(61,56,56). 다소 당황했지만 그래도 '공부 안하고 봐서 이 정도면 수준급이지. 공부만 했다 하면 그 날로 끝나는 거야.' 라고 스스로를 위로했다.

세 번째는 1999년 가을. 일단 신청해 놓고 이번에는 최소 한 달은 공부하리라 마음먹었지만, 역시 전혀 준비를 하지 못하고 시험 전날 섹션별 Direction만 겨우 읽어 보고 갔다. 점수는 583점. 성적표를 잃어버려 섹션별 점수는 정확히 기억 나지 않지만 먼젓번 시험과 거의 흡사한 분포였다. '아, 이 시험이 나의 토플 실력(영어 실력은 아닐지라도)을 정확히 평가해 내고 있구나.' 라는 놀라움과 함께 이제 큰일났다는 생각에 번쩍 정신이 들었다. 2000년 초부터 GRE 준비에 들어가리라는 소박한 꿈도 동시에 와르르. '아! 나도 모든 것을 미루며 살아가는 인간 중의 하나임에 틀림없구나!' 라는 생각에 나 자신이 부끄러워졌다.

네 번째 시험을 2000년 3월, 다섯 번째 시험을 5월에 신청해 놓고 과연 토플 600점을 받기 위해서 얼마만큼의 시간을 투자할 것인지 고민했다. 토플에 시간 투자를 하면 할수록 GRE 공부 시간이 줄어들기 때문에 여유 있는 시험 준비가 불가능한 상황에서, 결국 나중 일은 나중에 생각하자고 마음 먹고 학원에서 주말 종합반을 두 달 동안 수강했다.

고심 끝에 학원을 다녀 보니 새로운 세계랄까, 적어도 S/W에서는 그런 것이 열리는 기분이었다. '아! 바로 이거다.' 자신감을 가지고 치른 3월 시험. 영문 이름을 잘못 표기하여 시험 당일에 수정했더니 다른 사람보다 20일 이상 결과를 받지 못하고 있었다. 기다리다 못해 미국에 직접 전화해서 알아본 성적이 633점. 예상대로 S/W와 R/C 점수가 많이 올랐다. 섹션별 점수는 62, 64, 64.

나는 전공인 전기공학 중에서도 고전압 쪽에 관심이 많아, 회사에 다니면서 학회 논문집과 인터넷을 중심으로 계속 자료를 모아 왔다. 가장 어려운 점은 어느 학교를 선택할 것인가 하는 문제……. 학교의 명성을 좇을 것인가 교수를 따를 것인가. 교수나 실험실 위주로 지원하는 것이 낫지 않을까 생각하고 찾아보았더니 세계적으로 유명한 실험실이 있는 학교가 있었다. 그런데 학교 이름은 별로 들어보지 못한 곳이었고 랭킹을 보니 대략 50위권이었다. 아무리 그 분야에서는 세계 최고라지만 우리나라에 돌아와서 좋은 자리를 잡을 수 있을까라는 현실적인 생각이 들었다. 그래서 딱히 일치하는 분야는 아니지만 비슷한 연구를 하는 대학을 계속 찾아보았더니 MIT, Texas 등 Top 랭킹 몇몇 학교에 고전압 연구실이 있었다. 대략 모아 보니 전부 10여 군데였다.

다음은 그 학교에서도 내가 하고 싶은 분야의 연구를 하는 교수 명단을 정리하였다. 미리 교수에게 e-mail을 보내어 나를 알리고 친해지는 것이 좋다는 얘기를 들었지만, 교수가 하루에 수십 통의 e-mail을 받는다는 점을 고려하면 섣불리 보내는 것보다는 지원 시기에 임박해서 강한 인상을 주는 게 좋다고 생각했다. 그리고 내가 입학할 해에 교수가 외부에서 받는 지원 금액은 전년도에나 알 수 있으므로——그 교수가 학생을 얼마나 받을 수 있는가와 직결되는 문제!——너무 일찍 e-mail을 보내 봤자 헛수고라는 생각이 들어 교수들과의 접촉을 조금 늦추는 것이 나을 것 같았다.

어디로 갈지는 Top 10 학교들에 지원하기에 충분한 점수를 받아 놓고 다시 한 번 고민해 보려고 한다. 시험 점수 때문에 선택의 폭이 좁아지지 않도록 하기 위해서라도 우선 성적을 잘 받는 것이 중요하다. 어차피 원한다고 해서 마음대로 갈 수 있는게 아니라, 와도 좋다는 허락을 받아야 가는 것이니까 말이다.

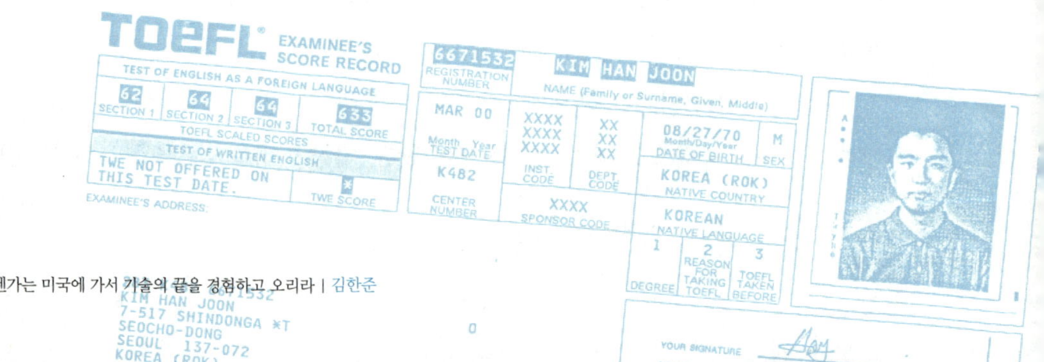
TOEFL® EXAMINEE'S SCORE RECORD

TEST OF ENGLISH AS A FOREIGN LANGUAGE

62	64	64	633
SECTION 1	SECTION 2	SECTION 3	TOTAL SCORE

TOEFL SCALED SCORES

TEST OF WRITTEN ENGLISH

TWE NOT OFFERED ON THIS TEST DATE. | * TWE SCORE

EXAMINEE'S ADDRESS:

6671532 REGISTRATION NUMBER

KIM HAN JOON NAME (Family or Surname, Given, Middle)

MAR 00 Month Year TEST DATE

K482 CENTER NUMBER

XXXX XXXX XXXX INST. CODE

XX XX XX DEPT. CODE

XXXX SPONSOR CODE

08/27/70 Month/Day/Year DATE OF BIRTH

M SEX

KOREA (ROK) NATIVE COUNTRY

KOREAN NATIVE LANGUAGE

1 DEGREE | 2 REASON FOR TAKING TOEFL | 3 TOEFL TAKEN BEFORE

6671532
KIM HAN JOON
7-517 SHINDONGA *T
SEOCHO-DONG
SEOUL 137-072
KOREA (ROK)

YOUR SIGNATURE

NAME OF COUNTRY ISSUING PASSPORT

영어로 꿈을 꾸다

입시 공부 이후 영어를 처음 공부한 것은 역시 교환학생을 준비하면서부터였다. 겨우 토플 550점이라는 실력으로 난생 처음 미국 땅을 밟게 된 나에게 영어 말하기와 듣기는 정말 어려운 것이었다. 그래도 여러 나라에서 온 교환학생들과 많은 얘기를 나누고 TV도 가능한 자주 보면서 어렴풋한 느낌이 생기기 시작했다. '아, 영어라는 도구를 이용해서 나와 상대방이 이야기를 주고받는 것이구나.' 영어는 내게 조금씩 커뮤니케이션의 수단이 되어 갔다.

말하기보다는 아무래도 듣기가 더 빨리 나아지는 것 같았다. 말하기의 경우엔 한국어가 먼저 떠오르고 그것을 영어로 번역하는 과정을 거치곤 했다. 듣기도 처음엔 말하기와 반대의 과정――영어로 듣고 한국말로 번역하여 그제서야 이해하는――을 충실히 거쳤지만, 계속 영어로 포위된 괴로운 생활을 하다 보니 어느 순간 영어를 그대로 알아듣는 나를 발견하게 되었다. 한 3개월 지났을까. 밤에 악몽에서 깨어나 생각해 보니 맙소사, 꿈이 전부 영어로 진행되었던 것이다. 어떻게든 영어에 자주 노출되는 것이 듣기 능력 향상을 위한 가장 효과적인 수단이 아닐까?

교환학생을 끝내고 돌아오자마자 대학원 입학 시험이 기다리고 있었다. 이것도 영어 시험이 당락에 결정적인 영향을 미쳤는데, 선배들의 조언에 따라 《거로 Vocabulary》와 《이재옥 토플》을 사서 공부했다. 영어에 대한 감각이 전반적으로 상승해 있던 시기임에도 불구하고, vocabulary 책을 보는 것은 별 도움이 되지 않았다. 지금 돌이켜보면 그 엄청난 양의 단어들은 GRE 공부에나 필요한 것이 아니었나 생각된다.

대학원을 졸업하고 회사 생활을 시작하면서 영어 공부를 따로 할 수가 없었다. 새로운 일과 사람들에게 적응하는 것이 급선무였기 때문에 영어를 등한시하게 되었다. 게다가 회사에서 본 토익시험에서 900점을 받은 것이 해이해진 주된 요인이 아니었나 싶다.

하지만 이 시기에도 영어에 대한 감각, 특히 listening에 대한 감각만은 잃지 않으려고 노력했다. 대학원 때 시사영어사에서 나온 《Audio Magazine》이란 잡지를 구독했었는데, 그 당시에는 공부도 하지 않고 팽개쳐두었다가 차로 출퇴근하면서 조금씩 듣기 시작했다. 테이프 3개와 책자 하나로 구성된 잡지였는데, 차 안에서 아무 생각 없이 듣기에 제격이었다. 무의식중에 듣다 보면 한국말 해석 없이 저절로 내용이 들어오는 부분도 있었고, 아무리 들으려고 해도 들리지 않는 부분도 있었다. 이럴 때 들리지 않는 부분은 책을 찾아 읽어 보고 다시 들어 보면 갑자기 들리곤 했다. 내용을 읽어서 알고 있기 때문이라고 생각되는데, 어쨌든 그렇게 해서 그 문장에서 사용된 구조와 단어를 내 것으로 만들 수 있었다.

반복해서 듣는다는 것은 얼마나 중요한지! GRE를 공부할 때도 단어 테이프를 틀어놓고 다녔는데 아주 큰 도움이 되었다. 단어를 영어로 읽어 주고, 의미를 다시 영어로 말해 주는 테이프였는데 미국에서 혹시나 하고 사온 것이었다. 비슷한 책으로는 각종 영어 시험 대비 시 단어 공부의 바이블 중 하나로 여겨지는 《WORD SMART I, II》가 있다.

자신의 주위를 영어 환경으로 만드는 것은 아무리 강조해도 지나치지 않다. 예를 들어 관심 있는 영화를 보는 것도 좋다. 나는 'STAR TREK' 이란 TV 시리즈를 무척 좋아하는데, 에피소드를 녹화해 두었다가 계속 반복해서 보곤 한다. 캡션 기능을 사용하여 들리는 것을 자막과 비교해 보는 것도 괜찮은 방법이지만, 그렇게 한 번 본 이후에는 반드시 자막 없이 다시 한 번 보아야 한다.

단기간에 토플을 정복하리라 마음먹고 유학 관련 영어 시험에서 가장 유명하다는 박정어학원 주말반에 등록하였다. 각 섹션별로 1시간 반씩 진행되는 총 4시간 반의 강의였는데, 나에게 얼마나 도움이 되었는지를 평가해 본다면 S/W는 아주 많이, L/C는 상당히,

R/C는 별로였다.

내 경험으로 미루어 토플을 준비하는 사람들에게 학원 강의는 한 번쯤 들어보는 것이 좋다고 말하고 싶고, 학원과 강사의 선택은 신중히 하라고 덧붙이고 싶다. 요즘에는 인터넷에서 많은 정보를 나눌 수 있으므로 여러 학원을 다닌 사람들의 경험을 들어보고, 좋은 강사가 누구인지 미리 알아보는 수고를 게을리하지 말기 바란다.

단과반에 다니는 것도 좋은 방법인데, 파트별로 우선순위를 매긴다면 역시 S/W 먼저, 다음에 L/C, 시간이 더 난다면 R/C의 순서가 되어야 한다. S/W의 경우 틀을 잡은 다음 실전 문제들을 풀어나가다 보면 거의 다 맞출 수 있고, L/C와 R/C는 결국 자신과의 싸움이기 때문에 평소에 준비를 하고 시간이 나면 학원에 가는 것도 좋은 방법이다. 요즘에는 인터넷 강의도 많이 생겼으므로 자기가 취약하다고 생각되는 부분은 학원에 직접 나가서 듣고, 나머지는 집에서 컴퓨터로 해결하는 것이 경제적으로나 시간적으로 효과적인 방법이다.

섹션별 공략법

1) Section 1 : Listening

Short Conversation

짧은 대화를 듣고 질문에 대한 답을 고르는 형식이다. listening이 약한 한국 사람들은 반드시 공략해야 할 부분임에도 불구하고 많이 틀리는 것이 현실이다. 평소 훈련을 많이 해서 전반적인 듣기 능력이 향상되었더라도, Short Conversation 문제를 맞추기 위해서는 반드시 알아야 할 것들이 있다.

① 동사를 중심으로 듣는다

대화 당사자들이 한두 마디씩 하고 거기에 대한 질문이 주어지는데, 무엇을 물어볼 수 있겠는가? 바로 '상황' 이다. 주로 당사자들이나 제 3자가 처한 상황이 이야기되고, 그 상황은 동사를 통해서 묘사된다. 다음의 예를 보자.

Ex)

M : I'm going to the bookstore for a newspaper. Would you like me to bring you something?

W : Could you pick up a magazine for me?

Q : What does the woman mean?

Ⓐ She wants the man to get her a magazine.

Ⓑ She won't be able to bring a paper to the man.

Ⓒ She will choose the item for the man.

Ⓓ She'd like something old.

남자가 '나 서점 가는데 뭐 사다 줄까?' 하니까 여자가 '잡지 하나만 사다 줄래?' 했다. 이 상황을 나타내는 핵심 단어는 무엇일까? '가져다 줄까?', '가져다 줘!' 남자의 bring과 여자의 pick up은 여러분이 꼭 들었어야만 하는 단어이다. 주어가 he인지 she인지, 신문인지 잡지인지 이런 것들을 들으려고 집착하면 안 된다. 동사를 잡아서 무슨 일이 벌어지고 있는가를 알아내야 한다.

② 선택지는 동사를 중심으로 빠르게 읽는다

동사를 잘 들어서 상황을 이해했다면, 이제 지문을 읽고 답을 고를 차례이다. 다시 위의 예문에서 A, B, C, D를 보자. 주어가 모두 she이다. 문제에서 '여자의 말은 무슨 소

리?' 라고 물어 보지 않았는가. 이 지문들을 she부터 하나하나 읽어 나가면 안 된다. 주어가 she인 것은 이미 알고 있으므로, 동사를 중심으로 빠르게 보아야 한다. 지문의 동사들은 A. wants the man to get, B. won't be able to bring, C. will choose, D. 'd like이다. 답은? 여자는 '가져다 줘' 했으므로 당연히 A가 된다. 하나의 예를 더 보자.

Ex) W : How was your music rehearsal?
M : Everyone has been so busy this week that we put it off until Friday.

Q : What does the man mean?

Ⓐ They decided to meet twice a week.
Ⓑ They will put on a concert next Friday.
Ⓒ They have played together every Friday this month.
Ⓓ They had to postpone their rehearsal.

남자가 '이번주에는 모두 바빠서 금요일로 연기했어.' 라고 했다. 지문을 보자.

Ⓐ decided to meet : 만나기로 결정? 아니다.
Ⓑ put on a concert : 콘서트를 언제 한다고? 역시 아님.
Ⓒ have played together : 같이 연주했다. 아닌거 알죠?
Ⓓ had to postpone : 연기했군. 이것이 정답이 된다.

얼핏 보면 별 애기 아닌 것 같지만, 지문에 대한 부담이 한결 가벼워지고 지문 읽는 시간을 내폭 단축할 수 있는 중요한 요령이다. 너무 구체적인 질문은 결코 하지 않으므로 주어나 부사구들은 대충 생략하고 지문이 무슨 얘기를 하는지만 잡아낸다.

③ 두 번째 사람의 이야기를 잘 듣는다

Short Conversation 대부분의 문제는 '두 번째 사람의 말은 무슨 소리?' 이다. 따라서 첫 번째 사람의 말을 제대로 못 들었을 경우, 머리 벅벅 긁으며 좌절하지 말고 기운내서 두 번째 사람의 말을 잘 들으면 답을 맞출 수 있다.

④ 그들은 말 바꾸기에 능하다

두 사람의 대화에 나왔던 동사들은 물론 명사까지도 다른 말로 바꾸어 정답 속에 등장한다. 정답이란 질문에서 주어진 상황을 그대로 묘사한 것인데 같은 단어를 다시 사용해버리면 너무 문제가 쉬워진다고 생각하는 모양이다.

Ex) W : I have to catch the bus which leaves at 12:10.
M : You had better hurry. It's aleady 11:30.

Q : What should the woman do?
Ⓐ Leave in 40 minutes.
Ⓑ Meet her friend at the bus stop.
Ⓒ Get to the bus stop quickly.
Ⓓ Check the bus schedule.

여자가 '나 그 버스 타야 돼.', 남자는 '어서 서둘러.' 했다. 여자가 해야 할 일은 물론 버스 타러 가는 것이다. 그러나 대화자가 사용한 단어가 지문에 다시 나오는 일은 없다. have to catch the bus 했으면 상황은 같지만 표현이 바뀐 get to the bus stop이 답이

다. ETS 문제 출제자들은 집요하게 말을 바꾸어 사람을 헷갈리게 하는데, 이것과 아울러 다음 비법을 같이 염두에 두어야 한다.

⑤ 발음이 비슷한 단어가 포함된 보기는 답이 아니다

두 사람의 대화를 완전히 이해하지 못한 상태에서, 내가 들었다고 생각하는 발음의 단어가 지문에 있어도 그것은 답이 아니다. 그들의 기본적인 전략은 정답에는 대화자의 말을 다른 표현으로 바꾸어 넣고, 오답에는 발음이 비슷한 단어를 배치하는 것이다. '우하! 하나 들었어!' 하며 기쁨에 들뜬 우리가 그 단어를 버리기 아까워한다는 것을 어떻게 알았을까.

Ex) M : I'm exhausted after sales meeting.
W : It's no wonder. It lasted about four hours.

Q : What does the woman mean?

Ⓐ She has been trying to meet him for four hours.

Ⓑ She had four meetings today.

Ⓒ She's not surprised the man is tired.

Ⓓ She wonders why the meeting lasted so long.

남자가 미팅하고 나서 너무 피곤해 하니까 여자가 '당연하지, 4시간이나 걸렸잖아.' 했다. 질문은 역시 두 번째 사람이 무슨 소리를 했는지 묻고 있다. 정답은 C이다. 여자의 말에서 no wonder는 not surprised로, 남자의 말에서 exhausted는 tired로 바뀌었다. 그리고 meeting이나 four를 들은 사람들을 위해 오답 A, B가 준비되어 있고, wonder를 듣고 기뻐하는 사람들에게 D를 제공하고 있다. 정답에는 이 단어들이 전혀 포함되어 있지 않다.

Ex) M : Would you rather eat at home or go out tonight?
W : I'd rather go out, but I don't mind fixing supper at home.

Q : What does the woman want to do?
Ⓐ She wants to fix supper.
Ⓑ She wants to stay at home tonight.
Ⓒ She is not angry any more.
Ⓓ She wants to go out for dinner.

남자가 '오늘 저녁 집에서 먹을까 밖으로 나갈까?' 하자, 여자가 '나가는 편이 좋은데, 집에서 차려도 괜찮아.' 했다. 질문은 역시 두 번째 화자가 원하는 것을 묻고 있다. 정답은 D인데 go out을 그대로 쓰는 대신 어떻게라도 단어를 바꾸려고 supper 대신 dinner를 썼다. 이 문제는 I'd rather go out을 들었어야 해결되는 문제이고, fix나 stay at home만 듣고 전체 맥락을 못 잡는 사람들을 위해 오답 A와 B를 제시하고 있다.

⑥ 두 번째 사람이 Yes나 No라고 대놓고 말하는 법은 없다

첫 번째 사람이 뭐라뭐라 떠들면서 두 번째 사람이 어떻게 생각하는지 물어오는데, 두 번째 사람이 자기 생각을 직접적으로 표현하는 일은 거의 없다. 은근슬쩍 돌려 말하는 것은 어느 나라에서나 마찬가지인가 보다.

Ex) M : Tomorrow is my birthday, Linda. Would you be able to come to my birthday party?

W : I wish I could, but I don't have time even to breathe.

Q : What does the woman imply?

Ⓐ She doesn't like his birthday party.

Ⓑ She forgot the time to breathe.

Ⓒ She can't go to the party tomorrow.

Ⓓ She will be at his birthday party.

남자가 '내 생일 파티에 올래?' 하니까 여자가 '그러고 싶긴 하지만, 너무 바빠서 말이야.' 라고 한다. 여자의 진짜 생각은 '정말 가고 싶은데, 시간이 없네.' 라거나 '난 말야, 너 별로 안 좋아하니까 추근거리지 마!' 둘 중 하나이다. 어느 편이거나 여자의 행동은 파티에 참석하지 않는 것이다. 특히 두 번째 사람이 I wish 나 I'm sorry, 혹은 Actually 라고 말하기 시작하면 그 다음은 들을 필요도 없다. 뭔지 몰라도 이 사람은 첫 번째 사람이 하자는 것은 절대로 하지 않는다. 문제를 보자. 파티에 오라고 했는데 여자가 I wish 어쩌고 했다. 그렇다면 여자는 파티에 가지 않는다.

Ⓐ doesn't like his birthday party : 파티를 좋아하지 않는다고? 그게 무슨 소리?

Ⓑ forgot the time to breathe : 말도 안 되는군. 지문 단어 섞어 놓으면 속을 줄 알구?

Ⓒ can't go to... : 갈 수 없다 --> 정답이겠군.

Ⓓ will be at party : 파티에 참석 --> 답이랑 반대군.

따라서 정답은 C. 여기서 Yes와 No의 다른 표현들을 정리해 두자. 첫 번째 사람은 두 번째 사람을 초대한다든가, 같이 뭔가 하자고 하든가, 혹은 이렇게 하는 게 어때 하며 집요하게 괴롭힌다. 그러나 인내심 많은 두 번째 사람은 단순하게 예, 아니오로 말하지 않는다.

YES	
Me, too.	
Absolutely!	
I'd love to.	
I'd be glad to.	
Sure, thanks.	
All right!	
Sounds good to me.	
So do I.	
It certainly does.	
Of course not.	*Do you mind...?로 물어왔을 때.*
Not at all.	*Do you mind...?로 물어왔을 때.*
You bet.	
Why not?	*부정어가 있지만 YES의 의미!*
By all means	*많이 쓰는 표현!*
Who wouldn't?	*누군들 아니겠어?*
I couldn't agree with you more.	*더 동의할 수는 없군. —> 완전히 동의!*
I'll say.	
Have you tried to...?	*~해 보는 게 어때?*
You can always...	*~하면 되잖아.*
You can say that again!	*너 한번 더 말해도 돼. —> 내 말이!*

NO!

I don't think so.

I don't think that's a good idea.

Probably not.

I wish I could, but...

Sorry, but...

I'm afraid I...

I wish I could, but...

Actually, I...

No, thank you.

That won't be necessary.

Can I have a rain check? .... *다음에 …*

Don't bother.

Thanks all the same.

I couldn't agree with you less.

Don't look at me. .... *나 보지마. —> 나 안해.*

I'll pass. .... *난 통과. —> 나 안해.*

Not really.

Not exactly.

※ 다시 한 번 말해 두지만 wish, sorry, actually로 시작하면 두 번째 사람은 안 한다는 의미다.

⑦ 꼭 알아 두어야 하는 숙어들이 있다

때때로 문제나 보기에서 아주 간단히 한 마디 해버리고 끝나는 경우가 있는데, 대부분이 관용적 표현이다. 이것은 외워 두지 않으면 전혀 뜻을 알 수 없다.

let up

두 가지 뜻이 있는데 모두 중요하다.

You need to let up for a while. You look very tired.

점점 줄여서 잠깐 멈추는 어감이다. 사람에게 쓰면 '쉬다' 라는 뜻.

It's letting up now. 눈, 비가 그치다

sold out

아들에게 줄 장난감을 사야 하는데 그게 다 팔려서 고생하는 아빠 이야기를 그린 'Sold Out' 이라는 영화도 있었다.

The toys are already sold out.

keep in touch

계속 연락하고 지내자는 이야기.

Let's keep in touch with after I quit this job.

I want to take a rain check today.

No라는 표현 정리할 때 나왔었다. '오늘은 안 돼요.'

Leave everything up to me.

나한테 다 맡겨 두라는 얘기 = I can handle ~

pick up

차에 태워주는 것. 다 아는 얘기라고? 그럼 내려주는 건? drop off.

I can drop you off wherever you'd like.

hold up

무언가 때문에 예정보다 늦어지는 어감이다.

I was held up on the highway by traffic accident.

policy

한국말로 '정책' 이 아니라 '미리 정해 놓은 규칙' 같은 것이다. 예를 들어, 물건을 산 다음 반품할 경우에 대비해서 언제까지 어떤 상태로 가져오면 되는지 궁금하다면 이렇게 표현해 보자.

What is your return policy?

get together

모으는 것에 전부 사용 가능한 어감이다.

Let's get together at the library. 도서관에서 모이자.

My treat!

'내가 낼게!' 들으면 누구나 기뻐하는 말이다. 반면 조금씩 돈을 모으는 것은 chip in.

If we chip in some quarters, we can buy a small present for her.

반반 내는 건? --> split the bill.

Let's split the bill equally.

Where are you headed?

어디 가는 중이야? = Where are you off to? = Where are you going?

wait until the last minute = put off

사람은 시간이 영원한 줄 알고 모든 것을 미룬다고 말했던가? 여기 그런 표현이 있다.

My biggest problem is I always wait until the last minute.

Somebody sitting here?

여기 자리 비었어요? = Is this seat taken?

Over my dead body

나 죽은 다음에 해. --> 절대로 안해. = never = not a chance

ring a bell

'생각나다' 의 뜻.

I'm John! I was your classmate in high school. Ring a bell?

day in and day out

24시간 내내 열심히 일하다. = without let-up

get to know

사람을 알게 되는 것인데, 그 중에서도 처음부터 급격히 친해지는 것은 hit it off, 천천히 친해지는 것은 warm up이다.

Susan seems to have really hit it off with the guy she met at the party.

I can't eat another bite.

'더 이상은 못 먹겠어.' = I'm full. 친한 사이에서는 I'm stuffed.

wrap up

'끝내버리다'의 어감이다.

Let's wrap up this last chapter today.

in nothing flat

빨리 = in no time = in next no time

I'll be back in nothing flat.

drive at

'요점에서 벗어나지 않고 이야기하다'의 의미 = get at

What are you talking about?

What are you driving at?

stand up

지지하다 = to take a stand = to support

Why do you continue to stand up for her?

run for

반장, 국회의원 등 출마하는 것 모두에 쓸 수 있다.

Bill plans to run for the vice president next year.

pros and cons

장점과 단점, 혹은 찬성과 반대를 뜻한다.

You have to listen to the pros and cons.

in the way

방해가 되다.

The tall guy's head was in the way at the movie theater.

You look down.

'기운 없어 보이는데.' = Why the long face?

Longer Conversation

Longer Conversation은 평소에 꾸준한 듣기 연습을 하지 않으면 고득점을 올리기 힘들다. 탄탄한 기본 실력이 뒷받침되지 않으면 답을 맞추기 어려운 경우가 많다. 일단 listening 테이프를 사서 평소에 열심히 공부하도록 하자.

Longer Conversation의 script는 보통 짧게는 15줄 정도, 길게는 20줄 정도이다. 주목할 것은 문제가 대화 내용의 전반에서 균등하게 출제된다는 점이다. 전체가 20행이라면 질문에 대한 답은 3행, 9~10행, 13행, 20행 등에 순서대로 걸쳐 있다. 이 사항이 중요한 이유는, 만약 우리가 대화를 듣다가 중간 부분에서 집중력이 떨어졌더라도 처음과 끝 부분을 잘 듣는다면 문제를 맞출 수 있기 때문이다. 항상 긴장의 끈을 늦추지 않는 것이 최선이다.

예를 들어 다음과 같이 시작하는 대화가 있다고 하자.

Ex) A : Excuse me, what kind of books do you have on English literature? My son is taking the course in college and I'd like to buy an English literature book for his birthday. English literature is his favorite subject.

B : Well. We have an excellent selection here. What kind of book do you have in mind?

Q : Why does the customer want to give his son an English literature book?

A : English literature is his favorite subject in college.

이렇듯 A의 세 번째 문장에서 답의 단서를 찾을 수 있다. 또는 instruction만 잘 들어도 맞출 수 있는 문제도 있다.

Listen to friends talk about their final.

Ex) A : What's the matter, Jack? You look pale.

B : I've just taken my history exam and I'm sure I failed it.

Q : What was Jack's concern about?

A : His final exam.

이번엔 끝부분에서 나오는 문제 형식을 살펴보자.

Ex) A : What's the matter jack? You look pale.

B : I've just taken my history exam and I'm sure I failed it. I think I cannot pass for the year.

A : Come on! You've been doing very well all year long.

B : Do you think there's any possibility of my passing for the year if I fail the final?

A : Sure there is. Come on, just relax. How about going to see a movie?

Q : What did person A suggest doing?

A : Going to see a movie.

Longer Conversation부터는 안타깝게도 내용을 들어보려고 아무리 애를 써도 잘 안 되는 경우가 많다. 그래서 물 흐르듯 자연스럽게 문장의 흐름에 몸을 맡기라고 얘기하는 전문가들도 있다. 그러나 어떤 부분에 집중할 것인가를 염두에 두고 공략하는 것이 시험을 치는 사람에게는 더욱 중요하다고 본다. Longer Conversation의 경우 처음 부분을 잘 듣고 중간 부분에서 산만해졌다 할지라도 포기하지 말고 끝까지 집중하는 것이 중요하다.

Talks

① 자신의 목소리로 읽으면서 동시에 쭉쭉 해석해 나간다

어학 공부를 할 때는 자신이 지닌 감각을 모두 이용하는 것이 효과적인데, 토플 L/C를 준비할 때도 이것은 유효하다. 나 같은 경우 모의시험을 본 후 지문을 보고 내용을 들으면

서 따라 읽기를 몇 번씩 반복했다. 테이프를 듣지 않고 공부할 때에는 읽으면서 내 목소리를 듣고 동시에 해석하는 연습을 했다. 지금 생각해도 효과가 있는 학습법이다.

대화글이 아닌 강의나 안내문 같은 설명 형식 장문 듣기의 승부수는 독해력에 있다. 짧게는 7~10줄에서 길게는 17~19줄로 구성되는데, 만만치 않은 분량이다. 지문 내용이 들리면 우리는 오직 귀로 듣고 이해하면서 동시에 기억도 해야 한다. 독해력이 뒷받침되지 않은 상황에서는 정말 어려운 과정이다. 하지만 스스로 지문을 읽으면서 동시에 자신의 소리를 해석하는 연습을 꾸준히 한다면, 나중에 무슨 소린들 해석하지 못하겠는가.

동시통역을 준비하는 학생들의 예를 들어 보자. 영어 뉴스를 듣고 이해하고 또 기억해야 하는 그들은 빠른 독해와 이해력을 필요로 한다. 그렇다면 이들은 어떻게 독해력과 듣기 실력을 향상시킬까? 둘씩 짝을 지어 한 사람은 영자 신문을 한 문장씩 소리내어 읽고 다른 한 사람은 그 내용을 듣고 해석한다. 이것이 그들의 스터디 방법으로, 매우 효과적이라고 인정되어 서로 권장하고 있다.

토플 준비하는 사람이 왜 동시통역까지 운운해야 하는가 하겠지만 토플 Talks에서 고득점을 올리려면 동시통역 준비생들의 듣기 실력과 기억력이 있어야 한다. 영어 교육을 연구하는 사람들은 토플의 듣기가 일반인들의 생활과 괴리된다는 점에서 비효율적이라 주장하기도 한다. 우리가 통역가도 아닌데 그 긴 내용을 기억해야 할 필요도, 그런 능력도 없다는 점을 전문가들은 알고 있는 것이다. 그러나 그런 주장이 ETS에 영향을 줄 수 없는 이상 우리는 동시통역을 준비하는 학생처럼 치밀하게 준비해야만 한다.

Talks는 스터디를 통해 자신이 듣지 못한 부분까지 꼼꼼히 체크하면 효과적이다. 혼자 공부하는 경우, 흔히들 답만 맞추어 본 다음 다했다며 스스로 만족하기 쉬운데, 반드시 script를 소리내어 읽어 보라고 권하고 싶다. 좋은 성과가 있을 것이다.

② 들리지 않는다고 다른 생각 하지 않는다

짧은 대화는 일상적인 대화로서 다이어트나 아르바이트 등 미국 젊은이들의 생활에서 있을 법한 내용을 다룬다. 그래서 어느 정도만 들어도 상황을 짐작할 수 있다. 반면 Talks의 경우 내용을 완전히 듣지 않고서 상황을 짐작하기란 쉬운 일이 아니다. 특히 도입 부분을 놓치면 전체의 흐름을 이해하지 못하게 되고, 중반부에서 화자가 말하는 세부 사항도 모두 놓쳐버리는 암담한 지경에 빠지게 된다.

하지만 도입 부분을 놓치더라도 절대로 딴 생각하면 안 된다. 한 문제라도 더 맞추기 위해서는 인내력과 집중력을 발휘해 무엇이라도 들으려고 노력해서, 의미의 사슬을 조금씩 연결해 나가야 한다. 간간이 들리는 익숙한 단어들을 가지고 상황을 이해하고 나름대로 구성해야 한다.

③ 자신이 아는 분야라고 자만하지 않는다

Talks의 내용은 대학의 강의 내용, 보고문, 관광 안내원의 도시 및 관광지 설명, 공지사항 등이 주를 이룬다. 특히 강의 내용은 사회학, 영문학, 생물학 등 다양하고도 풍부한 주제들이 등장한다. 이때 자신이 잘 안다고 생각하는 분야(특히 전공)에 대한 내용이 들리기 시작하면 속으로 쾌재를 부른다. 그리고 입가에 회심의 미소를 지으며 문제를 접하지만, 그리 만만치 않음을 알게 되는 데는 결코 오랜 시간이 걸리지 않는다. 설명의 주제에 익숙할수록 스스로 앞서 내용을 짐작하거나 경솔하게 흘려버리는 경우가 생기기 때문이다. 자신이 중요하지 않다고 생각하고 스쳐버린 설명에서 문제가 나오면 당황한다. 그리고 듣기 설명보다 문제 자체가 더 어렵다고 느낀다. 그 결과 고대 희곡의 변천에 대한 내용을 영문학도보다 공대생이 더 잘 푸는 경우가 생긴다. 주제와의 친숙함이 유리하긴 하지만 더욱 중요한 건 신중함과 집중력이란 점을 명심하자.

2) Section 2 : Structure

빈 칸 채우기

빈 칸을 포함하는 하나의 문장이 주어지고, 4개의 보기 중에서 하나를 골라 문장을 완성하는 문제이다. 무조건 다 맞춘다는 전략이 필요하다.

① 단어의 뜻보다는 주어, 동사, 목적어, 보어 등 문장에서의 역할을 파악한다

Structure는 문장을 얼마나 잘 해석하는지를 테스트하는 부분이 아니다. 어떻게 하면 문장을 완성할 수 있는지 생각하는데 집중해야 한다. 반드시 해석을 해야 하는 문제는 한두 개에 불과하다. 그러므로 문장을 구성하는데 필수 요소가 아닌 형용사나 형용사구, 전치사구, 부사구 등은 읽지 않아도 된다.

Ex) Nearly every aspect of economic life is affected by ___________.

Ⓐ they are seasonal variations

Ⓑ variations are seasonal

Ⓒ that seasonal variations

Ⓓ seasonal variations

위의 예제를 보자. 동사는 is affected이다. 그렇다면 주어는 aspect가 된다. 명사로 명사를 수식하기 위해 of가 사용되어 economic life는 aspect를 꾸며 준다. 문두의 nearly는 부사, every는 형용사로서 S+V+전치사로 이루어진 구조이다. 그 다음의 밑줄에는 당연히 명사만 와야 한다. 답은 명사만 있는 D이다. C는 단수를 수식하는 that이 왔으므로 답이 아니다.

이 문제에서 seasonal이나 variations의 정확한 뜻은 알 필요가 없고 알 수도 없다. 전후 문장도 없이 어떻게 정확한 해석이 가능하겠는가? 일단 수식부는 지우고 S와 V에 밑줄을 그어 표시하자. 그러면 길이 보일 것이다.

Ex) Noise implies a random chaotic disturbance ________________.

Ⓐ usually does not want

Ⓑ usually unwanted

Ⓒ that is usually unwanted

Ⓓ we do not want it

Noise를 S, implies를 V, disturbance를 O라고 밑줄 긋고 표시한다. 어라? 문장이 완전히 끝났는데 뒤에 빈 칸이 또 있다. 그렇다면 빈 칸에는 수식어구가 올 것이다. A, B를 보자. 동사밖에 없는 문장으로서, 완전한 문장 뒤에 다시 동사가 올 수 없으므로 답이 아니다. 이때 usually 같은 것은 생각하지 않는다. S+V가 또 나오는 D도 답이 아니다. 형용사절을 이끄는 관계대명사 that으로 시작하는 C가 답이다.

② 문장에서 접속사의 수는 동사의 수보다 하나 적다

당연한 얘기처럼 들리지만 반드시 숙지하여 자유롭게 적용할 수 있도록 해야 하는 강력한 비법이다. 여기서 접속사라 함은 등위접속사(and, but...), 종속접속사(when, if...), 관계대명사 등 절을 이끄는 것을 모두 지칭한다. 주어와 동사가 있으면 문장을 구성할 수 있는데, 접속사 없이 동사가 또 나올 수는 없다. 동사의 수가 하나 증가할 때마다 접속사의 수도 하나씩 증가해야 하고, 따라서 문장에 쓰인 접속사의 수는 동사의 수보다 하나 적다.

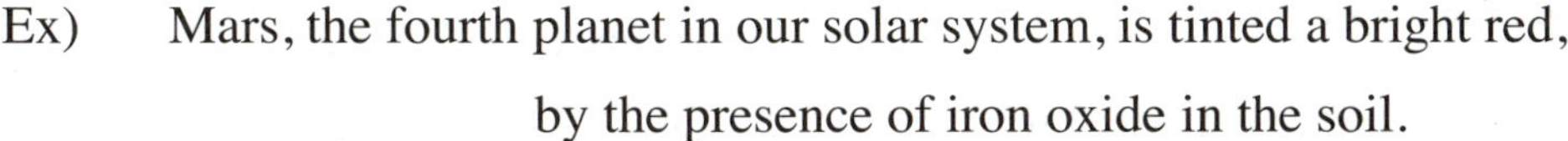

Ex) Mars, the fourth planet in our solar system, is tinted a bright red, ____________ by the presence of iron oxide in the soil.

Ⓐ is caused

Ⓑ which is caused

Ⓒ it is caused

Ⓓ cause

주어 Mars를 읽고 바로 콤마가 나와서 동격으로 설명해 주는 부분이 있다. 당연히 이 부분은 그냥 넘어간다. Mars에 S표시, is tinted를 V, red를 보어 C라고 표시한다. 문장의 구성 요소 중 더 필요한 것은 없다. 뒷부분은 수식어구일 텐데 보기를 보니 전부 동사 cause를 포함하고 있다. 앞부분에 동사가 이미 나왔는데 동사를 또 사용하기 위해서는 반드시 접속사가 하나 필요하다. 그러므로 답은 관계대명사 which가 들어 있는 B이다.

③ 문장 중에 콤마가 보이면 기뻐한다

단어를 나열하거나 위의 보기같이 동격에서 사용되는 콤마가 아니라면, Structure에서 나오는 콤마의 앞부분은 다음 4가지 중 하나이며, 콤마의 뒷부분은 반드시 주어+동사+목적어 혹은 보어로 이루어지는 완전한 문장이 온다.

- 접속사 + 주어 + 동사
- 분사구문
- 전치사구
- to부정사 (in order to의 의미일 때)

Ex) While staying in Paris, France, in 1786, ____________________ that she had a talent for sculpture and began taking lessons.

Ⓐ philanthropist Winifred Holt discovered

Ⓑ that the philanthropist Winifred Holt discovered

Ⓒ discovered by philanthropist Winifred Holt

Ⓓ there philanthropist Winifred Holt discovered

연도 다음에 콤마가 나왔다. 콤마가 나오면 그 앞은 네 가지 중 한 가지이고 뒤는 주어+동사의 완전한 문장이 와야 한다. 위의 예제에서 앞부분은 while이란 종속접속사로 이끌어지는 분사구문이다. 뒷부분은 주어+동사가 바로 와야 하므로 답은 A이다.

Ex) During warm weather or strenuous exercise, _____ sweat glands increase their production of perspiration.

Ⓐ while

Ⓑ and then

Ⓒ while the

Ⓓ the

문장 중에 콤마가 나왔다. 콤마의 앞은 네 가지 경우 중 전치사구이다. 뒷부분은 주어+동사의 완전한 문장이 나와야 하는데, 일단 동사 increase가 보이고 production이 목적어 같다. sweat glands가 주어 같은데 뜻을 잘 몰라서 확실하진 않다. 그러나 명사가 있는 보기는 없으므로 sweat glands가 주어다. 콤마 뒷부분이 완전하므로 다른 것은 필요 없다. 보기에서 접속사가 있는 A, B, C는 답이 아니다. 답은 D이다.

Ex) ________________________ , angiosperms have specialized conducting tissues.

Ⓐ Other vascular plants are like them

Ⓑ They are like other vascular plants

Ⓒ Other, like vascular plants

Ⓓ Like other vascular plants

반갑게도 문장 중에 콤마를 만났다. 콤마 뒤는 angiosperms가 주어, have specialized가 동사, tissues가 목적어로 완전한 문장이다. 콤마 앞은 네 가지 중 하나인데, 전체가 밑줄로 되어 있다. A를 보면 S+V+C 구조인데 접속사가 없다. B 역시 S+V+C 구조인데 접속사가 없다. 답은 전치사구만 있는 D이다.

④ 밑줄 뒤에 바로 동사가 나오면 명사만 있는 보기가 답이다

대부분 S+V+(O or C)의 구조인 문장이므로 동사 앞의 빈 자리는 주어 역할을 하는 명사가 와야 한다.

Ex) ____________ could not deliver the mail the day before yesterday.

Ⓐ For the postman

Ⓑ Because of heavy rain

Ⓒ The postman

Ⓓ While the postman

밑줄 다음 바로 동사 could not deliver로 시작되므로 답은 명사만 있는 C이다. 또한 주어진 문장의 동사는 하나뿐이므로 접속사가 있는 A, B, D는 답이 아니다.

⑤ 밑줄 뒤에 바로 명사가 나오면 밑줄은 S+V이거나 there be 구문이다

절은 그 자체로서 완전한 문장을 이루어야 한다. 즉 S+V+(O or C)의 구조를 가져야 하는 것이다. 밑줄이 있고 명사가 나왔다면 그것은 목적어나 보어로 쓰인 명사이거나, there be 구문에서 주어로 사용된 명사이다.

Ex) Recent estimates show that ________ more than two million bird-watchers in the United States.

Ⓐ there are among

Ⓑ are there the

Ⓒ there are

Ⓓ among the

estimates가 S, show가 V, 접속사 that이 이끄는 절이 O인 구조이다. 접속사가 이끄는 절은 완전한 구조여야 하는데, 밑줄 다음에 바로 명사가 나왔으므로 S+V 아니면 there be 구문이다. 답은 C이다.

⑥ 수동태 다음의 동사 연결 장치는 to부정사이다

동사가 be+p.p의 형태로 수동태이면, 그 뒤에 명사가 올 경우는 by+명사, 동사가 올 경우는 to부정사이다. 아래 예제의 답은 당연히 C이다.

Ex) Children with parents whose guidance is firm, consistent, and rational are inclined ________ high levels of self-confidence.

Ⓐ possess

Ⓑ have possessed

Ⓒ to possess

Ⓓ possessing

⑦ 도치구문을 조심하자

부정어(never, hardly, not only, seldom)가 앞으로 나오는 경우와 there be 구문은 동사의 수, 시제에 따라 조동사나 do동사를 이용해서 도치한다. 그러나 시간, 장소 개념의 부사구 또는 그런 부사 자체가 문두에 나오고 다음에 콤마가 없다면 도치를 시키되 조동사를 이용하지 않는다.

Ex) Rarely _______________ for more than a few seconds once they enter the Earth's atmosphere.

Ⓐ while meteors blaze

Ⓑ meteors that blaze

Ⓒ do meteors blaze

Ⓓ blaze meteors

부정어 rarely가 문두에 보이고 밑줄 다음에 for 이하의 전치사구를 지우면 once로 유도되는 절이 나온다. 절 안은 S+V+O의 단순한 구조이다. 결국 밑줄에는 주절의 주어와 동사가 와야 하는데, 위에서 말한 도치 조건이 성립하므로 조동사를 이용해서 도치한다. 따라서 조동사나 do동사가 보이는 C가 답이다.

Ex) Out of the fundamentals of elementary algebra _______________ used today and the concept of an algebraic structure.

Ⓐ the algebra of abstract evolution

Ⓑ evolution of the abstract algebra
Ⓒ the abstract algebra evolved
Ⓓ evolved the abstract algebra

장소 개념의 부사구가 문두에 나오고 콤마가 없다. 따라서 S+V의 구조를 도치시키되 do+S+V원형의 구조가 아닌 V+S가 되어야 한다. 답은 D이다. used today는 the abstract algebra를 뒤에서 수식한다.

⑧ 비교구문에 쓰이는 as와 than은 접속사이다

두 개체의 같은 속성을 비교하고 싶을 때 비교구문을 사용한다. 예를 들어 다음의 문장은 형용사를 이용하여 한 개체의 속성을 이야기하는 것이다.

Jane is beautiful. 제인은 아름답다.

그렇다면, Jane과 Mary 두 사람 중 누가 아름다운가에 대하여 말하고 싶다면 다음과 같은 두 가지 방법이 있다.

Jane is as beautiful as Mary. 제인은 메리만큼 아름답다.
Jane is more beautiful than Mary. 제인은 메리보다 더 아름답다.

같은 정도로 비교하고 싶다면 형용사나 부사 앞에 as를 쓰고, 우열을 두어 비교하고 싶다면 그 형용사나 부사를 비교급으로 만든다(비교급은 어미에 -er을 붙이거나 앞에 more 또는 less를 두어 만들도록 되어 있다). as를 사용하여 같은 정도로 비교했을 때는 비교 대상 앞에도 as를 쓰고, 비교급을 사용하여 우열을 두어 비교했을 때는 비교 대상 앞에

than을 쓰도록 되어 있다. 토플에서 중요한 것은 비교 대상 앞에 쓰이는 as와 than이 접속사라는 점으로, 원래는 뒤에 주어+동사가 오는 모양이다. 즉, 원래 모양은 다음과 같다.

Jane is as beautiful as Mary (is beautiful).
Jane is more beautiful than Mary (is beautiful).

Ex) A square meter is ________________ a square yard.

Ⓐ than slightly larger
Ⓑ slightly larger than
Ⓒ larger than slightly
Ⓓ slightly than larger

is 다음은 형용사가 나와야 할 자리인데, 보기는 전부 비교급으로 되어 있다. 비교급 형용사가 먼저 나오고 than은 비교 대상 앞에 와야 하므로 답은 B와 C중 하나이고, 부사 slightly는 형용사를 수식해야 하므로 larger 앞에 와야 한다. 정답은 B이다.

Ex) The state of Maine generally has cooler weather than _________.

Ⓐ there are most other states
Ⓑ most other states which have
Ⓒ most other states have
Ⓓ having most other states

형용사의 비교급이 보이고 than이 나왔다. 비교급에서 비교 대상 앞에 사용되는 as와 than은 접속사이므로 뒤에 완전한 절이 나와야 한다. 따라서 정답은 C이다. 이때 동사는 앞에서 나온 동사와 대부분의 경우 일치하므로 생략하는 것이 보통이다.

⑨ 전치사 + 관계대명사 다음에는 완전한 문장이 온다

관계대명사가 이끄는 절은 선행사를 수식하는 형용사절로서 선행사로 쓰이는 명사가 필연적으로 빠지게 되어 있다. 선행사가 문장의 주어나 목적어라면 형용사절은 주어나 목적어가 빠진 불완전한 절이 된다. 하지만 선행사가 전치사의 목적어라면, 전치사구는 문장의 필수 요소가 아니기 때문에 형용사절은 여전히 완전한 구조를 갖게 된다. 다음의 예를 보자.

I know the man. The man is looking at the building.
→ I know the man who is looking at the building.

선행사가 두 번째 문장의 주어였기 때문에 형용사절로 바뀔 경우, 절 자체는 주어가 빠지고 동사만 있는 불완전한 형태가 된다.

That plant lives on the soil. The insect grows in the soil
→ That plant lives on the soil which the insect grows in.

선행사 soil은 형용사절이 있는 두 번째 문장에서 전치사의 목적어이다. which를 이용하여 형용사절로 바꾼 것이 위의 형태이며, 선행사 앞에 쓰인 전치사는 관계대명사 앞으로 나올 수 있다.

That plant lives on the soil <u>in which</u> the insect grows.

다시 말해 전치사의 목적어인 명사를 선행사로 하는 관계대명사절을 만들 경우, 원래

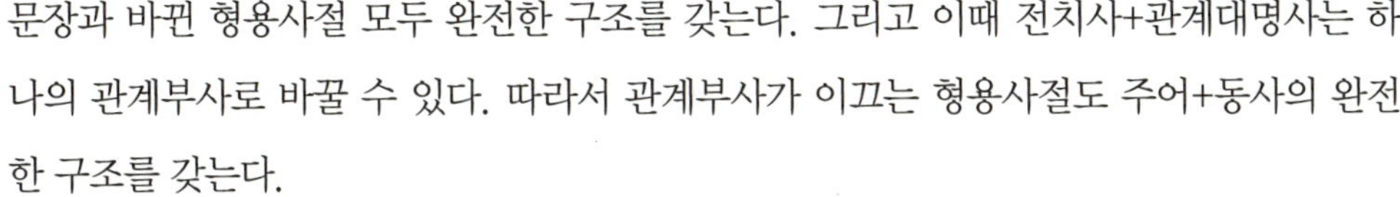

문장과 바뀐 형용사절 모두 완전한 구조를 갖는다. 그리고 이때 전치사+관계대명사는 하나의 관계부사로 바꿀 수 있다. 따라서 관계부사가 이끄는 형용사절도 주어+동사의 완전한 구조를 갖는다.

That plant lives on the soil where the insect grows.

Ex) New Orleans is a city ______ older traditions can still be seen.

Ⓐ those

Ⓑ that

Ⓒ which

Ⓓ where

city를 수식하는 형용사절이 주어+동사의 완전한 형태이다. 관계대명사만 있는 B, C는 답이 아니고, A는 접속사가 아니므로 답이 아니다. 완전한 구조의 형용사절을 이끄는 관계부사 where가 정답이다. in which도 마찬가지이다.

Ex) Romany is an Indic language _______ gypsies usually speak.

Ⓐ of which

Ⓑ and which

Ⓒ which is of

Ⓓ which

형용사절을 보면 주어와 동사가 있는데 목적어가 빠져 있다. 따라서 관계대명사 which가 정답이다.

⑩ 보기 중에 하이픈이 있으면 답이다

보통 분사는 동사에서 변형된 것이므로 부사로 수식하는 것이 일반적이다. 그러나 명사에 -ed를 붙여 분사처럼 쓰는 경우, 원래 속성이 명사였으므로 형용사로 수식하고 하이픈을 사용한다. 그리고 동사의 목적어를 앞으로 보내고 동사를 분사로 사용하는 경우에도 하이픈을 넣는다.

He is an open-minded person.
The animal eats meat. → meat-eating animal

같은 의미를 표현하더라도 간결한 편이 정답에 가깝다. 따라서 구구절절 늘여서 쓴 표현보다는 하이픈을 사용하여 간결하게 표현된 것이 답일 확률이 높다. 아래 문제의 답은 C이다.

Ex) The hibernation takes place among ______________ animals.

Ⓐ whose blood is warm
Ⓑ blood warm
Ⓒ warm-blooded
Ⓓ they have warm blooded

주어진 문장에서 4개의 밑줄 친 부분 중 틀린 것을 고르는 문제의 경우 의외로 간단히 답을 찾을 수 있는 경우가 많다. 비법을 잘 익혀 만점을 노리도록 하자.

① 주어와 동사를 확인한다

주로 앞 부분에서 나오는 문제들인데, 때로 너무 쉬워서 틀리기도 한다. 문장에 주어와 동사가 제대로 있는지, 동사의 모양은 적당한지 등을 확인한다.

Ex) Unlike most Ⓐ capital cities, Brazilia it was Ⓑ constructed specially Ⓒ to house Ⓓ government office.

주어 Brazilia가 있는데 it으로 반복하였다. 주어가 두 번 나왔으므로 B가 답이다. 일반적인 주어를 대명사로 반복하는 것은 안 되지만, 대명사를 다른 말로 반복하는 것은 가능하다.

→ We Koreans are one of the happiest people.

Ex) A patient suffering Ⓐ from dyslexia may Ⓑ had Ⓒ a serious difficulty Ⓓ in reading books.

조동사 다음에는 동사 원형이 와야 하므로 C의 had는 have여야 한다. 쉬운 유형의 문제들이므로 반드시 맞추어야 한다.

Ex) In 1872, when(Ⓐ) Congress passes(Ⓑ) the Yellowstone Act, the world's first national park(Ⓒ) was created(Ⓓ).

주어와 동사간의 시제와 수의 일치도 반드시 확인하고 넘어가야 한다. 주어가 3인칭 단수이면 동사에 -s를 붙인다. 1872년은 과거이므로 동사 passes는 과거형인 passed가 되어야 한다.

② 수가 일치하는지 확인한다

수 일치에 관한 문제는 두세 개 정도 꼭 출제된다. 몇 가지 경우는 반드시 외우고 있어야 한다.

● Every와 each가 들어가면 단수이다.

Everyone has to arrive there at 7:00 in the morning.

Every man and woman over 18 has a right to drive a car.

Each student and teacher has a key to open the computer room.

● There be 구문은 다음 명사가 주어이므로 그것에 일치시킨다.

There are no flowers in this room.

- '바지'는 복수이다(pants, jeans, trousers).

Your pants are in the drawer.

- Neither ~ nor~, Either ~ or~, not only ~ but also ~ 는 뒤에 일치시킨다. 그러나 ~ as well as ~ 는 앞에 일치시킨다.

Neither you nor your friend is not allowed to leave this room.

Not only the doctors but also the nurse is coming soon.

The teacher as well as students attends this rock concert.

- 과목명은 단수 취급한다.

mathmatics, statistics, civics ...

- 비교급 ~ than any other + 단수명사

- 단수와 복수 형태가 같은 명사는 지시어를 보고 동사를 선택한다.

means, species, series / deer, sheep / fish, salmon ...

That species is rare.

Those species are not rare.

That sheep is cute.

Those sheep are not cute.

- 집합을 나타내는 명사는 지시어를 보고 동사를 선택한다.

The English class has its mid term exam on Monday.

Thc class are practicing their individual play.

● **기간을 나타내는 말은 모양은 복수라도 단수 동사를 취한다.**

Four weeks is enough time for finishing projects.

Ex) There exist(Ⓐ) much to be learned(Ⓑ) about(Ⓒ) the various grains and their value to(Ⓓ) humans and animals.

there be 구문에서는 다음에 오는 명사에 동사를 일치시킨다. 그런데 여기서 쓰인 much는 의미는 복수지만 형태는 단수이므로 동사 exist가 exists로 되어야 한다. 답은 A이다.

Ex) More(Ⓐ) ethnic and cultural groups(Ⓑ) are represented in Hawaii than(Ⓒ) in any other states(Ⓓ).

비교급이 나오고 than ~ any other 단수명사이므로 state가 되어야 한다. 답은 D이다.

Ex) All(Ⓐ) village or tribe of the North American Indian confederacy had its annual(Ⓑ) green corn dance, a festival(Ⓒ) in which social(Ⓓ) ties were renewed.

all 뒤에는 복수가 오고 every와 each 뒤에는 단수가 온다. 그러므로 A의 All은 Every가 되어야 한다.

③ 동사의 명사형이 와야 할 자리에 어설프게 -ing나 -ment를 붙인 것은 답이 아니다

동사는 각각의 명사형을 가지고 있으므로, 명사형이 들어가야 할 자리에 동명사형(-ing)이나 틀린 명사형을 쓰면 안 된다.

Ex) Earthworm tunnels(Ⓐ) admit(Ⓑ) air and raining(Ⓒ) into the depths(Ⓓ) of the soil.

rain은 동사형과 명사형이 같은 동사이다. 접속사 and의 앞뒤에는 같은 구조가 와야 하므로 명사형 rain이 와야 하는데, 동명사형의 raining을 썼으므로 C가 틀렸다.

Ex) In times of peace a government may exert pressure(Ⓐ) on another(Ⓑ) government, for political(Ⓒ) or economic reasonings(Ⓓ), by means of an embargo.

reasoning은 추리란 뜻이고 reason이 이유란 뜻이므로 D의 reasonings는 reasons가 되어야 한다.

④ 외워 두어야 할 상관접속사가 있다

상관접속사 문제는 의외로 자주 나오는 유형이다. 반드시 표현을 알고 있어야 하며, 양쪽에 대등한 어구가 와야 함에 유의한다.

- both ~ and
- not ~ but
- either ~ or / neither ~ nor
- not only ~ but also
- whether ~ or

Ex) Not only Kingsley House Settlement nor all (Ⓐ) phases of the civic life (Ⓑ) of New Orleans keenly (Ⓒ) interested (Ⓓ) Eleanor McMain.

문두에 not only가 나왔으므로 A의 nor all 대신 but (also) all이 와야 한다.

Ex) A jewel is an ornament fashioned (Ⓐ) from precious (Ⓑ) metals or stones (Ⓒ), either alone and (Ⓓ) in combination.

either가 나왔으니 당연히 뒤에 or가 나와야 한다. 각각의 뒤에 같은 품사가 왔음을 유의하자.

⑤ do와 make 동사를 포함한 숙어 표현은 반드시 외운다

do만 써야 하는 경우와 make만 써야 하는 경우가 있으며, 서로 바꾸어 쓸 수는 없다. 보기 중 do에 밑줄이 있으면 일단 답이 아닌가 의심해 보아야 한다.

- do the dishes
- do shopping / washing
- do research
- make progress
- make contact
- make an effort

Ex) Group decisions can be done either consciously or unconsciously.
Ⓐ Group / Ⓑ done / Ⓒ either / Ⓓ unconsciously

make a decision은 '결정하다' 라는 뜻으로 make를 사용하는 숙어이다. B의 done은 made가 되어야 한다.

Ex) The fundamental problem of a tax system is to do enough money to pay for the expenses of government.
Ⓐ fundamental problem / Ⓑ to do / Ⓒ enough / Ⓓ to pay

do money는 의미가 맞지 않다. '돈을 모으다' 라는 뜻으로 do를 collect 정도로 바꾸어야 한다.

⑥ 같은 의미나 기능의 어휘가 반복되면 안 된다

소위 redundancy 문제라고 불리우는 것으로서 쉽게 찾기 힘들지만, 의외로 자주 나오는 유형이다. 다른 답이 없는 듯하면 혹시나 하고 고려해 봐야 한다.

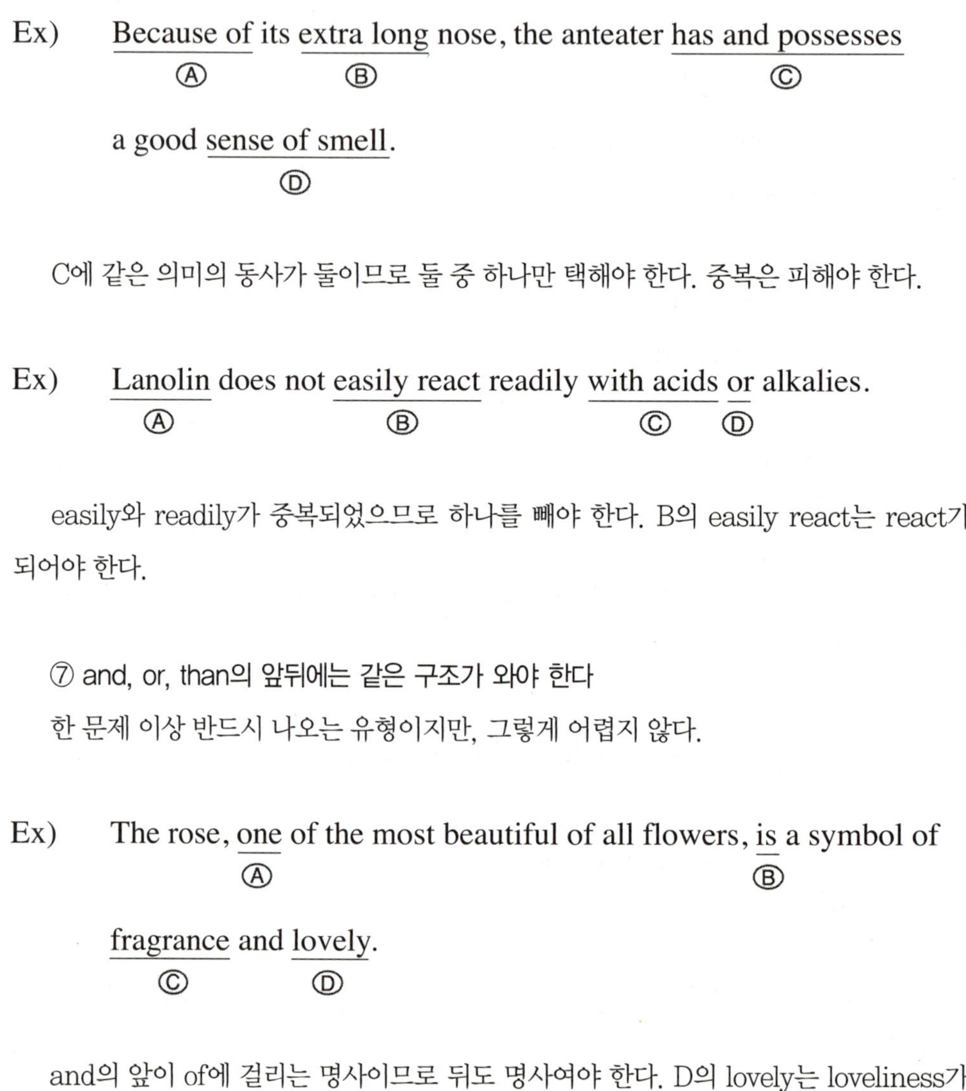

Ex) Because of(Ⓐ) its extra long(Ⓑ) nose, the anteater has and possesses(Ⓒ) a good sense of smell(Ⓓ).

C에 같은 의미의 동사가 둘이므로 둘 중 하나만 택해야 한다. 중복은 피해야 한다.

Ex) Lanolin(Ⓐ) does not easily react(Ⓑ) readily with acids(Ⓒ) or(Ⓓ) alkalies.

easily와 readily가 중복되었으므로 하나를 빼야 한다. B의 easily react는 react가 되어야 한다.

⑦ and, or, than의 앞뒤에는 같은 구조가 와야 한다

한 문제 이상 반드시 나오는 유형이지만, 그렇게 어렵지 않다.

Ex) The rose, one(Ⓐ) of the most beautiful of all flowers, is(Ⓑ) a symbol of fragrance(Ⓒ) and lovely(Ⓓ).

and의 앞이 of에 걸리는 명사이므로 뒤도 명사여야 한다. D의 lovely는 loveliness가 되어야 한다.

⑧ almost는 부사이고 most는 형용사이다

almost는 '거의' 라는 뜻의 부사로서 동사, 형용사, 다른 부사를 수식하며, most는

'대부분의' 라는 뜻의 형용사로서 명사를 수식한다. most가 부사로 사용되면 very나 quite의 뜻이다. 그리고 most와 all은 일종의 한정사로 취급되어 관사와 같이 쓸 수 없다.

Ex) Advertising (A) ranks as the most important source (B) of income by far (C) for almost (D) magazines.

명사를 수식해야 하므로 D의 almost는 most로 바꾸어야 한다.

⑨ 부정관사는 바로 뒤에 나오는 단어의 발음에 따라 선택한다

부정관사로 a를 쓸 것인가 an을 쓸 것인가는 바로 뒤에 나오는 단어의 철자가 아니라 발음에 의해 결정된다.

- an apple / a red apple
- an honesty / an herb
- an 8-year old boy

Ex) Austin Crusher was (A) an significant (B) actor during the (C) renewing period of (D) the 1850's.

significant는 발음기호 /s-/로 시작하므로 부정관사 a가 와야 한다.

Ex) The legislator believed that it was a honor to be named to a position on the council.

Ⓐ The legislator Ⓑ a honor Ⓒ a Ⓓ the council

honor의 h는 묵음이므로 B의 a honor는 an honor가 되어야 한다.

⑩ 빈도부사의 위치는 일반동사 앞, 조동사 뒤이다

보통 부사는 일반동사 뒤에 쓰이지만 우리가 흔히 빈도부사라고 알고 있는 always, often, never 등은 조동사 뒤, 일반동사 앞에서 사용된다. 그리고 still, probably, actually, generally 등의 방법부사는 조동사와 일반동사 사이에 위치한다.

Ex) The Han river has been never important for transport and has no significant hydropower potential.

Ⓐ has been never Ⓑ important for Ⓒ no significant Ⓓ potential

빈도부사의 위치는 본동사 앞이나 조동사 뒤이므로 A의 has been never는 has never been이 되어야 한다.

⑪ 2개를 비교하면 비교급을 쓰고 3개 이상이면 최상급을 쓴다

무언가를 비교하는 문장이 나오면 몇 개를 비교하는지 살펴서 비교급을 써야 할지 최상급을 써야 할지 생각한다. 단, favorite과 unique는 의미상 최상급을 만들 수 없는 형용사이다.

Ex) The widely used natural fiber of all is cotton.
(A) The widely (B) used (C) fiber (D) is

of all은 3개 이상을 비교했다는 단서가 되므로 최상급을 써야 한다. 그러므로 최상급을 만드는 장치 most가 필요하다. A의 The widely는 The most widely가 되어야 한다.

⑫ like와 unlike는 전치사, alike는 형용사이다

alike는 동사 다음에서 보어로만 사용되는 서술적 형용사로서, similar to의 뜻이다.

She and her sister are alike.

like와 unlike는 비교대상이 되는 명사를 이끄는 전치사로서 like는 similar to, unlike는 그 반대의 뜻이다. like와 unlike가 이끄는 전치사구는 be동사의 보어로 사용될 수 있다.

Like his brother, he is handsome. / Unlike his brother, he is handsome.
He is handsome like his brother. / He is handsome unlike his brother.

like는 형용사로도 쓰일 수 있다.

→ Those two girls are wearing like dresses.

Ex) Radio waves, the same light waves, travel at a constant speed of 180,000 miles per second.
(A) the same (B) travel at (C) constant (D) speed

콤마 사이를 빼도 완전한 문장이 되므로 콤마 사이는 전치사구가 되어야 한다. A의 the same은 like가 되어야 한다.

⑬ so 형용사/혹은 부사 + that 절 : 너무 ~ 해서 ~ 하다

He worked so diligently that his boss trusted him thoroughly.

Ex) Rubber can be <u>made</u> Ⓐ <u>too</u> Ⓑ elastic that it <u>will stretch</u> Ⓒ more than nine times <u>its normal</u> Ⓓ length.

'탄성이 있으므로 늘릴 수 있다.' 가 되어야 하므로, B의 too는 so가 되어야 한다.

● **such 형용사 + 명사 + that 절 : 너무 ~ 해서 ~ 하다.**

She has such an extraordinary ability that she cannot make friends.

● **so that절 : ~하기 위하여**

Mary studied hard so that she would pass the final exam.

● **too 형용사/혹은 부사 + to V : 너무 ~ 해서 ~ 못한다.**

Charlie is too sick to join the basketball game.

3) Section 3 : Reading

Reading에서 고득점을 받으려면 어떤 전략이 필요할까? 지문의 내용 파악과 문제를 잘 풀기 위한 요령 중 우선 순위를 둔다면 어떤 것이 선행되어야 할까? 물론 지문의 내용을 빠르게, 그리고 제대로 파악하는 것이 무엇보다 중요하다. 글을 빠르고 정확하게 읽는 사람은 문제를 많이 틀리지 않는다. 영어 문장에 대한 감각이 부족해 내용 파악이 느린 사람은 그만큼 정답률도 떨어진다. Reading에서 고득점을 받기 위해서는 글을 읽는 속도와 정확성이 요령보다 중요하다는 점을 명심하자.

① 쉬운 글을 많이 읽는다

영어를 많이 접하려는 욕심에 《Korea Times》나 《Newsweek》를 읽는 것은 토플을 준비하는 데 도움이 되지 않는다. 토플 독해는 이렇게 공부해서는 안 된다.

우선, 토플 지문의 수준은 영어로 된 시사 잡지와는 다르다는 점을 알아야 한다. 미국에서 대학 생활을 잘 하기 위한 기본적인 영어 실력을 테스트하는 것이니만큼 난이도가 그리 높지는 않다. 하지만 많은 양을 빨리 이해하는 능력이 필요한데, 이를 위해서는 우선 쉬운 글을 많이 접하는 것이 좋다. 자신의 독해 실력이나 이해도가 욕심만큼 좋지 않다면 차라리 수능영어 독해집을 푸는 것도 좋다. 글도 잘 이해되고 다양한 주제를 적당한 길이로 재미있게 쓴 글들이라 지루하지 않다.

하루 10개 정도씩 공부하면 영어에 감이 생기고 속도도 한결 빨라지는 것을 느낄 수 있을 것이다. 그런 다음에 토플 독해집을 공략하자.

② 시간을 재가면서 읽는다

지문 하나를 꼼꼼하게 해석하느라 시간이 얼마나 지났는지 모르고 있다면 당연히 안 된다. 토플 독해의 지문 길이는 짧게는 14~15줄, 길게는 22~24줄 정도이다. 수능 독해보다는 길고 GRE, GMAT 독해보다는 짧다. 이것을 어느 정도의 시간에 읽어내야 하는가? 보통 4~5분 사이가 적당하다. 거기다 문제 푸는 데 3~4분 걸리므로 독해 하나를 끝내는 데 7~8분 정도의 시간이 소요된다. 지문은 늦어도 5분 내에는 한 번 쭉 읽고 이해해야 한다. 시간 압박이 없는 영어 시험은 없으므로 연습 단계에서부터 반드시 시간을 재면서 긴장감을 갖고 풀도록 하자.

글을 읽을 때 쉽게 집중이 안 되고 여기저기 산발적으로 눈만 움직이는 경우가 있다. 그렇다면 지문의 맨 처음 두 문장 정도는 입으로 (소리내지 말고) 읽는 것이 효과가 있다. 맨 앞의 내용을 집중해서 읽으면 뒤의 내용도 쉽게 이해되기 때문이다.

③ 기본 단어와 아울러 다양한 영역의 단어를 외운다

토플에 필요한 단어는 GRE나 GMAT에 비하여 아주 적은 편이다. 앞으로 이 시험들을 준비할 사람들은 나중에 단어 공부에 투자할 시간의 일부를 지금 토플을 위해 할애하는 것이 좋다. 《Word Smart I》 정도면 충분하지 않을까.

토플 시험을 준비하다 보면 '나오는 문제가 참 다양하구나' 라는 느낌을 받는다. 타 학과 학생들에게 의학 부분, 그것도 발의 뼈이름을 나열하고 설명하는 등의 지문은 곤혹스러울 것이다. 입체파 등의 미술 사조 역시 익숙하지 않은 학생들은 쉽게 이해할 수 없는 부분이다. 그렇다고 지금부터 뼈 이름을 외우고 백과사전을 들춰 보며 예술 사조를 공부할 수도 없다. 그럼 어떻게 해야 할까? 답은 '다양한 영역의 단어를 외워서 어떤 독해에도 당황하지 않는 연습을 한다!' 가 되겠다.

간략한 영역별 단어 정리

1 물리학 PHYSICS

역학	mechanics	힘	force
질량	mass	중력	gravity
중력	gravitation	속도	velocity
수축	contraction	자외선	ultraviolet (rays)
적외선	infrared (rays)	진동	vibration
음파	sound waves	초음파	ultrasonic waves
발전기	generator	반도체	semiconductor
분자	molecule	원자	atom
핵	nucleus	전자	electron

2 생물학 BIOLOGY

유기체	organism	핵	nucleus
광합성	photosynthesis	곰팡이	fungus
척추 동물	vertebrate	무척추 동물	invertebrate
포식자	predator	먹이	prey
기생 생물	parasite	공생	symbiosis

3 지구과학 EARTH SCIENCE

지층	stratum	습곡	fold
천체	celestial bodies	별자리	constellation
공전	revolution	자전	rotation
수성	Mercury	토성	Saturn
소유성	asteroid	성운	nebula

4 건강 HEALTH

전염병	contagious disease	유행병	epidemic
영양 실조	malnutrition	증세	symptom
예방 접종	vaccination	면역	immunity
병균	disease germ	기생충	parasite
유행성 감기	influenza	홍역	measles
당뇨병	diabetes	천식	asthma
항생제	antibiotic	마약	narcotic

5 교육 EDUCATION

교육학	pedagogy	적성	aptitude
학장	dean	총장	president
전임 강사	instructor	시간 강사	part-time lecturer
수업료	tuition	장학금	scholarship
강의 듣다	attend a lecture	강의를 빠지다	cut lecture
필수 과목	compulsory subject	선택 과목	optional subject
교양 과목	cultural studies(subject)	실기 시험	practical examination
점수	score	학점	credit

6 미술 FINE ART

미학	aesthetics	작품	work
주형	mold	복제품	replica
표절	plagiarism	위조품	counterfeit
감정가	connoisseur	프레스코 벽화	fresco
추상화	abstraction	전위 예술	avant-garde art

사실화	lifelike painting	풍자 만화	caricature
허무주의	dadaism	초현실주의	surrealism

7 음악 MUSIC

교향곡	symphony	협주곡	concert
높낮이	pitch	악보	notation
장조	major	단조	minor
음계	scale	반주	accompaniment
4중창	quartet	악장	movement

8 문학 LITERATURE

풍자	satire	비유	parable
시행	line	연	stanza
운율	meter	운	rhyme
서사시	epic	비가	elegy
소네트	sonnet	담화체 문학	narrative
허무주의	nihilism	낭만주의	romanticism

9 경제 ECONOMY

재화	goods	용역	service
국민총생산(GNP)	gross national product	불경기	depression
도매	wholesale	소매	retail
적자	deficit	흑자	surplus
지출	expenditure	은행 대출	bank loan

험난한 여정이 끝난 후

두 번의 토플 시험에서 계속 580점대의 점수를 받았을 즈음 '아, 내 실력이 이것밖에 안 되는구나.' 라는 실망과 '600점을 못 넘어도 좋은 학교에 갈 수 있지 않을까.' 하는, 기대가 교차하는 우울한 날들이었다. 이때 580점과 타협하지 않고, GRE 공부에 대한 부담에도 불구하고 토플에 적극적인 투자를 시작한 것이 좋은 성적을 받게 된 결정적인 계기가 아니었나 싶다. 회사에 다니면서 주말에는 4시간 이상씩 강의를 듣고, 평일에도 칼퇴근한다는 눈총을 무릅쓰고 시간을 쪼개어 공부하는 것이 결코 쉬운 일은 아니었다. 토플 고득점을 받는다는 것은 체계적이고도 많은 양의 노력이 필요한 긴 여정이다. 분명한 것은, 험난한 여정이 끝나면 반드시 고득점의 기쁨을 만끽할 수 있다는 사실이다.

MOON
TAE-JIN
*04

공학과 경영학적 마인드의 결합은 나를 경쟁력 있는 비즈니스맨으로

1970년 서울 출생 | 1989년 서울고등학교 졸업 | 1994년 연세대학교 전자공학과 졸업 | 1996년 연세대학교 대학원 전자공학과 졸업 1996년 ~ 1999년 LG 전자 근무 | 1999년 ~ 2001년 벤처 기업 근무 | 2001년 9월 현재 University of Pennsylvania, Wharton School (MBA) 재학중 | TOEFL 점수 647점(59/68/67) 2000년 4월

terry_moon@hanmail.net

단어를 외울 때는 복습이 가장 중요하다. 한 번 외우고 지나가면 절대로 기억이 나지 않는다. 하루가 지나면 반드시 다시 한 번 외워 주어야 하고, 또 5일이나 일주일이 지나면 다시 한 번 외워 주어야 한다. 진도를 빨리 나가는 것이 목표가 아니라면 이러한 계속적인 복습이야말로 단어 실력 향상에 가장 중요하다.

네 번째 사람

문태진

더 큰 세상으로의 도전

연세대학교 전자공학과 학부 및 대학원을 졸업하고 연구원으로서 4년간 회사를 다니면서 나는 무언가에 대한 갈증을 지속적으로 느껴 왔다. 그러나 더 큰 세상에서 더 큰 일을 해야겠다는 막연한 생각뿐, 구체적으로 무엇을 어떻게 해야 되는가에 대한 생각은 없었다. 그러던 나에게 MBA(Master of Business Administration)는 아주 큰 매력으로 다가왔고, 전공인 전자공학과 MBA의 경영학적 마인드의 결합은 나를 무한 경쟁 사회에서 경쟁력 있는 비즈니스맨으로 만들어 줄 것이라는 확신이 생겼다.

MBA를 지원하기에 필요한 것들에는 여러 가지가 있다. 토플, GMAT, Essay, 추천서, 인터뷰 등이 바로 그것이다. 여기서 보통 제일 먼저 준비하는 것이 토플이다. 나도 물론 토플을 먼저 준비하였다. 그러나 만족할 만한 토플 점수를 얻은 것은 실제로는 GMAT를 공부한 이후였다.

* * *

MBA를 준비하면서 우선은 토플 시험을 한번 보기로 마음먹었다. 내 실력을 가늠해 보고 싶었기 때문이다. 첫 시험을 본 결과 567점이라는 기대 이하의 성적을 받았다. 이전까지 대학원 입시 준비다, 토익이다 하면서 나름대로는 영어 공부를 했던 터라 어느 정도의 점수를 기대하였으나 예상 밖의 점수였다. 사실 토플은 준비를 하지 않고도 한 번에 잘 볼 수 있을 거라는 막연한 자만심도 있었다. 그런데 믿었던 S/W에서 55점이 나와 정말 내가 유학을 갈 수 있을까라는 의구심마저 들었다.

이후 학원을 다니며 토플 공부를 하였으나, 회사를 다니면서 공부하느라 시간내기도 어려웠고 토플만큼은 잘할 수 있다는 자만심에 휩싸여 있었다. 특히 S/W는 그때까지도 잘한다는 착각으로 정리된 문법과 실력이 아닌 감으로 문제를 푸는 데 전념하였으며 체계적으로 공부하지도 않았다. 결과는 597점. S/W가 59점으로 여전히 S/W를 잘한다고 착각하고 있던 나를 일깨워주었다.

마음가짐을 고쳐먹기 위해 일단 토플을 접고 GMAT를 공부하였다. 그리고 1999년 5월 JCMBA라는 MBA전문 학원에 등록하였다. 사람들 말대로 토플보다는 한 단계 더 어려웠다. 약 5개월 간 공부하느라 대부분의 시간을 반납하고 최선을 다해 공부했다. 약 5개월 뒤 희망하던 점수인 700점을 받은 뒤 GMAT를 과감히 접었다. 조금 더 점수를 올려야 했지만 일정 점수 이상만 되면 최소한 GMAT 때문에 당락이 좌우되지는 않을 것이라는 판단에서였다.

이후 곧바로 토플 준비에 들어갔다. 시험 신청은 당연히 그 이전에 해놓았고, 약 한 달 간의 공부를 마치고 시험장에 들어섰다. 이번에는 잘 보아야 한다는 굳은 결심과 함께였다. 시험 보는 자세 또한 이전과는 많이 달라졌는데, 뚜렷한 목표가 있었고 공부를 많이 했다는(잘한다는 착각이 아닌) 자신감에서였다. 최선을 다해서 시험을 봤고 결과는 만족스러웠다. 647점이라는 높은 점수를 받은 것이다. 외국에 다녀온 경험이 없는 사람으로서는 받기 힘든 점수라 생각된다. 그러나 나 역시 외국 경험이 없었으므로 이 책을 읽는 여러분 역시 이 점수보다 더 높은 점수를 받을 수 있으리라 생각된다.

* * *

MBA는 우리말로 하면 경영 대학원이지만 비 경영학과 출신에게도 전혀 불리함이 없을 뿐 아니라 오히려 장려될 정도이다. 이 책을 읽는 여러분 중에 아직 자신의 꿈을 정립하지 못한 사람들이 있다면, 인생 과정 중에 MBA를 넣는 것도 좋을 것이다.

요즘은 MBA도 워낙 많이 알려지고 유행을 타다 보니 자연스레 MBA에 진학하는 사람들이 많아졌다. 그러다 보니 MBA 중에서도 최상위 MBA를 다녀와야 하는 부담감이 생겼다. 많은 사람들이 TOP 10 school을 목표로 하지만, 특정 학교를 목표로 지원 준비를 하지 못하는 게 MBA의 특징이다. 나의 점수인 토플 647점과 GMAT 700점은 TOP 10에 들어가기에 전혀 부족한 점수가 아니다. 그러나 특별히 뛰어난 점수 또한 아니다. MBA에 있어 시험 점수란 일부에 불과하며, Essay와 인터뷰를 통해 얼마나 자신을 잘 홍보하느냐가 더 중요하다. 여러분들도 최선을 다해 지원하여 좋은 결과가 있기를 바란다.

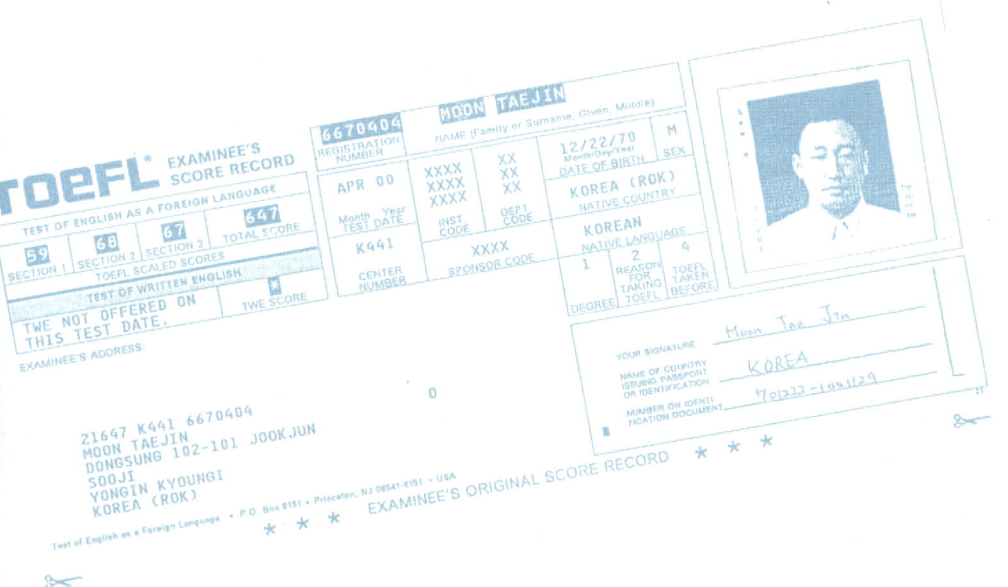

TOEFL® EXAMINEE'S SCORE RECORD
TEST OF ENGLISH AS A FOREIGN LANGUAGE

6670404 REGISTRATION NUMBER
MOON TAEJIN NAME (Family or Surname, Given, Middle)
12/22/70 DATE OF BIRTH (Month/Day/Year)
M SEX
APR 00 TEST DATE (Month Year)
XXXX XXXX XXXX INST. CODE
XX XX XX DEPT. CODE
KOREA (ROK) NATIVE COUNTRY
KOREAN NATIVE LANGUAGE
K441 CENTER NUMBER
XXXX SPONSOR CODE
1 DEGREE
2 REASON FOR TAKING TOEFL
4 TOEFL TAKEN BEFORE

59 SECTION 1
68 SECTION 2
67 SECTION 3
647 TOTAL SCORE
TOEFL SCALED SCORES

TEST OF WRITTEN ENGLISH
TWE NOT OFFERED ON THIS TEST DATE.
* TWE SCORE

EXAMINEE'S ADDRESS:
21647 K441 6670404
MOON TAEJIN
DONGSUNG 102-101 JOOKJUN
SOOJI
YONGIN KYOUNGI
KOREA (ROK)

YOUR SIGNATURE Moon Tae Jin
NAME OF COUNTRY ISSUING PASSPORT OR IDENTIFICATION KOREA
NUMBER ON IDENTIFICATION DOCUMENT 701222-1051129

Test of English as a Foreign Language • P.O. Box 6151 • Princeton, NJ 08541-6151 • USA
* * * EXAMINEE'S ORIGINAL SCORE RECORD * * *

한순간도 영어를 놓지 않다 

처음으로 토플을 접한 것은 대학교 2학년 여름 방학 때였다. 뚜렷한 목표가 있던 것도 아니고, 단지 영어를 공부해야 하는 일반적 유행 때문이었다고 생각된다. 강남에 있는 정철 어학원의 토플 문법반을 처음 다니게 되었다. 고등학교 때까지 문법에 전념해 온 한국의 모든 학생들이 그러하듯이 문법에는 자신이 있었으므로 별 어려움이 없으리라는 착각과 함께 시작했다. 토플을 공부해야 하는 확고한 목표가 없어서 그런지 열심히 공부하지 않았던 기억이 난다.

그로부터 8년 뒤 1999년, 그전에는 생각하지 않았던 유학을 결심하게 되었다. 당연히 제일 먼저 필요한 것은 토플 점수였다. 이전까지 영어를 지속적으로 해오긴 했지만 자신감은 현저히 떨어져 있었다. 압구정동에 위치한 박정 어학원의 토플 L/C반을 수강하면서 토플 공부를 다시 시작하게 되었다. 이때 유학을 결심하게 된 나에게 또는 유학을 결심하게 되는 과정에서 가장 큰 힘이 되어준 것은 대학, 대학원 그리고 회사 생활을 하는 동안 영어를 손에서 놓지 않고 지속적으로 해왔다는 점이었다. 유학을 가기 위한 기본 자질로서 영어가 필요한 것은 아니지만, 수단으로서는 반드시 필요하기 때문에 만약 영어에 자신이 없거나 또는 장기간 영어에서 손을 놓았다면, 유학을 결심하는 데 있어 상당히 주저했을 것이다. 고로 이 책을 읽는 독자 여러분 가운데 아직은 유학에 대한 마음이 없는 사람이라도 영어를 손에서 놓는 우를 범하지 말기 바란다.

내가 가야 할 길을 위해

나는 공대생으로 대학 생활을 시작했고 공대생으로 마감했다. 당시 대부분의 공대생들은 영어를 그다지 중요하게 생각하지 않았다. 학과 공부만 잘하면 영어를 못해도 취직이 잘 되고, 또 엔지니어는 외국과의 교류가 많지 않기 때문에 영어 쓸 일이 별로 없다는 생각에서였다. 그러나 요즘에는 영어의 중요성이 너무나도 잘 알려져 있기 때문에 공대생뿐 아니라 모든 사람들이 영어를 열심히 하는 것으로 알고 있다. 그리고 이는 매우 바람직한 현상이라고 생각한다.

대학 입학 후 1년여 정도가 지나면서부터 나는 조금씩 방황했다. '전자공학이 과연 나랑 맞는 것일까', '나의 미래의 모습은 무엇일까' 하는 문제 때문이었다. 그러나 이러한 방황은 나에게 아주 큰 도움이 되었다. 이렇게 방황하는 시기에 학과 공부가 아닌 다른 것으로 승부를 걸어야 할지도 모르며, 학과 공부 이외에 무엇인가를 해야 하지 않나 하는 생각이 들었기 때문이다. 이에 영어를 주된 수단으로 삼기로 하였다. 그래서 학기중에는 힘들었지만 방학중에는 반드시 영어 학원 등을 수강하며 영어 공부를 열심히 했다.

1학년 여름 방학 때 정철 어학원의 토플 문법반, 2학년 여름 방학 때 역시 정철 어학원의 Vocabulary반을 다녔다. 그러다가 효율적이지 않다는 생각이 들어 혼자서 Vocabulary를 공부하게 되었다. 우선 Vocabulary 2만 2천을 공부하였다. 그때 공부한 단어를 기억하진 못하지만 그래도 그 단어들이 내 실력의 바탕이 되었다고 생각한다.

그러다가 4학년 겨울 방학이 되었다. 당시 나를 비롯한 과 친구들 대부분이 대학원 진학을 목표로 하고 있었다. 그런데 대학원 입학 시험의 50%가 영어였다. 다행스럽게도 3년 동안 꾸준히 영어를 해왔던 터라(물론 열심히 했다고는 절대로 할 수 없다) 친구들에게 뒤지지 않을 거라는 생각이 들었다. 우선 단어를 공부하기 시작했다. 대학원 시험을 본 사람들은 알겠지만 대학원 입학 시험의 난이도가 보통이 아니어서 단어와 독해가 상당히 어려웠다.

'거로' 에서 출판된 단어책을 샀다. 당시 유행하던 책으로 친구들 모두가 그 책으로 공부할 정도였다. 95년 1월 초에 보기 시작해서 약 두 달 동안 그 책 하나에만 매달렸다. 하루 종일 단어만 외운다는 게 그리 쉬운 일이 아니어서 몇 시간 하다 보면 머리 속에 들어오지도 않았다. 결국 두 달 동안 처음부터 끝까지 책을 세 번이나 보았다. 처음 볼 때는 약 한 달 정도 걸렸다. 물론 계속 진도만 나가는 것이 아니고 외웠던 단어에 대한 지속적인 복습도 잊지 않았다. 두 번째 보는 데는 보름 정도 그리고 세 번째 보는 데는 약 5일 정도 걸렸다. 이렇게 세 번을 보고 나니 단어에 대한 자신감이 생기는 것 같았다.

이 과정에서 느낀 것 하나를 얘기해 보자. 단어를 외울 때는 복습이 가장 중요하다. 한 번 외우고 지나가면 절대로 기억이 나지 않는다. 하루가 지나면 반드시 다시 한 번 외워 주어야 하고, 또 5일이나 일주일이 지나면 다시 한 번 외워 주어야 한다. 진도를 빨리 나가는 것이 목표가 아니라면 이러한 계속적인 복습이야말로 단어 실력 향상에 가장 중요하다. 이 시기에 아카데미 토플의 앞 부분인 vocabulary를 공부하기도 하였다.

이후 독해 연습에 들어갔다. 당시 시험에서는 독해가 주류를 이루었는데, 객관식뿐만 아니라 주관식 독해 문제도 출제되었다. 물론 독해에 있어서 단어의 중요성은 아무리 강조해도 지나치지 않다. 주관식이 출제되는 경우에는 단어 하나를 모르면 해석이 매우 어렵다. 그러나 단어를 안다고 모든 것이 해결되는 것 또한 절대 아니다. 어려운 문장 구조를 파악하고 앞뒤 연결을 제대로 하는 것이야말로 독해에 있어 가장 중요하다. 짧지만 어려운 문장이 많고 주관식으로 출제되는 문제를 주 목표로 전체 문장을 그대로 해석하는 데 중점을 두어 공부했다.

대학원 입학 이후 영어 공부 내용을 전면 수정하였다. 입시를 위한 영어가 아닌 실생활에 도움되는 영어를 공부하기 위해서였다. 그러나 회화가 아닌 listening을 공부하기로 마음먹었다. listening이 가장 기본이라고 판단했기 때문이다. listening 공부의 특성상 책상에 앉아 공부하는 것은 매우 어렵다. 그래서 등 · 하교 시간이 각각 한 시간인 점을 이용해 영어 테이프를 들었다.

시중에는 여러 종류의 listening 테이프가 있다. 뉴스, 시사, 이찬승 hearing 등 listening

전용 테이프가 그 예이다. 대부분의 사람들이 뉴스를 추천하지만, 나는 뉴스 테이프를 가지고 공부하는 데 회의적이다. 첫째로 뉴스는 재미가 없다. 어떠한 공부라도 재미가 있어야 계속할 수 있는데, 대부분의 사람들이 일주일 정도 listening 공부를 하다가 포기해 버린다. 모두들 재미 없는 내용을 가지고 하기 때문에 그렇다는 생각이 든다. 두 번째 문제는 뉴스 진행자의 speaking 속도다. 말 자체도 빠르지만 문장과 문장 사이에 쉬는 시간이 없어서 앞 문장의 내용을 생각할 시간이 전혀 없다. 즉 완전히 흘려 듣게 된다.

이러한 두 가지 문제를 해결하기 위해 내가 사용한 것은 드라마 또는 영화 테이프였다. 《On line》이라는 월간 잡지였는데 현재는 폐간된 것 같다. 그 잡지에 '케빈은 13살', 'Doctor 두기' 등 나에게 친숙한 드라마가 실려 있었다. 주인공에 대한 대강의 지식이 있었으므로 듣기에 훨씬 수월했다. 또한 이 두 드라마가 약간 코믹했기 때문에 더 흥미를 가지고 들을 수 있었다.

이 책을 읽는 여러분들에게 이 시점에서 정리를 해주고 싶다. 먼저 listening 공부는 따로 시간을 내어 하기가 매우 힘들다. 물론 급하게 listening 공부를 끝내야 한다면 학원을 다니는 등 적극적인 공부를 해야겠으나, 지금 대학에 다니고 있다면 등 · 하교 시간 또는 잠자리에 누웠을 때 또는 기타 시간 등에 부담 없이 테이프 듣기를 권한다. 물론 하루 이틀이 아니고 거의 몇 년 간의 습관으로 자리잡는 것을 목표로 말이다.

또한 테이프 선택은 뉴스가 아닌 드라마나 영화를 권하고 싶다. 드라마 테이프를 구하기 힘들면 영화도 좋다. 영화도 두 가지 방법이 있는데, 첫 번째는 영화 관련 listening 잡지를 구독하는 것이고, 두 번째는 집에서 비디오를 빌려 볼 때 이를 녹음하는 것이다. 영화도 처음 보는 영화를 들으면 어렵다. 비디오로 한 번 본 것을 들으면 대충의 내용을 알기 때문에 알아듣기 훨씬 쉽고, 들을 때 그 장면이 생각나기 때문에 더욱 재미있게 들을 수 있다. 이렇게 1, 2년 정도 하면 본인도 모르게 듣기 실력이 월등히 향상된다. 1, 2년을 어떻게 하는가? 그러니까 등 · 하교나 출 · 퇴근 시간에 힘들이지 말고 하라는 것이다.

대학원 시기는 이렇게 listening 공부로 지나갔다. 특별히 영어 공부를 해야 할 이유가 없어서였다. 이후 회사에 입사하게 되었다. 회사에서는 영어를 공부해야 할 이유가 있었다. 진급시 토익 점수가 반영되기 때문이었다. 입사 당시 토익 점수는 670점 정도였다. 860점 이상이면 영구 면제가 되는 회사가 대부분이며 우리 회사도 그러했으므로 860점을 받기 위해 노력했다.

회사에 다니면서 영어 공부를 하지 않으면 왜 그런지 뒤처지는 느낌이 들었다. 특별히 학원은 다니지 않았다. 다닐 시간도 없었으므로 시사 영어사에서 나온 토익 문법 책으로 점심 시간에 틈틈이 공부했다. 다행히 퇴근 이후 회사 내에서 영어 강좌가 있었다. 물론 IMF 이후 없어지긴 했지만. 그 중 listening을 수강했다. 문법이야 혼자 해도 되지만 listening은 힘들었다. 이번에는 회사가 너무 가까워서 출 · 퇴근을 이용한 listening 공부가 불가능했다. 약 2년여에 걸쳐 지속적으로 시험을 본 결과 목표 점수인 860점을 받을 수 있었다. 이후 토익은 접기로 했다.

토익의 경우에는 listening이 50%를 차지한다. 따라서 외국에서의 체류 경험이 있거나, 카투사로 복무한 경우(이 경우도 물론 미국인과 얼마나 교류가 많은 부대의 보직인가에 따라 달라진다)에는 비교적 쉽게 고득점을 받을 수 있다. 이런 사람들의 점수를 듣고 너무 기죽지 말기 바란다. 그리고 토익을 준비해야 한다면 특히 listening에 집중하여 공부하는 것이 좋을 것이다.

4년여의 근무 후 MBA에 가기로 마음먹었다. 대학 진학 후 10여 년 동안 전혀 생각지 못했던 일이었다. 안개에 싸여 있던 나의 미래가 환하게 걷히는 듯한 느낌을 받았다. 물론 갔다 온다 하더라도 미래가 보장되는 것은 절대로 아니지만 내가 가야 할 길을 정한 것만으로도 충분했다.

이제 토플과 GMAT를 준비해야 했다. 앞서 말했듯이 그냥 한 번 시험을 친 결과 567점으로 실망한 후 토플로 유명한 박정 어학원을 찾았다. 보통은 종합반을 수강하지만 시간상으로 너무 길고 문법에는 자신이 있다고 생각했기에 listening 반을 수강했다. 계속적으로 listening을 수강하기는 했지만 그래도 제일 부족한 부분이었다. 강의를 들은 후 토플 유형에 대해 알 수 있었으므로 나름대로 괜찮았던 것 같다. 하지만 listening은 혼자서 해야지 누군가에게 배운다고 되는 게 아닌 것 같다.

나름대로의 문제 유형을 파악한 뒤 실전 문제반을 수강했다. 1시간 30분의 시험과 각 파트 30분씩의 수업으로 구성되어 있었다. 시험을 보는 것은 나름대로 시험에 익숙해지기 위해 좋았지만 각 30분씩의 수업은 조금 실망이었다. 시간이 부족한 나머지 각 파트의 답만 말해 주는 수준이었기 때문이다.

99년 5월 두 번째 시험을 보게 되었다. 이때까지만 해도 문법은 감으로 한다는 오만에 빠져 있었는데, 결국 시험 결과는 597점이었다. S/W에서 59점이 나왔다. S/W에서 60점 이상이 나오지 않으면 고득점 받기가 힘들다. 그런데 그렇게 자신하던 S/W가 두 번 연속 60점을 넘지 못했다. 그리하여 체계적인 공부 없이는 고득점을 받지 못한다는 것을 인정해야만 했다.

이후 GMAT를 먼저 공부하기로 마음먹고 6개월을 준비한 뒤 목표했던 700점을 받았다. 이제 남은 것은 토플이었다. 이전의 실수를 반복하지 않기 위해 S/W 섹션 공략 방법을 골똘히 생각했다. 우선 시내 서점 등에서 각종 교재를 구입했다. 《ETS Practice Kit》, 《반석 문법 문제집》, 《시사영어사 실전문제 10회분》, 《박정 어학원 실전문제집》, 《하이네만》, 《하인리히》 등 정말 많은 책들을 모았다. 대충 40여 회분이 되었다.

문제집 외에도 체계적인 공부를 위해 문법책을 하나 구해야 했다. 비교한 결과 박정 어학원의 종합반 교재인 《비법누설 문법 유형편》을 선택했고 약 2주간 이 책으로 정리했다. 이 책은 기존의 문법책과 달리 미국적인 시각에서 쓰여졌다. 미국적인 시각이란 국내 기타 문제집처럼 명사, 형용사, 관사 등 틀에 박힌 구성이 아니라, 실제 토플 문제에 자주 나오는 유형을 토대로 정리했다는 말이다. 실제로 토플 시험에서 parallel 구조나 redundancy 등이 매우 자주 나오고 중요한 부분인데도 대부분의 문법책들은 이를 간과한다. 이 책에는 이런 부분이 잘 정리되어 있다. 하지만 설명이 자세하지 않기 때문에 처음 토플을 접하는 사람들에게는 어려울 수도 있다.

이 책으로 2주간 정리한 뒤 위에서 말한 문제집들을 풀기 시작했다. 약 3주 동안 40여 회분 전부를 다 풀었다. 하루에 5, 6회분을 풀기도 했다. 이렇게 약 30여 회분을 풀다 보니 토플 S/W의 끝이 보이기 시작하면서 이후부터는 거의 틀리지 않았다.

토플 S/W의 경우 새로운 문제보다는 지금까지 나왔던 문제 유형이 반복되어 출제된다. 인터넷 상에 몇 회분 정도가 돌고 있기 때문에 실제 시험 문제를 구할 수도 있다. 실제 시험 문제는 시중에서 출판된 문제보다 더 어렵고 문제도 길지만 역시 예전 문제의 반복이었다.

나름대로 S/W는 거의 완벽하게 정리되었다고 자신했다. 그러나 만점을 받는 것은 말 그대로 실력만 가지고 되는 것이 아니라 운도 따라야 한다. 다행히 운이 따라 실제 시험에서 3회 연속 68점을 받을 수 있었다.

L/C는 학원에 다니지 않았지만, GMAT를 공부하는 기간에도 토플 시험 테이프를 잔뜩 구해 출・퇴근 시간 등 시간 나는 대로 들었다. 들은 내용과 교재를 비교하지 않고 계속 듣기만 했다. 예전과 비교해 점수는 오르지 않았으나 떨어지지 않은 게 어딘가.

R/C의 경우 GMAT를 준비할 때 공부를 많이 했기 때문에 특별히 다른 것은 준비하지 않았다. 점수는 만점인 67점이 나왔다. 결론적으로 어떠한 학원과 교재도 R/C 실력을 향상시켜 주지 않는다. 핵심을 잡아내는 본인의 노력이 절대적으로 중요하다.

섹션별 공략법으로 들어가기 전에 이 책을 읽는 여러분들에게 한 가지 당부하고 싶은 말이 있다. 공부할 때 반드시 노트를 만들고 내용을 적으라는 것이다. 한 문제를 풀더라도 나중에 다시 봐야 하는 내용이라고 판단되면 반드시 노트에 적어 놓아야 한다. 이렇게 하는 것에는 두 가지 의미가 있다. 첫째, 내용을 적다 보면 보다 구체적이고 정확하게 내용을 분석하게 된다. 대충 내용을 훑고 넘어가면 나중에 기억도 안 날 뿐 아니라 비슷한 내용이 나오더라도 대처 능력이 떨어진다. 둘째, 적지 않고 넘어가면 나중에 그 내용을 잊어버렸을 때 또다시 다른 문제 또는 동일한 문제를 풀어 보아야 한다. 자기가 공부한 내용을 계속적으로 잃어버리면서 새로운 내용을 공부해 봐야 '밑 빠진 독에 물 붓기' 인 것이다.

섹션별 공략법

1) Section 1 : Listening

토플을 공부하는 친구나 선배를 만나면 제일 많이 하는 질문이 listening 점수를 향상시키는 방법이다. 그것도 단시일 내에. 이처럼 listening은 가장 곤혹스러운 부분이다. 가장 마음에 걸리면서도 실제로는 딱히 공부할 만한 명쾌한 방법이 없기 때문이다. 열심히 한다고 해도 점수를 향상시키기란 여간 어려운 것이 아니다. 나 역시 listening은 1년 동안 열심히 노력했으나 점수 향상은 없었다. 다섯 번 토플 시험에서의 listening 점수 흐름은 다음과 같다.

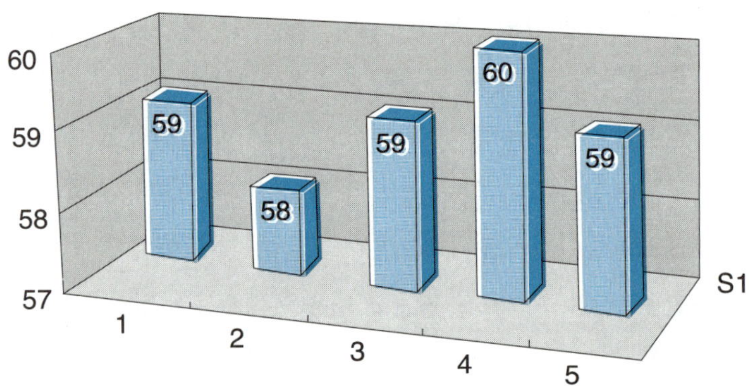

점수 변동이 거의 없었다. 다행히 60점을 받은 시험이 하나 있어 listening 점수 60점 이상을 요구하는 COLUMBIA MBA 등에 지원할 자격을 갖추었다. MBA의 경우 많은 학교들이 55점을 최하 점수로 잡고 있다. 또한 점수 제한은 없더라도 listening 점수를 이용해 지원자의 영어 실력을 상당 부분 평가하므로 listening의 중요함이란 단순한 토플 점수 이상이다. 그렇다면 이렇게 중요한 listening 점수를 어떻게 향상시킬 것인가?

시간이 충분한 경우

① 테이프 청취

앞서 말했듯이 시중에 영어 listening 테이프는 정말 많다. 가장 많이 선택하는 것이 뉴스인데, 뉴스는 아나운서의 말이 너무 빠르고 회화체가 아니라서 알아듣기 어렵다. '앞의 말이 뭐였더라.' 하고 생각하고 있으면 이미 몇 마디 흘러간 뒤이다. 그러므로 시중에 있는 것을 사든 아니면 본인이 비디오를 보면서 녹음을 하든 영화 테이프 같은 것을 이용해 출 · 퇴근 시간에 listening 연습 할 것을 권한다. 이것이 생활 습관이 된다면 listening 고득점은 확보한 것이나 다름없다.

② 영어 회화 학원

영어 회화 학원이 무슨 도움이 되랴 생각하겠지만 실제로 회화 학원에서 배우는 listening은 실력 향상에 많은 도움이 된다. 돈은 조금 많이 들지만, 말하기까지 연습할 수 있으니 얼마나 좋은가?

③ TV

가능하면 TV도 AFKN 볼 것을 권한다. 아마 이만한 영어 선생은 없을 것이다. 재미있는 우리 프로를 놔두고 AFKN을 보는 게 그리 쉽지는 않으나, 영어 실력 향상을 위해서라면 그 정도는 포기해야 하지 않을까.

시간이 불충분한 경우

① 토플 Listening 테이프 청취

이 경우에는 영화나 뉴스 등의 일반적인 테이프보다 시중의 토플 listening 교재를 구해 많이 듣는 것이 좋다. 단, 조금 모르겠다고 바로 script를 참조하면 안 된다. 들릴 때까지 계속 듣고 정 모르면 그때 script를 참조해야 한다. listening의 경우 교재마다 편차가 거의 없으므로 아무거나 들어도 상관 없다.

② Script 외우기

토플 script 즉 내용을 아예 외우는 것도 좋은 방법이다. 토플 문제가 다 비슷비슷하므로 몇 회분 정도의 script를 아예 외운다면 문제 풀 때 상당한 도움이 될 것이다.

③ 받아쓰기

책상에 앉아서 공부할 시간을 할애할 수 있는 사람이라면 받아쓰기를 권하고 싶다. 단순히 문제를 맞추는 것이 아니라 문장 전체를 받아쓰다 보면 발음 하나하나에 신경이 쓰여 listening 실력이 많이 향상될 것이다.

④ Listening 학원 수강

학원에 다니는 것도 좋은 방법이다. 혼자서 공부하기 힘들면 학원에 다녀라. 나는 박정어학원에서 listening을 수강했다. 다녀본 결과 약 두 달간은 확실히 배울 것이 있었다. 토플 listening의 일반적인 경향이라든지, 말투에 따른 정답 고르는 법 등이 그것이다. 혼자 listening 공부를 하기 힘들어 하는 사람들은 학원에 다니면서 공부하는 것이 매우 효과적이다. 그러나 모든 공부가 그러하듯이 listening도 학원 강의에는 한계가 있음을 명심하자.

이 책을 읽는 여러분의 경우 CBT를 볼 것이므로 이전 PBT 테크닉은 사용할 수 없다. PBT에서는 한 문제를 풀고 다음 문제가 나오기 전에 선택지를 보면 무슨 내용이 나올 것인지 예상할 수 있었다. 그러나 CBT에서는 이런 테크닉을 전혀 사용할 수 없다.

수험자 입장에서 CBT와 PBT의 차이점은 CBT에서는 본인이 생각할 시간을 어느 정도 가질 수 있다는 것이다. PBT의 경우 문제마다 시간이 정해져 있으므로 어려운 문제나 쉬운 문제나 동일한 시간 내에 풀어야 했다. 그러나 CBT에서 어려운 문제를 풀 경우에는 어느 정도 생각할 시간을 확보할 수 있다.

또한 PBT의 경우 한 문제의 정답을 표기한 후 남은 시간을 활용해 다음 문제를 읽어 보고 어느 정도 내용을 가늠하고서 문제를 들을 수 있었으나, CBT의 경우에는 정답을 체크함과 동시에 다음 문제로 넘어감으로써 이러한 테크닉은 사용할 수 없다. 하지만 CBT는 헤드폰을 통해 시험을 보기 때문에 음질 문제는 해결될 것이다. PBT에 비해 달라지는 내용은 마치 토익 L/C 문제처럼 사진을 보며 푸는 문제가 있다는 것이다.

이제 실제 시험 화면을 보며 앞서 이야기한 사항을 되짚어 보자.

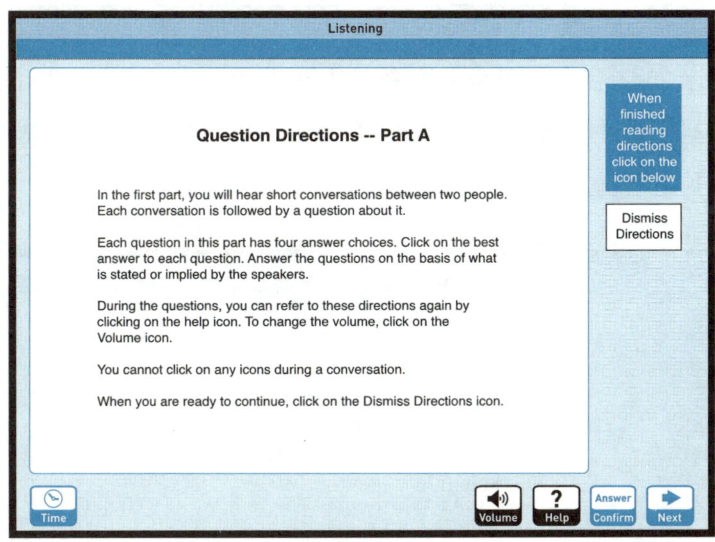

이 화면은 Listening 파트의 시작 화면이다. 수험자가 상기 화면의 오른쪽 상단에 있는 Dismiss Directions 버튼을 눌러야 시작한다.

다음 화면은 시험의 시작 화면이다. 토익처럼 정지 화면을 보면서 시작한다. 즉 지문이

읽혀지는 동안 수험자는 전혀 문제를 볼 수 없다. 따라서 문제를 빨리 풀고 다음 문제를 먼저 읽는 테크닉은 쓸 수가 없다. 이렇게 문제를 듣고 나면 다음 화면이 나오면서 문제가 아래의 순서로 나온다.

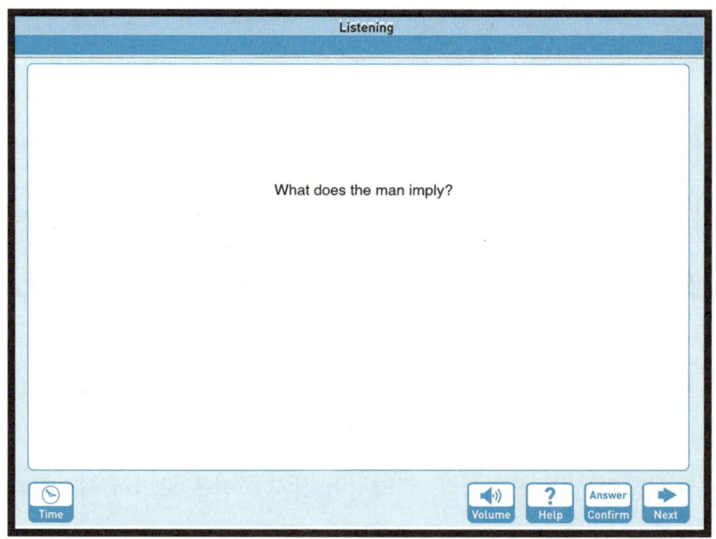

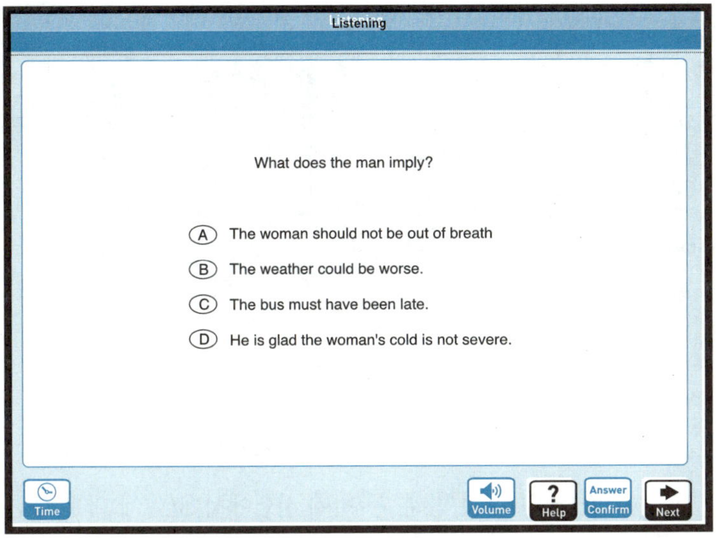

Listening

What does the man imply?

(A) The woman should not be out of breath

(B) The weather could be worse.

(C) The bus must have been late.

(D) He is glad the woman's cold is not severe.

Time　Volume　Help　Answer Confirm　Next

이제 수험자는 본인이 생각한 답을 고르면 된다. 정해진 시간이 없으므로 충분히 시간을 할애할 수 있다. 그러나 한 문제에서 많은 시간을 소비하면 다음 문제에서 시간이 부족할 것이다. 즉, 앞 문제에서 시간을 많이 소비할 경우 문제를 끝까지 못 풀게 되는 경우가 발생한다.

2) Section 2 : Structure

이 글을 읽는 여러분 중 상당수가 토플의 세 섹션 중 S/W를 가장 쉽게 느낄 것이다. 나 역시 가장 편하게 생각했다. 그러나 한 가지 중요한 사실이 있다. 다른 섹션에 비해 쉬운 것과 점수를 잘 받는 것은 별개라는 사실이다. 사실 이 S/W를 잘 보지 못한다면 고득점 받기는 어렵다. 잘 본다는 것은 당연히 만점인 68점 정도를 말한다. 나의 S/W 점수 분포를 보면 다음과 같다.

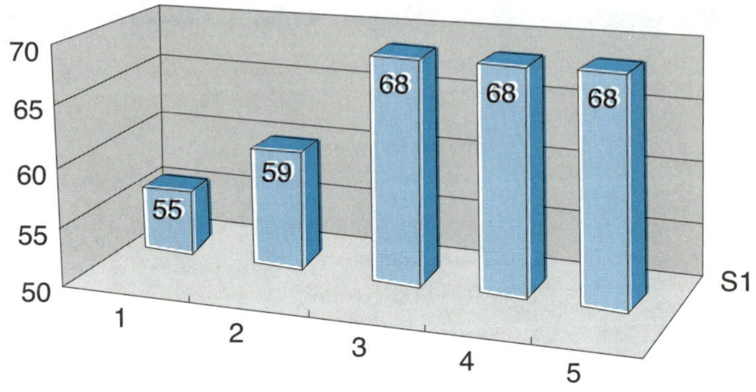

보다시피 점수가 많이 올랐다. 55점에서 68점 만점으로 올랐으며, 마지막 3회 시험은 연속으로 68점을 기록했다. 앞선 첫 번째, 두 번째 시험에서 S/W에 대한 자신감이 없었던 것은 아니다. 나중에 생각해 보니 체계적인 공부 없이 그저 많이 했으니 당연히 잘 볼 것이라는 안이한 생각이 점수를 깎아내린 것 같다.

그럼 어떻게 하면 S/W 점수를 올릴 수 있을까. 우선 체계적으로 문법을 공부해야 한다. 나 역시 그랬지만 많은 사람들이 문법을 감으로 풀려고 한다. 물론 영어의 감이 있는 사람이라면 문제만 풀면서 공부해도 어느 정도 고득점을 올릴 수 있다. 그러나 만점은 감만 가지고는 힘들다. 토플 공부를 시작할 때 문법책을 하나 골라서 전체 내용을 훑어보는 것이 좋다. 이 과정에서 학원을 다니는 것은 전적으로 각자의 선택이다. 문법이 조금 약한 사람은 학원에 다니는 것이 좋다. 나의 경우 특별히 학원에 다닐 시간도 없었고, 문법에 어느 정도 자신이 있었으므로 혼자서 공부했다. 혼자서 공부하는 경우 첫 번째로 부딪치는 문제가 교재 선택이다. 시중에 나온 문법책에는 다음과 같은 것들이 있다.

교재(문법책)

① OOO 토플

토플의 모든 것을 커버하려는 의욕이 조금 지나쳐 너무 방대한 분량이라는 것이 단점이다. 구성은 명사, 형용사, 분사 등 천편 일률적이다. 이러한 구성으로 실제 토플에 대비하기란 어렵다. 주로 예외적인 내용을 강조하면서 실제로는 필요 없는 내용들이 많이 실려 있다. 하지만 그로 인한 장점도 있어 문제를 풀다가 해결하기 힘든 경우 이러한 책들을 참조하면 된다. 즉 공부하는 교재보다는 사전처럼 모르는 것이 있을 때에만 참고하는 것이 좋을 듯하다.

② 하이네만

정리가 간단하게 잘 되어 있고, 분량이 그리 많지 않으므로 빠른 시간 내에 볼 수 있다. 하지만 영어로 되어 있어 머리에 쏙쏙 들어오지 않고 간단하기 때문에 많은 부분을 놓칠 수 있다.

③ 각종 학원 교재

가장 추천할 만한 교재들이다. 학원마다 차이가 있겠지만 웬만한 학원이라면 기타 교재에 비해 실제 시험 경향을 잘 파악하고 있다. 내가 공부한 책은 박정 어학원에서 출판한 《비법 누설》이었다. 중학교 이후 매우 많은 문법책을 보아 왔고, GMAT를 공부하면서 문법도 많이 공부한 나에게 이 책은 매우 신선하게 다가왔다. 우선 문법을 분류해 놓은 체계가 기존의 문법책과 달랐다. 즉, 실제 자주 출제되는 문제 유형을 분류하고 각 유형별 문제 내용과 해당 문법을 정리하였다.

이렇게 선택된 문법책을 통해 나름대로 문법을 정리한 뒤, 반드시 문제를 통해 부족한 부분을 보충해야 한다. 만약 이렇게 실제 문제를 통한 정리가 없다면 보통 자신이 중요하다고 생각하는 부분만을 정리하므로, 소홀해지는 부분이 많을 것이다. 나의 경우에는 문법을 정리하는 데 2주, 문제를 푸는 데 3주의 시간을 들였다. 2주 동안 내가 푼 문제는 S/W 40여 회분이었으니 상당히 많은 양을 단기간에 푼 것이다. 이 책을 읽는 여러분도 시간을 오래 끌지 말고 단기간 내에 집중하여 문제를 많이 풀어 봄으로써 자신의 부족한 부분도 메우고, 실전 감각도 키우기를 바란다. 내가 풀었던 문제집은 다음과 같다.

문제집

① ETS PRACTICE KIT

토플을 준비하는 사람에겐 바이블과도 같은 존재이다. 그러나 영어를 체계적으로 정리한 책은 아니고 실제 시험 몇 회분을 모아 놓았을 뿐이다. 또한 정답만 있고 해설이 없으므로 어느 정도 실력이 되지 않으면 보기 힘들다. 정 혼자서 보기 힘들다면 몇 명이서 스터디를 해서라도 꼭 보기를 권한다.

② 반석 토플 문법 문제집

12회분의 문제로 구성되어 있다. 나름대로 정리해 놓은 문제들을 각 12회분으로 중복되지 않도록 구성하여 전체 문법 문제를 고루 접할 수 있도록 했다. 또한 해설이 체계적이라서 상당히 많은 내용을 정리할 수 있다.

③ 시사 영어사 실전 문제

총 10회분으로 구성되어 있다. 해설이 있어 혼자 공부하기 쉽다. 전체적으로 평이한 내용이지만 비교적 좋은 편이다. 시중에는 LONGMAN이라는 이름으로 한 회분씩 팔기도 한다.

④ 하이네만

총 5회분이며 영어로 해설이 되어 있어 조금 이해하기 힘들다.

⑤ 실제 토플 시험 문제

인터넷상을 떠돌고 있는 자료들이다. 본인의 노력에 따라 많이 구할 수 있다. 해설은 없지만 매우 유용하다. 일반적인 시중 교재 문제보다 더 어려울 것이다.

⑥ 박정 어학원 실전 문제

총 20회로 구성되어 있으며 실전반 교재이다. 위의 여러 교재 (특히 ETS PRACTICE KIT 실전 문제 중심)들을 편집해 놓은 것이다. 해설이 없어서, 수업을 듣지 않을 경우 이해하기 힘들 수 있다.

이제 구체적인 문법 내용에 대해 살펴보도록 하자. 많은 문법 문제 중에서도 사람들이 쉽게 놓치는 중요한 내용들을 중심으로 정리해 보았다.

문법 정리

① 정관사 The

고득점을 받기 위해서 반드시 정리해야 한다. 대부분의 문법책에 나오지만 쓸데없이 자세한 내용이 많거나 또는 내용이 부실하여 잘 정리되지 않는다. 정관사는 상당히 높은 난이도에 속하는 만큼 고득점을 위해서는 필수적으로 정리해야 한다. 아래 내용을 숙지하고 문제를 통해 유형을 외우기 바란다.

● 특정한 것을 지적할 때

Please open the door. (이 경우 그 문이 어떤 문을 지적하는지 모두 안다.)

● 유일무이한 것

the sun, the world, the moon

The Moon went behind some clouds. (There's only one Moon.)

단, 만약 위의 내용들이 복수로 표현되었다면 the를 생략 한다. => Suns

Ex) The earth travels at a high rate of speed around sun.

Ⓐ travels  a high  of  around sun

● 시간과 장소의 표현 앞

the morning	the afternoon	the evening
the front	the back	the center
the beginning	the middle	the end
the top	the bottom	
the past	the present	the future

cf. 단, at night에는 정관사가 붙지 않는다.

Ex) Slag consists of waste materials and impurities which rise to top of melted metals.

 waste  which  to top Ⓓ melted metals

At beginning of the Civil War, Matthew Brady was authorized to
(A) (B)

accompany the Union Army and take photographs.
(C) (D)

● 전체 종류를 대표할 때, 동물 · 식물 · 악기 · 발명품 또는 신체의 일부

The tiger is the largest cat.

My favorite tree is *the oak*.

The Wright Bothers invented *the airplane*.

The oboe is a woodwind instrument.

The heart pumps blood.

Ex) While studying the chemistry of human body. Dr. Rosalyn Yalow
(A) (B)

won a Nobel Prize for the research she conducted on the role of
(C)

hormones.
(D)

● 서수사(an ordinal number) 앞

the first, the fourth chapter, the seventh volume

Ex) Rose Bird was a first woman in the history of California to serve
(A) (B) (C)

one the State Supreme Court.
Ⓓ

● decades and centuries 앞

the 1930's, the 1800's, the fifties, the twenty-first century

Ex) During early nineteenth century, the building of canals and railroads
Ⓐ ✓ Ⓑ
strengthened the state of Indiana's links with the eastern United States.
Ⓒ Ⓓ

Jane Adams was a dedicated American social worker of early
Ⓐ Ⓑ ✓
twentieth century who received the Nobel Prize.
Ⓒ Ⓓ

The development of professional sports in the United States dates
Ⓐ Ⓑ Ⓒ
back to nineteenth century.
Ⓓ ✓

● 최상급 앞

the widest river, the most important decision

Ex) Marble has been a preferred (A) stone for decorative (B) work in buildings from very (C) earliest ages (D).

Grandfather Mountain, highest (A) mountain in the (B) Blue Ridge mountain range (C), is in (D) North Carolina.

Hereford cows (A) are one of most common (B) breeds of cattle (C) raised for beef (D).

● 한정사 표현 : 한정사 + of + the + 명사

- many of the textbooks
- some of the water
- all of the people
- not much of the paper
- most of the students
- a few of the photographs

아래처럼 of the 없이 쓰일 수도 있다.

- many textbooks
- some water
- not much paper
- most students

- all people
- a few photographs

Ex) The most asteroids are beyond the orbit of the planet Mars.
(The most = Ⓐ ✓, are = Ⓑ, the = Ⓒ, the planet = Ⓓ)

- **a group of people or a nationality의 이름 앞**

cf. 언어 이름 앞에는 정관사를 쓰지 않는다.

The Swedish are proud of their ancestors, *the Vikings*.

She learned to speak *Swedish* when she lived in Stockholm.

- **The + 형용사 = '이러 저러한 사람들(people who are)' 이란 뜻의 복수명사가 됨**

Both *the young* and *the old* will enjoy this movie.

The poor have many problems.

Ex) Arthritis, a painful swelling of the joints, is often associated with elderly people, but can afflict young as well.
(a painful = Ⓐ, the = Ⓑ, with elderly = Ⓒ, young = Ⓓ ✓)

- **of에 의해 수식되는 학문 이름. 단독으로 쓰일 경우 정관사 없이 씀**

The literature of the twentieth century	literature
The history of the United States	American history

Ex) The astronomy is the oldest science, but it continues to be at the forefront of scientific thought.
(A) The astronomy ✓ (B) science (C) continues (D) at

Richard Byrd was the first person in the history to fly over the North Pole.
(A) the first (B) the history ✓ (C) over (D) the

- 국가, 주, 도시 등의 공식 이름 앞(일반적으로 of로 수식됨). 보통 이름은 정관사 없이 씀
  - The United States of America　　America
  - The state of Montana　　Montana
  - The city of Philadelphia　　Philadelphia

- 복수형의 지정학적 이름 앞
  - The Great Lakes
  - The Rocky Mountains
  - The Hawaiian Islands

Ex) In winter, he prefers skiing in Rocky Mountains to swimming in the Gulf of Mexico.
(A) In winter (B) in Rocky Mountains ✓ (C) to swimming (D) in the Gulf

② 동사에 밑줄이 그어져 있는 경우

Longer Conversation에 해당하는 문제의 경우 만약 동사에 밑줄이 그어져 있다면 아래 사항을 체크해 보고, 만약 틀린 게 없다면 다른 부분을 체크하면 된다.

● 주어가 단수인지 복수인지 확인하여 수 일치가 맞는지 확인할 것

● 시제가 현재인지 과거인지 확인할 것(내용상 특정 부사 등에 의해 현재 또는 과거로 시제가 확실한데, 동사의 시제가 이와 불일치할 수 있음)

Ex) The Havard College awards engineering degrees as early as 1837.

↳ as early as 1837이라는 시간 부사구가 있으므로 과거형으로 표현해야 한다.

● 의미상 맞는 단어인지 확인할 것(상기 내용은 맞으나 적당하지 않은 동사를 사용할 수 있으므로 주의해야 함)

Ex) Thunder can be listened.

↳ listened는 어떤 소리를 이해하려고 주의깊게 귀를 기울이는 것을 말하는데, 이 경우에는 주의 집중의 의미를 포함하지 않는 경우이므로 heard가 낫다.

③ 지난 '몇 년 동안' 이란 표현의 시제

for the past 10 years/months/days와 같은 부사구의 경우 지난 10년 간이므로 과거 시제로 생각하기 쉬우나, 현재를 포함한 지난 몇 년 간의 뜻이므로 현재완료와 함께 사용한다.

Ex) Alliance marketing is the aspect of business management that <u>has been</u> most prominent <u>for the past 8 years</u>.

④ That 절이 주어인 경우

That 절은 명사 역할을 하며 문장에서 주어, 목적어, 보어 등으로 사용된다. 그러나 대부분의 경우 문장이 that으로 시작하는 게 어색한 것 같아 답을 고르기 어렵다. 만약 문장 안에 동사가 두 개 있을 경우 that절이 주어나 기타의 경우로 사용되는 경우가 아닌지 확인해 보아야 한다.

Ex) ________ economy and astronomy may be regarded as fundamental aspect of thought is indicated by their apparent university.

Ⓐ Both are

Ⓑ What both

Ⓒ Both

Ⓓ That both

동사가 둘 존재

이 경우 이미 문장 안에 동사가 둘 있으므로 하나의 동사는 that 절 안으로 들어가야 나머지 문장이 맞게 된다. 고로 답은 D가 맞다.

만약 여기서 조금 더 문제를 어렵게 만들고자 한다면 아래와 같이 할 수 있다.

Ex) ________ description occurs in ballads is brief and conventional.

Ⓐ Some

Ⓑ Every

Ⓒ That

Ⓓ Whatever

위 글은 해석하자면 '발라드에서 무엇이 묘사되든지 그것은 간결하며 전통적이다.' 이다. 우선 동사가 두 개(occurs, is) 있으므로 명사절이 주어인 구문임을 알 수 있다. 그러나 위 문장의 경우 첫 번째 예제와 달리 문장이 말이 되기 위해서는 description을 꾸며줄 형용사가 필요하다. 따라서 명사절을 이끌 수 있는 that, whatever 중에서 형용사를 수식할 수 있는 D가 답이 된다.

⑤ All, Each, Every

시험에 많이 나오는 부분이며 확실히 정리해 두어야 한다.

All	Each	Every
합의 개념일 때 사용	개별의 개념일 때 사용	
복수로 받음	단수로 받음	
	2개 이상일 때 사용	3개 이상일 때 사용
	형용사/대명사로 사용	형용사로만 사용

단, all이 추상적인 양의 개념으로 쓰일 때는 단수로 받을 수 있다.

Ex) All that I can do is love you.

⑥ another/other/any other

각각 결합되는 명사의 수가 다르므로 이를 숙지하고 문제를 풀기 바란다.

another + 단수 명사 / other + 복수 명사 / any other + 단수 명사

⑦ Redundancy

기존의 토플 문법에는 자주 등장하지 않던 내용이지만 최근에는 출제 빈도수가 높아지고 있다. 자체의 난이도도 비교적 높은 편이지만, 대부분의 경우 이러한 문제 유형이 있는지 몰라 틀리는 경우가 많으므로 잘 정리해 두어야 할 필요가 있다.

Ex) Lanolin does not easily react readily with it.

위 문장에서 easily와 readily는 같은 뜻으로 반복될 이유가 없다.
자주 출제되는 내용으로는 다음과 같은 것들이 있다.

- Usually, always → 둘 중 하나만 사용
- equally, as well as → 둘 중 하나만 사용
- return, back → return 안에 back의 의미 포함되어 있으므로 return만 사용
- new, innovation → innovation 안에 new의 의미 포함되어 있으므로 innovation만 사용
- repeat, again → repeat만 사용
- sufficient, enough → 둘 중 하나만 사용
- advance, forward → advance만 사용
- original, first → 둘 중 하나만 사용
- perhaps, may → 둘 중 하나만 사용
- at that time, when → 둘 중 하나만 사용

⑧ The 비교급, the 비교급

뜻을 모르는 사람은 없을 것이다. 토플에서 가끔 문제로 나오는 경우는 앞절과 뒷절의 형태의 동일성 구조이다. 반드시 아래의 구조로만 구성되어야 한다.

The 비교급 + 절, the 비교급 + 절

The 비교급 + 명사, the 비교급 + 명사

Ex) The more arid the continent, the less the amount of annual precipitation ___________.

Ⓐ runs off that

Ⓑ runs it off

Ⓒ that runs it off

Ⓓ that runs off

위 문제에서 앞 절이 The 비교급 + 명사 구조이므로 반드시 뒷 문장도 그래야 한다. 이를 만족시키는 D가 답이다.

⑨ ago와 before

둘 다 '~전' 이라는 의미는 같으나, ago는 현재 시점에서의 '~전' 을 말하며, before는 과거 시점에서의 '~전' 을 말한다.

Ex) In 1984 the world population rose to over 3 billion, up almost 85 million from an estimate made a year ago.

└→ rose로 보아 시제가 과거임을 알 수 있으며, 과거 시점에서의 '~전' 을 말하므로 before를 써야 한다.

⑩ '~도 ~도 아니다'의 표현

보통 not ~ or ~가 쓰이나 아래의 표현도 동일한 표현이니 외워 두기 바란다.

not ~ or ~ = not ~ and not ~ = not ~ or ~ = not ~ nor 도치

⑪ 도치 구문

토플에서는 도치 구문이 상당히 많이 나온다. 아래의 경우에 주로 도치가 일어나니 잘 외워 두기 바란다.

● not only, not until, never, hardly, at no time 등의 부정어가 문두에 올 때

Ex) Nowhere have I seen something like that.

● 장소를 나타내는 부사(구)가 문두에 올 때

Ex) In the desk was the pencil.

● 조건절에서 if나 unless가 생략된 경우

Ex) Did she ask him, he would sure go there.

● Only + 시간을 나타내는 말이 올 때

Ex) Only after her friend told her, she knew that somebody else was with her.

● So, little, few, such가 명사를 수식하지 않고 문장 맨 앞으로 올 때

Ex) So great was her love for her children that she sacrificed everything for them.

⑫ one of the 명사 구문

one of the 명사 구문에서 명사는 반드시 복수여야 한다.

⑬ 전치사가 필요 없는 자동사들

아래의 동사들은 타동사임에도 불구하고 자동사로 생각되어 전치사와 결합된다고 착각하기 쉬운 단어들이다.

> reach, approach, marry, discuss, accompany,
> enter(단, '들어가다' 의 뜻일 때만), leave, resemble

⑭ 연도에 관한 표현

아래의 두 표현은 헷갈리기 쉬우나 뜻이 전혀 다르므로 구분해야 한다.

- in 1860 : 1860년도에
- in the 1860's : 1860년대에

⑮ 비교급을 수식하는 부사들

비교급을 수식하는 부사들에는 much, still, far, even 등이 있으며 이들은 같이 사용되지 않는다. 아래의 예문을 보면 이 내용이 어떻게 문제에 적용되는지 알 수 있다.

Ex) _____ much faster rainbow may be visible.

Ⓐ A

Ⓑ Since

Ⓒ Still

Ⓓ Far

이 문제에서 우선 since는 문장이 완성되지 않으므로 답이 아니고, far와 still은 이미 비교급 faster를 much가 수식하고 있으므로 답은 A가 된다.

⑯ 명사의 순서

토플에서는 두 개의 명사가 나열되어 있을 때 그 순서를 바꾸어 놓는 경우가 종종 있는데, 이런 문제 유형이 있다는 것을 미리 파악하지 않으면 놓치기 쉽다.

Ex) ~ damage property ~

여기서 말하고자 하는 것은 '재산 상의 손해' 를 말하는 것이지, '손해 재산' 을 말하는 것이 아니다. 따라서 property damage로 고치는 것이 맞다.

⑰ 병렬 구문(Parallel Structure)

이러한 유형의 문제는 GMAT에서는 매우 중요하나 토플에서는 자주 출제되지 않는다. 하지만 언제나 난이도가 높은 부분에서 출제되므로 잘 알아 두기 바란다.

and, or, but 등 앞뒤가 대칭되는 구문에서 앞뒤 요소들은 가능한 한 균형을 이루도록 해야 하며 이를 병렬 구조라 한다.

예를 들면 'I don't like to swim and playing tennis.' 보다는 'I don't like swimming and playing tennis.' 가 맞다. 특히 형태는 동일하나 품사가 다른 경우 매우 어려운 문제가 된다.

Ex) Bankruptcy legislation <u>is desired</u> (A) <u>to provide</u> (B) an <u>orderly</u> (C) and <u>equitably</u> (D) liquidation of the estate of an insolvent debtor.

and 앞뒤의 형태가 동일해 병렬 구조가 잘 되어 있는 것처럼 보인다. 그러나 orderly는 형용사이지만 equitably는 부사이므로 뒤의 liquidation을 수식하지 못한다. 따라서 형용사형인 equitable로 바뀌어야 한다. 정리하면 다음과 같다.

명사 + ly = 형용사
형용사 + ly = 부사

3) Section 3 : Reading

사실 Reading도 쉽게 점수를 올릴 수 있는 부분이 아니다. 물론 우리 나라 사람의 경우 지속적으로 독해 문제를 접해 왔기 때문에 친숙하긴 하지만, 단어도 많이 알아야 하고 주어진 시간 내에 빨리 읽고 내용을 파악해서 문제를 풀어야 하기 때문에, 만약 점수가 잘 나오지 않는 사람이라면 상당히 고민될 것이다. 게다가 독해는 다른 사람의 지식을 전달받기보다는 지속적으로 영어 문장을 읽으면서 자신만의 노하우를 키워야 하는 것이기 때문에, 특별한 노하우가 없는 한 점수를 향상시키기 어렵다.

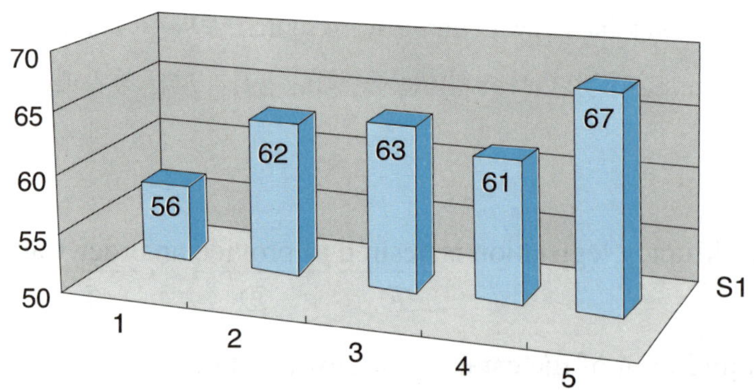

나의 경우는 GMAT 시험을 준비했는데 이 시험의 Reading 난이도가 워낙 어려워서 준비를 많이 하지 않으면 좋은 점수를 받을 수 없을 것 같았다. 그래서 다른 토플 수험자들에 비해 Reading 준비를 비교적 많이 한 편이다.

나의 점수 분포를 보면 점수의 지속적인 향상이 있었고, 또한 마지막 시험에서 많이 향상되어 67점을 받았다. 바로 이 시기에 나는 독해를 위해 엄청난 노력을 하였다.

기존 PBT의 경우 시험 난이도가 그리 높지 않고, 또한 문제 순서도 지문의 내용 전개와 같다. 이러한 이유 때문에 문제를 먼저 읽고 해당하는 답이 나올 때까지 지문을 읽다가 답이 나오면 체크하고, 또 다음 문제 역시 같은 요령으로 풀면 되었다. 따라서 거의 모든 수험자가 이러한 패턴에 맞추어 독해 연습을 했다. 그러나 이러한 방법이 독해력을 높이지 못한 결정적인 이유라고 본다.

실제 독해 실력이란 주어진 문장을 최대한 빨리 읽고 그 내용을 정리하여 기억하는 능력이다. 즉, 독해 연습의 초점은 주어진 지문을 읽고 문제를 풀되, 지문으로 다시 돌아가는 횟수를 최대한 줄이도록 하는 것이다. 이러한 노력 없이 독해 능력의 향상 또는 Reading 점수의 향상을 기대하기란 힘들다. 그러므로 이 책을 읽는 여러분들은 주어진 문장을 읽고 그 문장의 주제, 키워드, 내용을 파악하고 기억하는 훈련을 해야 한다. 이러한 능력을 향상시키는 데는 다음과 같은 방법이 있다.

영어로 된 잡지 읽기

이때 주의해야 할 점은 본인이 이해할 수 있는 수준에 맞추어 읽는 것이 아니고, 그 한계를 넘어선 속도로 읽는 것이다. 물론 처음에는 이해가 잘 되지 않지만 지속적으로 읽다 보면 조금씩 이해가 될 것이다. 또한 이 연습을 할 때에는 이해가 안 된다고 해서 다시 읽거나 할 필요가 없다. 사전도 찾을 필요가 없다. 읽을거리는 무한히 많으므로 지속적으로 새로운 문장을 접하는 것이 중요하다.

한 번 읽은 문장을 여러 번 읽어 이해하거나, 사전을 찾아가며 천천히 분석하여 문장 내용을 파악하는 것은 실제 시험 볼 때에는 도움이 되지 않는다. 실제 시험장에서 지문을 두 번 이상 읽을 시간이 있는가? 전혀 없다. 따라서 처음 보는 문장을 한 번에 이해하는 방법을 터득해야 한다. 영자 신문이나 《Newsweek》 등의 잡지를 이용하면 된다. 그러나 이러한 것들은 읽기에 결코 쉬운 내용이 아니므로 본인에게 적합한 책을 찾는 것도 좋은 방법이다.

지문 읽고 내용 기억하기

이 방법은 단기간 내에 독해 능력을 향상시키는 데 상당한 효과가 있다. 방법은 간단하다. 지문 내용을 정리하여 기억하는 훈련으로, 지문을 읽고 그 내용을 종이에 써보는 것이다. 전체 내용을 다 쓰기에는 벅차므로, 처음에는 한 문단씩 읽고 그 내용을 종이에 쓴다. 이렇게 문장 내용을 쓰는 것은 읽은 문장의 내용을 기억하는 훈련이다. 이렇게 문단별로 나누어 읽고 쓰다 보면, 읽을 때 쓰기 위해 머리 속으로 정리하여 읽는 습관이 생긴다.

이렇게 한 문단씩 쓰면서 정리하는 습관을 기른 뒤에는, 한 문단을 읽고 10초 정도 읽은 내용을 머리 속으로 정리하는 연습을 한다. 쓰는 것에 비해서 시간도 짧고 머리 속으로만 하므로 정리가 잘 안 될 테지만, 이 10초 동안의 정리가 전체 문장을 이해하고 기억하는 데 결정적인 역할을 한다.

독해의 핵심은 읽은 문장의 주제를 파악하는 것인데, 대부분의 수험자들은 문장의 주제를 파악하기보다는 한 문장 한 문장 해석하는 데 주안점을 둔다. 이러한 습관은 버리는 것이 좋다.

이제 문단의 주제, 키워드를 파악하는 훈련을 함께 해보도록 하자. 아래의 예문을 읽고 주제와 키워드를 파악해 보자. 단, 한 문단에 1분씩 전체 2분의 시간을 지키기 바란다.

By the time the American colonists took up arms against Great Britain in order to secure their independence, the institution of Black slavery was deeply entrenched. But the contradiction inherent in this situation was, for many, a source of constant embarrassment. "It always appeared a most iniquitous scheme to me," Abigail Adams wrote her husband in 1774, "to fight ourselves for what we are daily robbing and plundering from those who have as good a right to freedom as we have."

Many Americans besides Abigail Adams were struck by the inconsistency of their stand during the War of Independence, and they were not averse to making moves to emancipate the slaves. Quakers and other religious groups organized antislavery societies, while numerous indi-viduals manumitted their slaves. In fact, within several years of the end of the War of Independence, most of the eastern states had made provisions for the gradual emancipation of slaves.

위 글의 주제를 파악했는가? 아래 내용에 근접했다면 성공이다.

'독립 전쟁으로 많은 미국인들에게 노예 제도의 모순이 노출되었고, 이는 그 모순을 해결하기 위한 노력으로 이어졌다.'

자, 그럼 이제 위 글의 키워드를 찾아보자.

By the time the American colonists took up arms against Great Britain in order to secure their independence, the institution of Black slavery was deeply entrenched. But the contradiction inherent in this situation was, for many, a source of constant embarrassment. "It always appeared a most iniquitous scheme to me," Abigail Adams wrote her husband in 1774, "to fight ourselves for what we are daily robbing and plundering from those who have as good a right to freedom as we have."

Many Americans besides Abigail Adams were struck by the inconsistency of their stand during the War of Independence, and they were not averse to making moves to emancipate the slaves. Quakers and other religious groups organized antislavery societies, while numerous individuals manumitted their slaves. In fact, within several years of the end of the War of Independence, most of the eastern states had made provisions for the gradual emancipation of slaves.

이러한 것들일 것이다. 물론 읽는 사람에 따라서 조금씩 바뀔 수 있다. 어쨌든 이렇게 읽은 내용에 대한 주제를 파악하고, 키워드를 정리하는 것은 독해 실력 향상에 엄청난 도움을 준다. 특히, 키워드를 찾는 연습은 문장의 전체 내용 중 주요 부분을 따로 분리하여 정리하도록 도와줄 것이다.

한 번 더 해보자. 아래의 문장을 1분 내에 읽고 핵심어를 찾아보자.

Of all the assumptions that in modern science, perhaps the most fundamental is the uniformity of nature. Although the universe is infinitely diverse, its basic workings appear to be the same everywhere. Otherwise, how could we ever hope to make sense of it? Historically, scientists presupposed uniformity on religious grounds. In this century, Albert

Einstein encapsulated it in his principle of relativity. As geologists and astronomers peered far beyond the domain of common experience, they saw no sign that nature behaved any differently in the distant past or in deep space.

무엇인가? 바로 uniformity이다. 자연의 모든 것의 기초가 uniformity이며, 이를 역사적으로 많은 분야의 전문가들이 증명하였다는 내용이다.

이제 CBT로 바뀌면서 변경된 내용과 그에 따른 대처 방안을 살펴보도록 하자. CBT Reading test는 아래와 같은 형식의 화면으로 시작할 것이다. 즉 문제 없이 지문만이 먼저 주어진다.

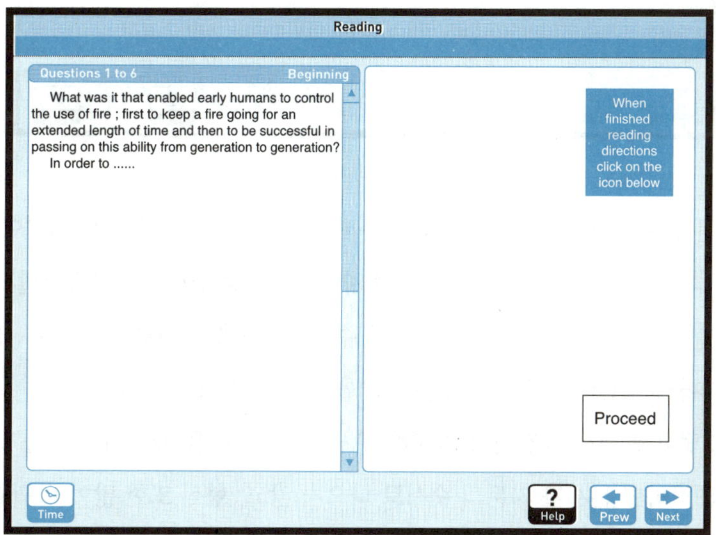

보는 바와 같이 전체 지문이 한 화면에 표시되지 못하므로 지문 오른쪽에 있는 스크롤 바를 이용해 지문을 내려가며 읽어야 한다. CBT에서 지문 이해를 어렵게 하는 부분 중 하

나이다. 따라서 수험자들은 사전에 컴퓨터를 통해 지문을 읽어 보는 훈련을 해야 한다.

수험자가 지문을 다 읽고 오른쪽 아래의 Proceed 버튼을 누르면 다음 화면으로 넘어간다.

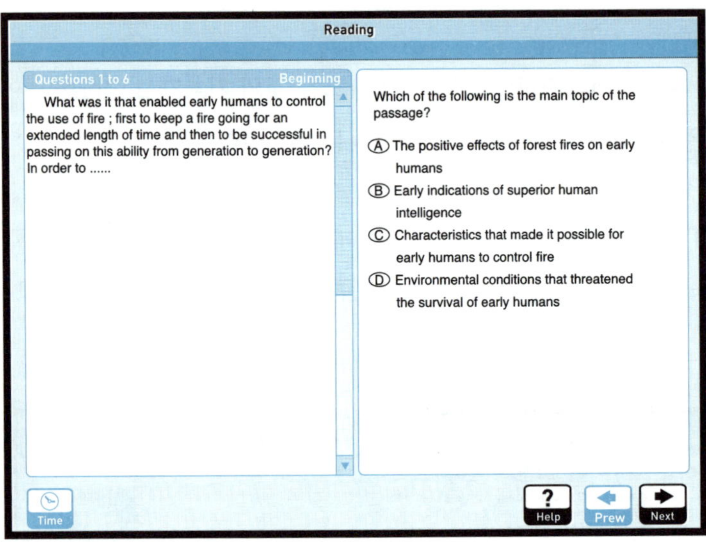

첫 번째 문제는 거의 전체 주제를 묻는 문제이다. 만약 CBT의 R/C 섹션이 다른 섹션처럼 한 번 지나간 문제는 돌아가서 다시 풀 수 없다면 상당한 문제가 발생할 것이다. 즉 전체 문장을 이해하지 않으면 처음 문제를 풀 수 없고, 다음 문제로 넘어갈 수 없기 때문이다. 그러나 다행히 R/C의 경우에는 앞문제로 돌아갈 수 있게 되어 있다.

그러나 그렇다고 해서 예전처럼 완전히 문제 읽고 답 나올 때까지 지문을 읽는 방법은 할 수 없다. 왜냐하면 문제가 지문의 순서로 나오지 않고, 형식 또한 많이 바뀌었기 때문이다. 그렇기 때문에 앞서 말한 지문 내용 기억하기 훈련이 절대로 필요하다.

Reading 문제 형식

① Select one of four choices

기존의 방식과 동일하게 4개의 답 중 하나를 고르는 문제이다.

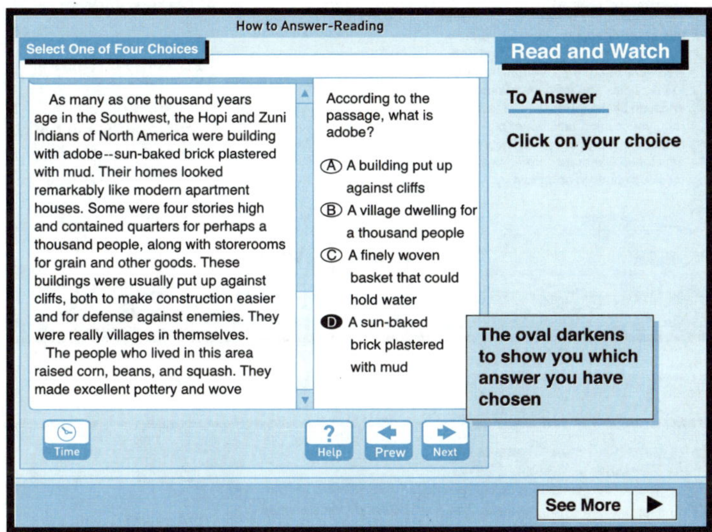

② Click on a word, phrase, or sentence

기존의 문제 중 대명사의 선행사 찾기, 해당 단어의 뜻과 비슷한 뜻의 단어 찾기에 해당하는 문제이다. 보기에서 고르는 것이 아니고 실제 지문에서 단어를 고르고, 지문에 답을 표기해야 하는 점이 다르다. 다음의 예를 보도록 하자.

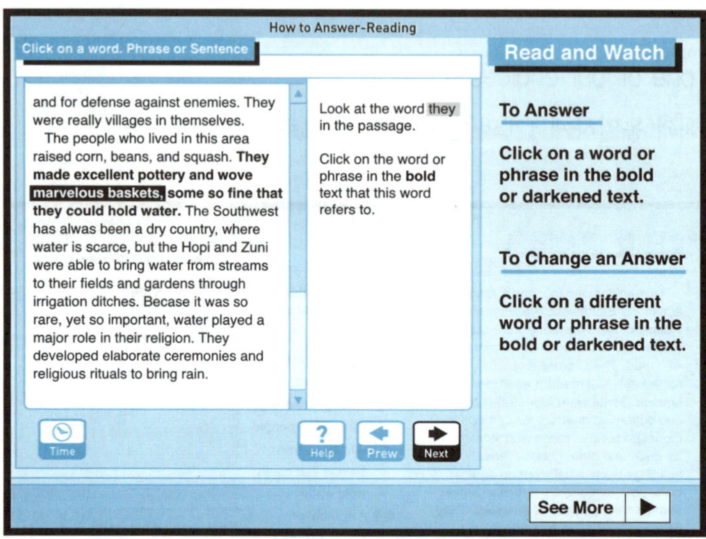
How to Answer-Reading
Click on a word. Phrase or Sentence
Read and Watch
and for defense against enemies. They were really villages in themselves.
The people who lived in this area raised corn, beans, and squash. They made excellent pottery and wove marvelous baskets, some so fine that they could hold water. The Southwest has alwas been a dry country, where water is scarce, but the Hopi and Zuni were able to bring water from streams to their fields and gardens through irrigation ditches. Becase it was so rare, yet so important, water played a major role in their religion. They developed elaborate ceremonies and religious rituals to bring rain.
Look at the word they in the passage.
Click on the word or phrase in the bold text that this word refers to.
To Answer
Click on a word or phrase in the bold or darkened text.
To Change an Answer
Click on a different word or phrase in the bold or darkened text.
Time
Help
Prew
Next
See More

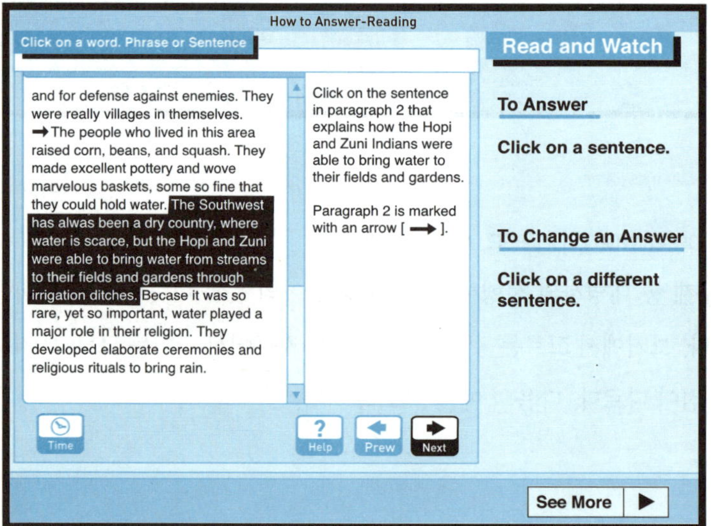
How to Answer-Reading
Click on a word. Phrase or Sentence
Read and Watch
and for defense against enemies. They were really villages in themselves.
The people who lived in this area raised corn, beans, and squash. They made excellent pottery and wove marvelous baskets, some so fine that they could hold water. The Southwest has alwas been a dry country, where water is scarce, but the Hopi and Zuni were able to bring water from streams to their fields and gardens through irrigation ditches. Becase it was so rare, yet so important, water played a major role in their religion. They developed elaborate ceremonies and religious rituals to bring rain.
Click on the sentence in paragraph 2 that explains how the Hopi and Zuni Indians were able to bring water to their fields and gardens.
Paragraph 2 is marked with an arrow [ ].
To Answer
Click on a sentence.
To Change an Answer
Click on a different sentence.
Time
Help
Prew
Next
See More

③ Add a sentence

주어진 문장이 어디에 들어가야 가장 적합한지를 물어 보는 문제이다. 오른쪽 창에 있는 문장을 왼쪽 창의 ■ 위치 중 가장 적합한 곳에 넣는 문제이다.

해당 위치를 마우스를 이용해 찍으면 오른쪽에 있던 지문이 끼여들어 가게 되어 있다.

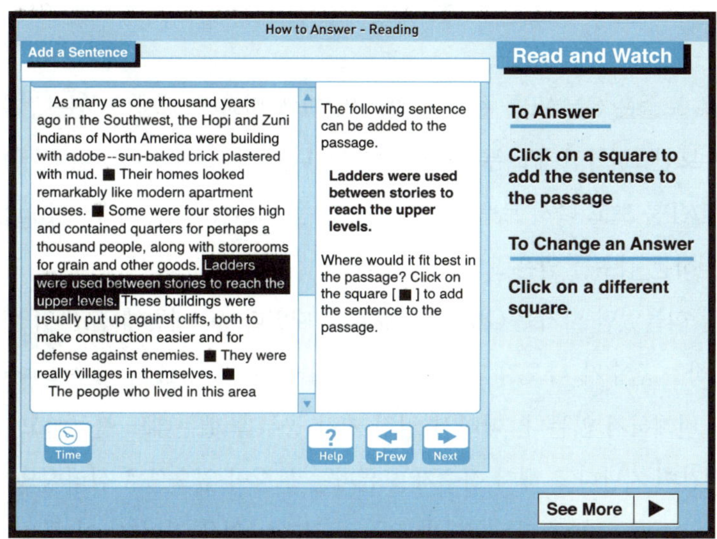

이상에서 보았듯이 새로운 유형의 문제들이 많이 출제된다. 따라서 수험자들은 바뀐 유형의 문제들을 숙지하고 연습해야 한다. 그러나 이때 주의해야 할 점은 앞서 말했듯이 CBT Reading 문제는 전체 문장의 내용을 파악하고 기억하지 않는 한 결코 풀기가 쉽지 않다는 것이다.

최선을 다하면 기쁨은 두 배 

나의 경우 토플은 GMAT를 준비한 후 보았기에 비교적 쉽게 원하는 점수를 얻었다. 그러나 따져 보면 그 이전에도 두 번이나 보았으니 마냥 쉽게만 받았다고 말하기는 힘들다. 또한 GMAT를 보고 나서 토플 보기 전 한 달 동안 Structure와 Writing을 아주 열심히 한 것도 원하는 점수를 얻은 요인일 것이다.

내가 가장 힘들었던 시기는 GMAT를 준비할 때였다. 몇 개월에 걸친 엄청난 노력에도 불구하고 원하는 점수가 나오지 않아 상당히 힘들었다. GMAT의 경우 노력하는 시간과 결과가 절대 비례하지 않는다. 따라서 일정 기간 공부를 했는데도 불구하고 점수가 나오지 않으면 시간이 지난다고 해서 점수가 오른다는 보장이 없으므로 심리적으로 매우 쫓기게 된다. 물론 그 때 만약 그만두었다면 오늘의 결과는 없을 것이다. 이 글을 읽는 여러분 중에는 원하는 점수가 안 나와 고민하는 사람이 있을 것이다. 그러나 고민은 문제를 해결해주지 않으며, 노력이 없다면 승리도 할 수 없다. 할 수 있다는 믿음을 가지고 끝까지 열심히 하는 자만이 최후의 승리자가 될 수 있을 것이다.

다음의 세 가지가 나의 토플 점수 향상에 많은 도움을 주었다.

첫째, 학교 다닐 때의 Listening 공부이다. 물론 59점 또는 60점이라는 별로 신통치 않은 점수이긴 하나 그 정도라도 받을 수 있었던 것은 시험에 닥쳐서 공부한 것이 아니라 학교 다닐 때부터 신경을 썼기 때문이다. 만약 Listening이 55점 정도라면 상당히 힘들었을 것이고, Structure와 Writing, Reading에 집중하기도 힘들었을 것이다.

둘째, 독해 능력 향상을 위한 나름대로의 방법이다.

문제를 통한 능력 향상보다는 잡지와 기타 지문을 통해 지문의 핵심을 파악하고 전체 내용을 기억하려는 훈련에 집중한 것이 독해 만점으로 이어진 것 같다. 대부분의 경우 실제 문제를 통해서 문제 유형에만 익숙해지려고 하는데, 이것은 근본적인 독해 능력 향상이 아닌 만큼, 되도록이면 많은 지문을 읽으면서 자신만의 독해 방법을 터득하기 바란다.

셋째, 많은 문제를 통한 Structure와 Writing 문제의 유형 파악이다.

체계적으로 초기에 문법을 정리한 것도 많은 도움이 되었지만, 여러 문제를 풀면서 부족한 부분을 채우고, 많이 실수하는 유형을 정리했던 것이 주효했다. 어느 정도 문제를 풀다 보면 자신이 특히 많이 틀리는 유형이 나타나는데, 그러한 유형은 다시 문법책 등을 통해 철저하게 자기 것으로 만들어야 한다. 나의 경우 정관사 문제가 상당히 까다로웠는데 문법책을 통해 정리함으로써 오히려 강점으로 만들 수 있었다.

시험을 보고 나면 점수가 우편 통보되는 것을 기다리지 못하고 언제나 전화를 통해 미리 확인해 보았다. 마지막에 647점을 받았을 때도 역시 전화를 통해 확인하였다. 사실 그 전에 이미 633점을 확보해 놓은 상태라 그리 큰 기대를 하지 않은 채 시험을 보았다. 그러나 놀랍게도 647점이라는 높은 점수가 나왔다. 점수를 믿을 수 없어 다시 확인하기까지 했다. 기대하지 않은 터라 기쁨은 두 배였다. 물론 MBA를 지원하는 사람 중 상당수 사람들이 나보다 높은 점수를 가지고 있을 것이다. 그러나 나는 내가 가진 실력을 최선을 다해 노력해서 발휘한 만큼 매우 만족스럽다.

마지막으로 지금 당장 토플을 준비하지 않는 사람이라도 미리미리 준비하라고 권하고 싶다. 특히 Listening이나 Reading의 경우 학교 다닐 때 준비하지 않으면 나중에 상당한 고민거리로 남게 된다. 만약 지금 토플을 준비중이라면 방법이야 이 책 여러 곳에서 찾을 수 있을 것이다. 하지만 그보다 더 중요한 것은 지금 이 시간 여러분의 경쟁자는 놀라운 방법으로 마치 고3처럼 공부하고 있다는 사실이다. 토플 고득점 또는 유학은 결코 평소 실력으로 얻을 수 있는 것이 아니다. 고로 다른 일이 힘들더라도 조금 더 힘을 내어 열심히 하기 바란다. 여러분의 앞날에 토플 고득점과 빛나는 미래가 펼쳐지기를 진심으로 기원하는 바이다.

어~ 이거 한 페이지 남네...
이런 식으로 한 번 더
등장하다니 쑥스럽구만.
범석아, 여기서 보니 얼굴이 잔뜩
긴장했구나. 이제 네 차례니까
잘 해보도록...

*05
BANG BEOM-SEOK

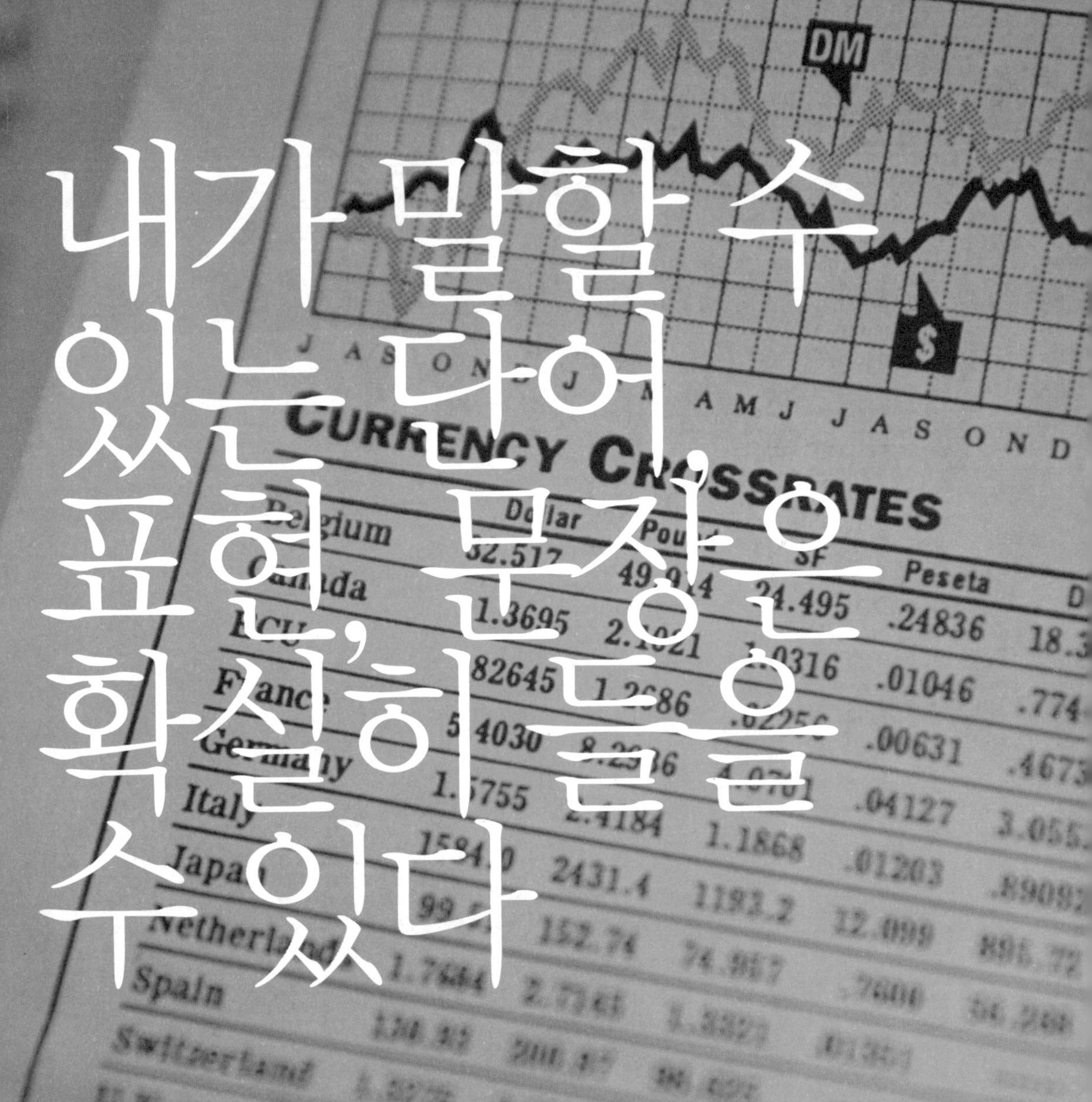

내가 말할 수 있는 단어, 표현, 문장은 확실히 들을 수 있다

연세대학교 기계공학과 졸업, 동대학원 기계공학과 석사 | 1996~2001 대기업 제조업체 및 IT 분야 벤처기업 근무
2001년 9월 현재 MIT, Sloan School (MBA) 재학 | 2001-2002년 로타리 클럽 단일학년 친선 사절 장학금 수혜 대상자

calvinbb@hanmail.net

다섯 번째 사람

방범석

난 사실 토플을 위해 따로 공부한 적이 한 번도 없다. 학원은 물론이고, 대학원 시험 공부를 위해 《아카데미 토플》을 한 번 본 것과 이 책에 언급된 교재를 본 것이 전부이다. 단, 어려서부터 미국 영화와 음악을 좋아했고, 대학교에서는 미국 교환학생들을 상대할 기회가 많았으며, 대학원 입학 영어 시험과 GMAT 공부를 하면서 나름대로 착실한 준비 과정을 거쳐 왔다.

Top business school을 목표로 

어려서부터 막연하게나마 유학을 동경했던 나는 토플이 유학을 위해 필요하다는 걸 알게 되면서부터 이 시험에 관심을 갖기 시작했다. 그래서 진로를 결정하기 전에도 한 번은 꼭 토플을 볼 기회가 있으리라고 항상 염두에 두고 있었다. 예전에는 토플 성적이 취직이나 승진 등을 위해서 필요하기도 했지만 지금은 많은 부분이 토익으로 대체되었고, 토플은 주로 미국 유학을 목표로 하는 사람들이 보는 시험으로 자리잡은 것 같다. 이제껏 토플을 볼 기회는 많았지만, 어차피 유효 기간은 2년밖에 되지 않으므로 지원 시점이 가까운 2000년 5월에서야 시험을 봤다.

* * *

난 사실 토플을 위해 따로 공부한 적이 한 번도 없다. 학원은 물론이고, 대학원 시험 공부를 위해 《아카데미 토플》을 한 번 본 것과 이 책에 언급된 교재를 본 것이 전부이다. 단, 어려서부터 미국 영화와 음악을 좋아했고, 대학교에서는 미국 교환학생들을 상대할 기회가 많았으며, 대학원 입학 영어 시험과 GMAT 공부를 하면서 나름대로 착실한 준비 과정을 거쳐 왔다. 특히 1993년부터 마지막 PBT가 치러진 2000년 여름까지 시험장에서 시험을 감독한 덕분에 100회에 가깝게 토플 시험을 직접 지켜보았다.

시험 감독을 하면서 L/C 섹션 문제를 따라서 풀어 보기도 하고, S/W도 풀어 보는 등 연습을 대신한 셈인데 나중에는 자신 없는 문제들이 한두 문제 정도였으므로 시험에 대한 걱정은 별로 없었다. 하지만 실제 시험에서는 생각보다 헤맸다. TWE는 연필로 답안을 작

성하는데 평소 typing만 하다 보니 어색해서 간신히 한 페이지 반 정도를 썼다. L/C도 앞에서 한 문제 놓치고, R/C는 단어 문제 하나를 별 생각 없이 썼다 틀리고, S/W도 평소보다 느낌이 안 좋았는데, 역시 기대 이하의 점수가 나왔다. 650점 정도는 충분히 받을 수 있다고 생각했기 때문에 그 이하면 시험을 다시 볼 생각이었으므로, 결국 내가 생각한 하한점을 받고 시험을 마치게 됐다.

내가 남들보다 영어를 잘 한다는 소리를 듣게 된 이유는 일단 영어에 관심이 있었고, 또 운도 좋았기 때문이다. 이제부터 준비해서 몇 달 안에 토플을 보려는 사람들에게 나의 준비 과정은 별 도움이 되지 않을지도 모르지만, 이렇게 준비하는 경우도 있다는 걸 참고하여 나름대로 도움이 됐으면 하는 바람이다.

* * *

확실히 요즘은 토플뿐만 아니라, 영어로 치러지는 유학 관련 GRE, GMAT, LSAT 등 지원자들의 모든 시험 성적이 과거 몇 년에 비해 현저하게 상승되었다. 학창 시절을 배낭여행, 어학 연수 등으로 보낸 90년대 학번 이상들이 이 시험들을 많이 볼수록 성적이 더 오르리라고 생각한다.

모든 사람들의 성적이 어느 정도 이상일 때 토플 점수 역시 어느 정도를 넘으면 더 이상은 문제가 되지 않는다. 물론 시험을 보지 않은 사람에게는 그 어느 정도라는 하한선이 상승한 것이므로 부담이 될 수 있을 것이다. 난 내 점수가 나를 나쁘게 보이게 할 리도 없지만, 두드러져 보이게 하지도 않을 것이라는 걸 알고 있다.

예를 들면 최상위 business school 중의 한 곳은 토플 607점인 지원자를 입학 전 language program에 등록하는 조건으로 입학시켰다. 물론 이 학교에는 토플 630점으로 지원해 탈락한 사람들도 수없이 많다. 다른 점들을 더 높이 살 만한 지원자는 영어 공부를 좀더 하게 해서라도 합격시키지만, 토플 혹은 GRE나 GMAT 점수만 높다고 입학 허가를 내주지는 않는다. 그러므로 토플이 입학 여부를 결정하는 가장 중요한 요소가 아니라 하나의 목표에 도달하기 위한 과정의 일부라는 점을 참고하기 바란다.

하지만 남들보다 월등한 점수를 가지고 있다면 약간의 이점으로 생각할 수도 있다. 위에서 언급한 top business school 상위 합격자들의 토플 점수 평균이 630점을 넘고 있다는 점을 본다면, 아무래도 남들만큼은 점수를 받으려고 노력해야 하지 않을까?

한 가지 더 얘기한다면, 국내 기관에서 토플 점수로 지원자들을 평가할 때는 점수가 높으면 높을수록 유리하다. 나는 로타리 클럽의 단일 학년 친선 사절 장학금 수혜 대상자로 선정되었다. 로타리 클럽은 미국 시카고에서 생겨난 지역 사회 모임이 전세계에 확장된 것으로, 우리나라 로타리 클럽도 각 지역별 지구에서 장학생을 선발하고 있다. 이 장학금은 지원 학교를 로타리 클럽측에서 지정해 주고, 그 학교에 입학하지 못할 경우 장학금이 주어지지 않는다(더 자세한 사항은 로타리 클럽 홈페이지를 참조하기 바란다. 서울 강남 : www.rotary.or.kr / 강북 : www.rotary3640.org).

내가 선정된 서울 강북 지역의 3,640지구를 비롯해 모든 지구가 토플 성적을 중요한 기준으로 수혜 대상을 선정한다. 물론 토플 점수만으로 장학금을 받을 수는 없지만 말이다. 이런 장학금의 경우 외국에서 살다 온 경험이 있는 사람들에게는 불이익이 되는 경우도 있으므로, 순수 토종 한국인으로서 점수가 아주 높다면 상당히 유리한 고지를 점령하게 되는 셈이다. 또 다른 대표적인 장학금인 Fulbright Scholarship의 경우도 마찬가지다.

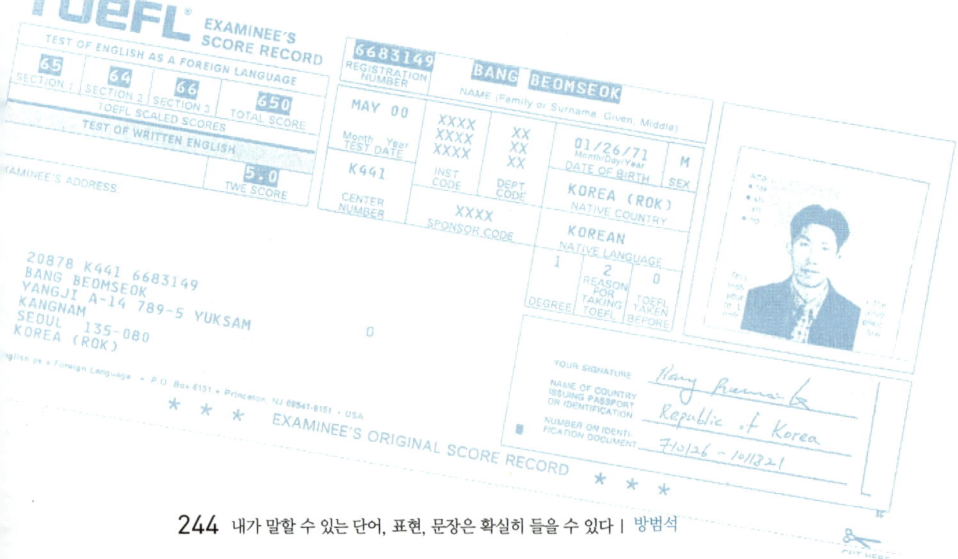
TOEFL® EXAMINEE'S SCORE RECORD
TEST OF ENGLISH AS A FOREIGN LANGUAGE
65 SECTION 1 | 64 SECTION 2 | 66 SECTION 3 | 650 TOTAL SCORE
TOEFL SCALED SCORES
TEST OF WRITTEN ENGLISH
5.0 TWE SCORE
EXAMINEE'S ADDRESS
6683149 REGISTRATION NUMBER
BANG BEOMSEOK NAME (Family or Surname, Given, Middle)
MAY 00 Month Year TEST DATE
K441 CENTER NUMBER
XXXX XXXX XXXX INST CODE
XX XX XX DEPT CODE
XXXX SPONSOR CODE
01/26/71 Month/Day/Year DATE OF BIRTH
M SEX
KOREA (ROK) NATIVE COUNTRY
KOREAN NATIVE LANGUAGE
1 DEGREE | 2 REASON FOR TAKING TOEFL | 0 TOEFL TAKEN BEFORE
20878 K441 6683149
BANG BEOMSEOK
YANGJI A-14 789-5 YUKSAM
KANGNAM
SEOUL 135-080
KOREA (ROK)
YOUR SIGNATURE
NAME OF COUNTRY ISSUING PASSPORT OR IDENTIFICATION Republic of Korea
NUMBER ON IDENTIFICATION DOCUMENT 710126 - 1011821
...glish as a Foreign Language • P.O. Box 6151 • Princeton, NJ 08541-6151 • USA
* * * EXAMINEE'S ORIGINAL SCORE RECORD * * *

듣기는 말하기와 같이 늘어야 한다

어려서부터 비틀즈를 좋아했던 나는 그들의 웬만한 노래는 다 따라 부를 수 있을 정도로 레코드 가사집을 외우다시피 했다. 또 최신 유행 음악을 접하기 위해 AFKN 라디오와 TV를 열심히 보았다. 고등학교 때도 영어는 전략 과목 중 하나였고, 재수할 때는 《BARRON'S TOEFL》을 봤는데, 한국 문법이랑 다른 점들 즉, not only ~ but (also) ~에서 토플에서는 also를 생략할 수 없다는 설명 등에 재미있어 했다.

내 영어 실력은 대학교 2학년 여름까지는 보통 다른 사람들과 똑같은 수준 내지 hearing이 약간 나은 정도였다. 그러다가 대학교 2학년 여름, 미국 University of California의 EAP(Education Abroad Program)라는 교환학생 프로그램과 인연을 맺게 되면서 대학생활의 전기를 맞게 되었다(UC는 California 주에 9개의 campus를 가지고 있고, 그 중 우리가 잘 아는 UCLA, UC Berkeley가 포함되어 있다).

당시 연세대학교에는 매해 30명 정도의 UC에서 온 교환학생들이 있었는데, 이들은 지도 교수가 따로 정해져 있고 또 행정 및 학생들의 생활 적응을 돕는 조교가 있어 별도의 사무실에서 관련 업무를 처리하고 있었다. 나는 내 전임자였던 선배를 통해 이 프로그램에 대해 알게 됐고, 2학년 2학기에는 Miriam이라는 UC Berkeley 출신의 학생과 language exchange(일주일에 한 번 만나서 한 시간씩 서로의 언어를 상대방에게 가르쳐 주는 것)를 할 기회가 있었다. 이때부터 영어를 모국어로 쓰는 사람들과 접할 기회가 많아져 듣기와 말하기에서 어느 정도 자신감을 갖게 되었다. 처음 Miriam과 얘기할 때는 알아 듣지 못하는 부분이 많았다. 신나게 떠드는 그녀에게 계속 되물을 수도 없어, '그래, 그래 okay.' 하면서 대충 알아듣는 척 넘어갔던 적도 많았다.

2학년 겨울 방학부터 선배의 후임으로 이 프로그램의 조교로 일하기 시작했는데, 영어로 일하는 경험을 통해 정말 많은 것을 배울 수 있었다. 일단 여름이 오면 기말고사가 끝나자마자 공항에 단체로 오는 교환학생들을 마중 나가야 했다. 그리고 여름 학기 첫날 오리엔테이션이 끝나면 그 프로그램의 학생들만 따로 모아 놓고 여러 가지 일정을 설명해야 했다. 지금도 92년 여름, 미국에서 도착한 40명의 학생들 앞에서 말문을 열었던 순간이 생생하다. 색깔도 제각각인 80개의 눈동자가 더듬더듬 말문을 여는 나를 주시했을 때의 느낌이란…….

나는 주로 교환학생들의 수강 신청을 돕고, 연세대학교와 미국 UC headquarters와의 행정적인 연락업무를 맡았다. 그리고 견학을 계획해 학생들을 데리고 여기저기 놀러 다녔다. 이 일을 하면서 한국 사람들에게 부족한 듣기와 말하기를 획기적으로 향상시킬 수 있었고, 또 미국에서 온 친구들을 사귐으로써 미국 문화와 학제에도 친숙해질 수 있었다.

대학 졸업과 더불어 대학원에 진학했는데 당시 대학원 시험은 전공만큼이나 영어 시험이 중요해서 응시자들은 시험 준비의 반 이상을 영어 공부에 매달렸다. 나 역시 그만큼의 시간을 《거로 Vocabulary》와 《아카데미 토플》을 공부하는 데 보냈다. 그 전까지 vocabulary 책 한 번 본 적이 없었던지라 어려운 단어들을 집중적으로 많이 외워 둔 게 지금까지도 도움이 되는 것 같다. 난 학교에서 교환학생 일도 했고, 보통 공대생들보다는 영어를 접할 기회가 많았으므로, 그 해 공대 대학원 영어 시험은 제일 잘 봤다는 얘기를 들었다.

내 영어 실력을 수치로 표현하기는 토플로써 불가능하고, 직장 생활 때문에 토익은 세 번 봤으니 이를 내 영어 공부와 연관시켜 보는 것도 의미가 있을 것 같다. 95년 말, 대학원을 졸업할 때쯤 취직을 위해 본 토익이 915점이었다. 그 뒤 직장에 다니면서는 업무에 영어를 쓸 기회가 거의 없었지만, 저녁에 틈틈이 GRE 공부를 해서 《BARRON'S GRE》를 한 번 봤다. 물론 직장에 다니면서 한 공부였으므로 특별히 꾸준하게 했다고는 할 수 없을 것이다.

또 심심할 때마다 회사 자료실에 있는 영문 《Newsweek》를 봤는데, 직장 생활 첫해에는 단어도 어렵고 직설적 표현이 아닌 경우에는 모르는 단어가 없는데도 문장의 의미를 파악하기 힘들어 상당히 부담스러웠다. 하지만 상대적으로는 토익을 위해 수준 높은 GRE 단어들을 외우고 꾸준히 읽다 보니 어느 순간 불편하지 않게 읽을 수 있을 정도가 됐다.

96년에는 토익을 위해 특별히 공부하지는 않았지만, 어려운 수준의 읽기 공부를 꾸준히 하고 GRE 단어들을 조금 외우고 난 뒤 토익 시험을 보니 940점이 나왔다. 시험이란 게 보다 보면 요령이 생겨 특별한 노력 없이 점수가 오르기도 한다. 박사 과정으로 진학할지도 모른다는 생각에 GRE 책을 보긴 했지만 결국 MBA로 진로를 결정, 98년 본격적으로 GMAT 공부를 시작했다.

학원은 다니지 않았고, 그룹 스터디를 하면서 과거의 기출 문제들을 풀어나갔는데, 스터디를 통해 틀린 문제들을 정리해 나가면서 많은 도움을 받았다. 중간에 지방 출장이 있기도 했지만, 어쨌든 우여곡절 끝에 7월 말 본 GMAT 시험에서 730점을 얻었다. 그 해 10월 본 토익은 970점이 나왔다. GMAT 공부를 하면서 세세한 문법 사항들을 검토했고, 읽는 속도도 많이 늘었기 때문에 좀더 성적이 오른 것 같다. 사실 토익 시험은 기본적인 것만 묻기 때문에 950점 이상에서의 점수차는 의미가 없다. 이 정도가 대강 내 영어 실력 향상에 기여한 내용들이다. 이제부터는 좀더 구체적으로 언어의 네 영역인 듣기, 말하기, 읽기, 쓰기로 나누어 토플과 연관시켜 보자.

섹션별 공략법

1) 듣 기

세 차례 본 토익에서 L/C는 만점인 495점이었고, 토플의 L/C 섹션도 65점을 받았으니 이런 시험들이 요구하는 수준의 listening에는 별 문제가 없다고 볼 수 있다. 대부분 우리 나라 응시자들의 가장 취약한 부분이 바로 이 Listening 섹션이다. 다른 섹션에서 모두 60점 이상을 받아도 Listening 점수 때문에 600점이 안 되는 경우가 많고, 600점이 넘는 응시자들도 다른 섹션은 62~63점을 넘지만, Listening은 59~60점 정도에 머문다.

내가 토플 걱정을 별로 하지 않았던 가장 큰 이유도 역시 Listening에 대한 부담감이 없었기 때문이다. 그러니, Listening에서 가장 성적을 올릴 여지가 많다는 걸 이해하고 Listening 섹션을 공략할 전략을 세우는 것이 토플 성적을 향상시키는 가장 확실한 대비책이 될 것이다. listening 향상에 주요했던 원인 몇 가지를 들어보자.

① 그 누구보다도 영어를 많이 듣는다

대학 시절 나를 아는 사람들 중에는 아직도 나를 '항상 귀에 이어폰 꽂고 다니던 애'로 기억하는 사람들이 많다. 그 때 항상 영어 테이프를 듣고 다녔기 때문에 지금 영어를 잘하느냐는 질문도 많이 받지만 그때 내가 듣던 건 영어 테이프가 아니라 라디오였다. 102.7 AFKN FM. 음악이 좋으니까 그렇게 열심히 들었지, 공부할 생각으로는 그렇게 못 했을 것이다. 물론 노래 가사도 잘 들리지 않았고, 매 시간 5분 하는 AP Network News도 너무 어려웠기 때문에 청취량만큼 도움이 되지는 않았다. 하지만 어쨌든 영어가 귀에 끊임없이 들리도록 했으니 기본적인 내용은 반복 청취로 다져지고, 억양에 익숙해지는 등 알게 모르게 도움이 됐던 것 같다.

또 하나는 미국 사람들과의 대화를 통한 listening이다. 교환학생 일을 하면서 여름 방

학에는 아침에 나가서 집에 버스타고 돌아 올 때까지 영어로만 얘기한 적도 많았다. 그러고 나면 버스 옆자리 사람들의 대화가 영어로 들리기도 했다. 실제 대화를 통한 listening보다 더 생생한 듣기는 없다고 단언하고 싶다.

듣기는 말하기와 같이 늘어야 한다. 전에 있던 직장에서 보내준 6개월의 어학 연수를 다녀온 과장님 한 분은 '내가 말할 수 있는 단어, 표현, 문장은 확실히 들을 수도 있다는 것을 배웠다.' 는 말씀을 하셨는데 그 말에 정말 공감한다. 내가 이런 얘기를 하면 많은 사람들이 '난 그럴 수 있는 기회가 별로 없는데…….' 라고 생각할 것이다. 지금 그럴 기회가 없더라도 이 책을 읽는 사람들 중 상당수가 유학을 계획하고 있을 텐데, 영어를 정말 잘하고 싶다면 그런 기회를 많이 만들기를 바란다. 유학 생활이라는 게, 박사 과정 같은 경우는 혼자서 공부하는 경우가 많고, 학부나 MBA 유학이라면 클래스의 한국 사람들하고만 어울리는 경우가 많아서 영어를 쓸 일이 별로 없다고 한다. 그렇게 유학 생활을 마친다면 외국 생활을 몇 년 하고도 남들이 기대하는 만큼의 영어 실력을 갖추기는 힘들 것이다.

② 같은 내용을 반복해서 듣는다

중학교 때부터 음악과 영화에 관심이 많다 보니 자연스럽게 미국 음악과 영화를 열심히 좇아다니게 됐다. 이해하지는 못해도 내가 아는 가수나 배우들이 나와서 떠드는 AFKN을 열심히 보았다. 영어를 잘하고 싶었던 이유 중 하나가 David Letterman 쇼를 알아 듣고 싶다는 것이었을 만큼 TV 프로그램들에 관심이 많았다.

내가 좋아했던 프로그램들은 토크쇼 말고도, 시트콤은 Full House, Fresh Prince of Bel-Air, Friends, Seinfeld, 드라마는 Johnny Depp을 스타덤에 올린, 지금도 잊을 수 없는 21 jump street, Melrose Place, 뉴스쇼는 Barbara Walters가 진행하는 20/20, Nightline, 60 minutes, 코미디는 Saturday Night Live 등이었는데, 이 중 몇 가지는 매주 녹화해 놓고 심심할 때마다 봤다. 공부를 위해서는 못 봤을 테지만 그 때는 이런 프로들이 그렇게 재미있었다. 한창 Saturday Night Live를 재미있게 볼 때는 Adam Sandler,

Mike Myers, Dana Carvey, David Spade 등이 나왔었는데, 이들은 쇼에서 얻은 인기를 발판으로 지금은 모두 스타들이 됐다. 특히 Friends와 Seinfeld를 열심히 봤는데 Seinfeld는 90년대 최고의 프로그램이라는 데 이견이 없을 정도로 인기가 많아 지금도 재방송을 기다리면서 보고 있다.

처음에는 이해할 수 있는 부분이 30~40% 정도밖에 안 돼도 다섯 번 이상 보면 못 알아듣는 부분들이 풀린다. 인터넷에서 대본을 구할 수 있는 경우에는, 대본을 참고해서 못 들었던 부분을 이해하고, 그 뒤로도 또 여러 번을 봤다. 직장 생활을 시작한 이후로는 외국 사람을 상대할 일이 별로 없었는데, TV 덕분에 listening이 더 향상되었다. 위와 같이 일단 내가 이해할 수 있는 정도로만 듣고 나머지는 나중에 해결하는 식으로 해야만, 이해 못했던 부분들이 오랫동안 잊혀지지 않고 확실히 내 것이 된다. 그런 면에서 자막이 있는 영화나 케이블 TV는 별로 도움이 되지 않는다. 말이 책과 다른 점은 한 번 지나가면 다시 되돌릴 수 없다는 것인데, 듣는 순간 이해하지 못하면 끝이라는 긴장감이 없어져 영어 공부에는 큰 효과가 없는 듯하다.

여러분에게 권하고 싶은 방법은 자신이 흥미를 느낄 AFKN 프로그램을 하나 찾아 이를 정기적으로 녹화해서 꾸준히 보는 것이다. 방송사의 웹사이트나, 팬들이 만든 홈페이지에서 대본을 구할 수 있는 프로라면 더 좋을 것이다. 그 프로가 보고 싶어 집에 빨리 가고 싶을 만한 프로그램을 찾는다면 공부가 '저절로' 될 것이다.

특별히 드라마나 코미디에 관심이 없다면 뉴스를 열심히 보자. 영어 외에도 현재 미국에서 이슈가 되는 문제들에 대한 지식을 넓힐 수 있다는 장점이 있다. CNN이나 ABC 방송사의 뉴스를 녹화한 후, 방송사의 웹사이트에서 대본을 다운로드 받아서 듣기 연습을 몇 개월 계속한다면 실력이 팍팍 늘 것이다. 특히 추천하고 싶은 프로그램은 지금도 몇 년째 AFKN에서 매일 방영하고 있는 ABC의 Nightline과 역시 같은 방송사의 뉴스쇼 20/20이다.

③ 영어로 이야기되는 주제들에 친숙해진다

당연한 얘기지만, 내가 아는 내용이 더 잘 들린다. 위에서 언급한 Nightline 같은 뉴스쇼는 한 주제에 대해 30분 정도 심층 취재한 내용을 방송하는데, 처음 몇 분은 무슨 얘기인지 통 감을 잡지 못하다가도, 같은 내용이 계속 반복되는 것을 듣다 보면 전체적인 상황을 파악하게 된다. 신문을 읽을 때도 국제면의 내용은 좀더 관심을 갖고 읽어 미리 사전 지식을 갖추면 그 내용을 영어로 들었을 때 더 빨리 이해할 수 있다. 영어를 듣고 이해한다는 건, 단순히 단어의 뜻만 알아듣는 것이 아니라 그들의 문화, 생활 습관 등이 다 녹아 있는 문장들을 이해한다는 것이다. 그러므로 내가 듣게 될 내용들에 대해 어느 정도 알고 있는 것이 좋다.

* * *

토플의 Listening Test를 처음부터 제대로 공략하기 위해서는 몇 가지 요령이 필요하다. 맨 처음에는 두 사람이 한두 마디씩 주고받는 간단한 대화를 이해하는 문제가 주어진다. PBT에서는 이 부분이 전체 50문제 중 30문제나 차지해 그 비중이 절대적이었고, 문제 하나하나가 개별적이어서 지문이 들리는 순간을 놓치면 영영 문제를 풀 수 없었다. 그래서 listening이 어느 정도 되는 사람들은 이 30문제에서 점수차가 벌어졌다.

과거에는 이 문제들을 잘 풀기 위해서 지문을 듣기 전에 그 내용에 대해 조금이라도 미리 단서를 얻는 것이 중요했다. 특히 문장 내용에 지명이나 사람 이름 등의 고유 명사, 예를 들면 Professor Wilkins라던가 Knoxville 같은 단어들이 나오면 이해하기 상당히 힘들었다. 고유 명사들이므로 문제를 푸는 데 크게 도움도 되지 않는데 말이다. 잘 안 쓰이는 단어들도 마찬가지이다. 토플 감독관을 하다 보면 시작 전 그 내용을 미리 알기 위해 책장을 넘겨 문제들을 보려는 사람들이 많은데, 이는 ETS가 규정한 부정 행위이므로 나는 이를 저지하느라 실랑이를 벌이곤 했다. 일부 어학원에서는 이런 방법을 권장하기까지 했다는 얘기를 듣고 어이없어 한 적도 있는데, 이제 CBT로 바뀌어 그러한 편법은 사용할 수가 없다. 다음 문제를 예로 들어 보자.

Man : Do you mind if I turn the television off?

Woman : Well, I'm in the middle of watching a program about the life of Malcolm X.

Narrator : What does the woman imply?

Ⓐ The man should read the biography of Malcolm X.

Ⓑ The man should leave the television on.

Ⓒ The program will be over soon.

Ⓓ She'll watch television later.

이 문제의 경우 Malcolm X라는 인물이 답안에 등장한다. 아무 생각 없이 지문을 들었을 때 이렇게 예상하지 못했던 단어가 나오고 이를 이해하지 못하면 당황하게 된다. 그러면 평이한 문장이라도 놓치고 만다. 예전에는 답안을 미리 빨리 읽고, 이 문제에서는 Malcolm X라는 단어가 들릴 것을 예상하고, 또 텔레비전과 프로그램에 관한 내용이라는 걸 파악해 둘 수 있었지만 CBT에서는 그럴 수가 없다. 처음 화면에 answer choices A, B, C, D가 전혀 주어지지 않은 상태에서 지문이 들리기 때문이다.

이렇게 바뀐 점이 응시자들이 가장 적응하기 어려운 부분이다. 따라서 이전의 PBT 형식의 교재로 공부하더라도, 미리 답안을 보지 않고 listening하는 습관을 들이도록 하자. 그나마 한 가지 힌트를 얻을 수 있다면, CBT에서는 대화가 들리면서 그 대화의 상황을 묘사하는 사진이 같이 제공된다(예를 들면 위 문제에서는 거실의 TV 앞에 앉아 있는 여자와 그 옆에 서 있는 남자의 사진이 있다). 이 사진을 근거로 대화 내용을 부분적으로나마 짐작할 수 있을 것이다.

Listening이 곧 Reading이라는 얘기를 하는 사람들도 있다. 한 문제를 풀고 다음 문제가 나오면 전 문제는 완전히 잊어버리고 지금 들리는 문제에만 집중해야 한다. 그러기 위해서는 지문을 들은 후 A, B, C, D의 내용을 한눈에 빨리 파악하고 그 중 맞는 답을 골라낼 수 있어야 한다.

2) 말하기

TSE를 보지 않는 경우라면 토플에서 말하기는 측정하지 않는다. 시험만을 위한다면 이 부분은 필요하지 않겠지만, 말하기는 실력차가 가장 두드러지는 부분이므로 내 경험을 간략히 얘기하겠다. 많은 교환학생들과 다양한 환경에서 대화했던 경험 덕에 난 대학원을 졸업할 즈음 미국에서 한두 해 살아 본 사람들 정도의 회화 실력을 가졌다는 자신감이 있었다. 매해 여름이 지날 때마다 친구들은 내 말하기 속도가 훨씬 나아졌다는 얘기를 하곤 했다.

토플 시험은 말하기가 필요없지만, 유학 생활을 위해 일정 수준 이상의 말하기는 필수가 되어 가고 있다. MBA의 경우에는 거의 모든 학교가 지원자들을 대상으로 인터뷰를 실시해 합격 여부를 결정한다. 인터뷰는 보통 전화나 미국의 학교에서 직접 나온 admission committee member와 30분 가량에 걸쳐 진행되는데, 이 때 면접관에게 얼마나 깊은 인상을 주느냐에 따라 당락이 결정되는 경우가 많다. 내가 지원했던 로타리 클럽 장학금도 선발 과정에서 면접 위원들이 영어로 간단히 질문을 던지는 순서가 있었다.

또 박사 과정으로 유학 가는 경우라도, 요즘엔 언어 능력을 덜 본다는 공대에서조차 담당 교수가 직접 전화를 걸어 학생의 영어 실력을 평가하는 경우가 많아졌다. 인문 과학의 경우에는 그 정도가 더 심하고, TA 등을 통해 학비를 일부 조달하려는 경우에도 영어가 TA job을 얻는 데 관건이 되므로, 나중에는 반드시 인터뷰에 대비해 따로 준비해야 한다. 보통은 가능한 많은 예상 질문들을 선정하고 이에 대한 모범 답안을 작성해 달달 외는 식으로 준비하는데, 전혀 예상치 못한 엉뚱한 질문들이 주어지는 경우도 많다. 예를 들어, 'Please tell me about the five books you read most recently. What was the most impressive?' 같은 질문을 받는다면 누구나 당황할 수밖에 없을 것이다. 따라서, 어떤 내용에 관해서건 기본적인 자신의 생각을 표현할 수 있어야 한다.

말하기에도 몇 가지 염두에 두어야 할 것이 있다.

① 무조건 말부터 한다

어차피 문법이나 고급스러운 표현 따위는 내 생각이 움직이는 대로 입에서 따라 주지 않으면 내 것이 아닌데, 처음부터 이렇게 말하면 맞는 문장인지, 이 단어가 맞는지, 일일이 신경쓰이고 결국 말을 더듬는 수준이 되고 만다. 미국 사람들은 우리보다 훨씬 솔직하다. 못 알아들어도 이해한 척 웃음으로 넘어가는 우리와는 달리 그들은 상대방의 의사를 정확하게 이해하지 못하면 반드시 되묻는다. 어차피 내가 틀리게 말하면 무슨 얘기인지 다시 물을 테니, 내 생각의 속도에 입술이 움직이는 속도가 따라가도록 노력하자.

② 최대한 흉내를 낸다

언어는 흉내이다. 대화를 하다 보면 어설픈 영어로 얘기한 내용이 상대방의 입을 통해 정리되는 경우가 많다. 쓰기와 마찬가지로, 미국 사람이 내가 전달하고자 한 뜻을 얼마나 명확하게 영어로 풀어내는지 듣고, 다음에 같은 얘기를 할 때에는 그 표현들을 써서 말할 수 있도록 흉내를 내려고 하자. 단 흉내를 내려면 최대한 똑같이 흉내를 내려고 노력한다. '재 너무 굴린다.' 라는 소리를 듣더라도 최대한 똑같이 발음하려고 노력하는 것이 좋다.

③ 화제가 다양하도록 노력한다

실제 대화할 기회가 생길 경우에는 화제가 부족하지 않도록 신경쓴다. 앞에서도 말한

것처럼 난 미국의 대중 문화를 즐기고 또 각종 스포츠에도 관심이 많았기 때문에 공통 관심사를 찾는 데 별로 어려움을 느낀 적이 없다. 미국 사람들의 생활은 우리 기준으로 볼 때 너무나도 단조롭다. 특히 남자들은 스포츠에서 즐거움을 찾는 경우가 많다. 상대방이 흥미를 느낄 만한 내용을 미리 파악한다면 좀더 즐거운 대화를 할 수 있을 것이다.

④ 외국인과 자주 대화한다

말하기 역시 듣기와 마찬가지로 연습량에 비례해 실력이 늘어나므로 외국인과 대화할 기회를 많이 갖도록 노력하자. 하지만 이런 기회가 누구에게나 공평하게 돌아가지는 않는다. 일종의 빈익빈 부익부 현상이 존재하는 셈인데, 만일 TOEIC 500, 600, 700점대의 영어 실력을 가진 회사원 세 명이 미국으로 출장을 가게 됐다고 가정하자. 업무를 위한 대화는 각각의 담당자가 돌아가면서 맡겠지만, 식당에 가서 주문을 한다거나, 비행기 예약을 확인한다거나 하는 영어 연습 기회는 700점인 사람에게로 돌아간다.

사실 영어 연습이 제일 많이 필요한 사람은 가장 실력이 나쁜 사람인데 효율성을 이유로 연습 기회는 오히려 실력이 더 좋은 사람에게로 돌아가니, 그 실력 차이는 더 커질 것이다. 나 역시 회사에서 외국인 손님이 온다거나 통역해야 할 일이 있으면 다른 부서 일이라도 불려가서 처리한 적이 많다. 현실이 이러하므로, 일단 내가 속한 집단에서 '저 사람은 영어 잘한다.' 소리를 듣는 것을 목표로 공부하자. 그러면 남들보다 더 많은 기회가 주어질 것이고, 실력 향상에 가속도가 붙을 것이다.

3) 읽 기

난 토플 문법을 위해 남들처럼 많은 시간을 투자하지 않았으므로 S/W 섹션의 점수가 64점으로 가장 낮다. 평소에는 한두 문제 정도 답을 확신할 수 없었는데 시험 당일에는 그런 문제가 두세 문제 됐던 것 같다. 토플은 문제 은행식으로 출제되므로 같은 내용이 계속 반복해서 출제된다. 시중 교재들을 이용해 자주 나오는 문법 사항들을 확인하자. 고등학교 문법을 게을리 하지 않은 사람이라면 짧은 시간 안에 원하는 점수를 받을 만큼 실력을 키울 수 있을 것이다.

읽기에 관해서 한 가지 조언을 한다면 영어를 읽을 때에는 최대한 '빨리' 읽는 연습을 하라는 것이다. 요즘은 토플도 꽤 어려워져 제 시간 안에 다 푸는 것이 쉽지 않다. 진학을 위한 다른 시험들, GRE/GMAT/LSAT는 얼마나 빨리 읽고 정확하게 해석하느냐에 따라 점수가 결정된다고 해도 과언이 아닐 정도로, 이제까지의 우리들의 영어 실력을 한 단계 뛰어넘는 읽기 능력이 요구된다.

빨리 읽기 연습을 하는 방법은 간단하다. 한글로 된 글을 읽으면서 '자, 첫 단어는 주어, 그 다음은 목적어, 이제 동사구나.' 라고 생각하면서 읽는 사람은 없을 것이다. 영어도 마찬가지이다. 일단 기본적인 문법 사항을 완벽하게 숙지하여 단어의 품사나 문장 성분 등에 신경쓰지 않고 자연스럽게 읽을 수 있어야 한다.

그러나 문법에서 불편함을 느끼지 않는다고 빨리 읽을 수 있는 것은 아니다. 이걸로 한 단어 한 단어를 따로 읽지 않고 여러 단어를 한꺼번에 읽을 수 있는 토대를 갖추었다고 생각하는 편이 좋을 것이다. 이제 별로 어렵지 않은 내용의 문장, 예를 들면 이미 알고 있는 내용에 대한 신문 기사 정도는 단어들을 최대한 빨리 좇아가면서 읽어 보자. 그리고 읽자마자 고개를 치켜들고 방금 읽은 내용을 두세 문장으로 요약해 보자. 영어로 해도 좋고 우리말로 해도 좋다. 설사 모르는 단어가 없고 문장 구성이 비교적 간단하더라도 내가 읽을 수 있는 최대 속력으로 읽었을 때 그 내용을 바로 파악하기는 대단히 어렵다. 내용을 파악하는 단계에서 위와 같이 요약하는 연습을 꾸준히 하면 읽는 속도를 향상시킬 수 있다. 이것은 비단 토플뿐만 아니라 앞으로 보게 될 다른 시험들을 위해서도 중요하다.

4) 쓰 기

결론부터 말하자면, 쓰기는 외국인으로서 일정 수준 이상만 되면 일상 생활 내지 직장 생활을 하는 데 별 무리가 없다. 만일 미국에서 변호사나 작가로 활동하고 싶다면, 문구 하나하나에 시비거리가 생기지 않을 만큼 완벽하고 명확한 표현들을 구사해야 할 것이다. 하지만 우리가 일반적으로 하는 활동, 친구에게 편지를 쓰거나 지원서를 작성하거나, business letter를 쓰는 정도는 이미 우리가 알고 있는 문법과 단어들을 충분히 활용하면 해결할 수 있다. 물론 쓰기는 시간 제약이 없는 경우가 많아, 막히는 부분에서는 사전을 찾아볼 수도 있고 아니면 더 잘 아는 사람에게 교정을 요청할 수도 있기 때문에 커다란 문제가 되지 않는다.

내가 본격적으로 영어 문장을 쓰기 시작한 것은 역시 앞에서 얘기한 교환학생 일을 시작하고 나서이다. 이런 저런 크고 작은 일들로 편지를 쓸 일이 많았고, 그 때만 해도 e-mail이 없어서, 편지를 써서 팩스로 보내면 그쪽에서도 마찬가지로 팩스를 보내곤 했다. 내 전임자였던 선배에게 편지에 관한 한 가지 정보를 들었는데, 이 선배, 내가 처음부터 제대로 편지를 쓸 수 있을지 걱정이 되어 다음과 같이 알려 주는 것이었다.

"미국에 팩스 보낼 일이 있을 때는, 먼저 네가 쓴 것은 너랑 친한 교환학생한테 보여주고 다시 수정된 편지를 교수님께 보여 드려. 교수님께서 보시고 네가 잘했다고 생각되면 이제 네가 알아서 하라고 말씀하실 텐데 그러면 편할 거야."

사실 어느 정도 공식적인 얘기들을 담아서 전달해야 하는데, 처음부터 내가 쓴 그대로 보낼 마음도 없었지만, 얘기를 듣고 보니 편지를 쓰면 꼭 교정부터 받아야겠다는 생각이 들었다. 그리고 얼마 지나지 않아 미국에 편지 쓸 일이 생겼다. 학생들이 학자금을 어떻게 수령하는지에 대한 답이었다. 그때는 겨울 방학이라 많은 학생들이 미국으로 돌아가거나 친척들을 방문하고 있어서, 교정을 봐 줄 사람을 찾기 힘들었다.

다행이도 나랑 좀 친했던, UC Davis에서 온 앨리스라는 친구가 사무실에 볼일이 있어

왔다. "앨리스, 이거 내가 미국에 보내려고 쓴 건데 좀 봐주라." 하고 부탁을 했다. 컴퓨터를 들여다보기 시작하는 앨리스, 화면을 보자마자 말하기 시작했다. "범석, 첫 줄에 이건 이렇게 고치는 게 좋고 그 다음 이 말도 이렇게 해야 되고, 음, 잠깐 옆으로 비켜봐, 범석." 하더니, 자기가 첫 줄부터 내 편지를 완전히 다시 써주는 것이었다. 7년도 더 된 그 때 일이 아직도 생생하게 기억나는데, 그 순간 정말 창피하고 당황스러웠다. 잠깐 동안 편지를 다 쓰고, "이렇게 해서 보내면 될 거야, 범석." 간단하게 한 마디 던지고 앨리스는 나가버렸다.

혼자 남아서 좀전에 내가 쓴 편지(?)를 보았다. 양쪽 다 하는 얘기는 같은데, 문장은 어쩜 그렇게 다른지. 단어들도 앨리스가 쓴 것과 내가 쓴 것은 많이 달랐다. 내가 쓴 문장은 왠지 유치하고 조잡하며, 같은 단어와 내용이 반복되는 반면 앨리스가 써준 내용은 간결하고 명확하며, 문체도 살아 있는 것처럼 느껴져 멋있어 보였다. '그래, 이렇게 말하고 싶으면 이 표현을 쓰는 게 좋겠구나. 이런 경우에는 이 단어가 맞는구나.' 하며 한참 동안 감탄했다. 내가 쓰진 않았지만, 깨끗하게 출력해서 밑에 사인을 하고 나니 괜히 내가 한 일인 양 뿌듯했다. 새로 쓴 편지를 내가 처음에 쓴 문장들과 비교해서 그 뒤 며칠 동안 계속 들여다봤다. 다음에는 나도 이렇게 써야지 하면서 말이다.

그 편지 내용을 거의 외울 즈음 교수님께 보고를 드리러 갔다. 그 때 교수님께서 하신 말씀은 지금까지도 잊을 수가 없다. 꼼꼼하게 다 읽어 보신 교수님께서 "야! 너 굉장히 잘 하는구나! 그래 이렇게 보내도록 해. 범석이가 영어를 잘 하는구나." 하셨다. 순간 정말 뜨끔했지만 아무렇지도 않은 표정을 짓고 방을 나왔다.

그 뒤에도 한 1년 이상은 길게 편지를 쓸 일이 있으면 항상 친구들의 도움을 받았다. 한 번은 내가 실수한 일에 대해 해명을 해야 했는데 영문학 전공 친구에게 자문을 구해서 마무리했던 기억도 있다. 그러다 보니 회를 거듭할수록 문장에 대한 자신감이 생기기 시작했고, 미국 친구들에게 물어 보는 횟수도 줄어들었다. 나중에는 자신없는 표현에 대해서는 사전을 좀 뒤적이고 나서 '이 정도 쓰면 별 문제 없겠군.' 하고 바로 팩스를 보낼 정도가 되었다.

교환학생 일을 그만둘 때쯤 교환학생들의 한국에서의 생활 태도 등에 관한 10페이지 정도의 짧은 보고서를 미국에 보낸 적이 있었다. 나중에 미국 UC headquarters에 가서 회의할 때, director인 Wollitzer 교수가 깨끗하고 성의 있게 파일링된 나의 편지를 보여 주면서 '좋은 얘기를 해주어 고맙게 생각한다.' 고 했는데 '이젠 나도 어느 정도 쓸 수 있구나.' 하고 속으로 뿌듯해 했었다.

그 때 내가 쓴 문장들을 미국 사람에게 보여 주고 교정을 요청한다면 분명히 무언가 더 고칠 내용이 있을 것이다. 또 완전히 다른 방식으로 뜯어 고쳐 훨씬 더 근사한 문장으로 만들 수도 있을 것이다. 그러나 외국인으로서 모든 문장을 그렇게 쓸 필요는 없다. 중요한 것은 내용이고, 일정 형식을 유지하는 한도 내에서 그 내용을 간결하고 명확하게 전달하면 되는 것이다. 그렇다면 영어 문장 쓰기에서 먼저 고려해야 할 사항 몇 가지를 얘기해 보자.

① 기본적인 문법 사항을 준수하자

무엇보다도 가장 중요한 항목이다. 일단 기본적인 문법에서 틀린 문장들은 그 내용에 관계 없이 기본 점수도 못 얻을 것이다. 내가 쓴 문장의 시제와 수가 일치하는지 중간에 접속사 없이 문장이 이어지는 것은 아닌지 항상 유의하고, 반드시 나중에 자신이 쓴 문장을 다시 읽으면서 틀린 부분이 없는지 검토한다. 이렇게 하다 보면 나중에는 특별히 신경 쓰지 않아도 기본적인 내용들은 틀리지 않는다.

② 잘 된 문장은 기억해 두었다가 나중에 꼭 쓰자

내가 듣거나 읽어서 이해할 수 있는 정도를 말하거나 쓸 수 있다면, 영어에 부담을 느끼는 사람은 아무도 없을 것이다. 쓰기 역시 자신이 직접 그 표현을 사용해 문장을 만들어 봄으로써 비로소 자기 것이 된다. 어떤 사람과 어떤 주제에 관해 지속적으로 편지를 주고받을 일이 있다면, 그 사람이 쓴 표현을 그대로 써서 답장을 할 경우가 종종 생긴다. 어디서 읽었건 나도 이런 표현을 쓸 일이 있겠다 싶으면 메모하는 습관을 길러 근사한 표현들을 많이 챙겨 놓는다면 자신의 실력보다 훨씬 더 좋은 문장을 쓸 수 있을 것이다.

'지난 번에 제가 빠뜨린 내용입니다.' 라는 얘기를 하고 싶다면 난 항상 'Here are the few that escaped my attention last time.' 이라고 쓰곤 한다. 남이 쓴 글을 보고 내가 생각해 낼 수 없는 표현들을 얼마나 많이 내 것으로 만들 수 있는가가 그 사람의 문장 실력을 좌우한다. 어차피 언어라는 것은 모방을 통한 습득 아닌가.

③ 같은 단어는 반복해서 사용하지 말자

미국 사람들은 문장을 쓸 때 거의 편집증에 가깝게 동일한 단어 사용을 회피하는 경향이 있다. 예를 들어 send라는 동사를 어떤 문장에 쓰고 또 그 다음 문장에 비슷한 의미의 얘기를 하고 싶으면, 반드시 send라는 동사 대신 transmit, forward 등 그 의미에 맞는 다른 단어를 찾아서 대치한다. 따지고 보면 내가 의식하지 못했을 뿐이지 우리말도 마찬가지이다.

미국 사람들은 vocabulary를 가지고 그 사람의 언어 능력이나 교양 정도를 판단하곤 한다. 현학적으로 어려운 단어만 골라 쓰는 것도 빈축을 살 일이지만, 기본 단어들만을 나열해 만든 문장도 내용면에서 빈약해지기 마련이다. 단어 역시 보는 순간 이해하는 건 가능하지만, 그 단어를 생각해 내서 자신의 문장에 쓰기는 어렵다. 기본 단어들이라도 이해에 목적을 두지 말고 내가 이 단어를 사용할 수 있을 것인가에 중점을 두는 것이 필요하다.

우리가 같은 의미로 알고 있는 한국말도 알고 보면 미묘한 차이가 있는데, 나중에는 이런 차이까지 고려해야 한다. 예를 들어 많은 사람들이 appropriate과 proper를 구별하지 못한다. 작문 연습을 할 때는 반드시 좋은 동의어 사전이 필요한데, Oxford에서 나온 《Thesaurus》라는 사전을 추천하고 싶다. 이 사전을 이용하여 동일 단어의 반복을 피하고, 내가 쓰려는 의미에 가장 적합한 단어를 찾아 쓰려는 노력을 하자.

④ 같은 유형의 문장은 반복하지 말자

같은 단어를 반복 사용하지 말자와 같은 맥락의 얘기다. 자기소개서를 쓴다고 해보자.

'나는 ~에서 태어나서, ~ 에서 자랐고, 어려서는 ~에 흥미가 있었고, ~을 좋아했고, 대학은 어디를 나와서 ~에 취직을 했는데…….'

많은 사람들의 자기소개서가 이런 형태로 진행된다. 우리말에서는 적절히 주어를 생략하는 것이 가능하고, 이를 이용해 문장 유형이 동일하게 반복되는 것을 막을 수 있다. 그러나 영어는 그렇지 않기 때문에 이 점에 신경쓰지 않는다면 동일한 유형이 반복된다. 이런 문장이 잘 읽히지 않으리라는 것은 당연하다. 중간중간 수동태로 문장을 바꿔 준다든가, 도치시킨다든가, 부사구를 앞으로 내보내는 식으로 변화를 준다면 같은 내용이라도 더 좋은 문장을 만들 수 있다.

⑤ 자기가 쓴 문장들을 시간 간격을 두고 다시 읽어 보자

그 순간에는 아무리 정성을 다해 작문을 하고 별 문제가 없어 보이는 문장들도, 나중에 보면 어딘가 어색하다. native speaker 또는 나보다 영어를 잘하는 사람에게 보여 주고 교정을 받으면 좋지만, 그게 안 되면 나중에 혼자서라도 다시 읽어 보는 습관을 기르는 것이 좋다. 분명히 마음에 안 들거나, 개선해야 할 부분이 있을 것이다.

⑥ 한국말로 먼저 쓰고 번역하기보다는 직접 영문으로 시작하자

많은 사람들이 자기가 쓰려는 내용을 한국말로 먼저 쓰고, 혹은 머릿속으로 생각해 놓고, 이를 영어로 옮기려고 한다. 처음에는 이렇게 해야 시간이 적게 들지 모르지만 결국 한계에 다다른다. 여러분은 영어 문장을 정확하게 한국말로 직역하는 데 어려움을 겪은 적이 있을 것이다. 마찬가지로 영어로 옮기기에는 적절하지 않은 표현들로 한국말을 만들고 이를 영어로 무리하게 옮기려고 하면 결국 '콩글리쉬' 가 된다. 처음에는 어려울지 몰라도, 가능한 한 영어로 먼저 말을 만들어 나가는 습관을 들이자. 내가 쓴 문장들이 한국말로 바

로 직역되기 곤란한 '영어스러운' 문장이 되는 것을 목표로 말이다.

이 밖에 20 이하의 숫자는 알파벳으로 표기하고 그 이상은 아라비아 숫자로 표기한다는 등의 간단한 정보들은 여러 작문 교재에서 찾아볼 수 있다. 이런 내용들에 유의해서 문장을 만든다면, 지금 현재 자신의 작문 실력이 어느 수준이든간에 지금보다 더 좋은 영문을 작성할 수 있을 것이다.

다음에는 실질적으로 자신의 작문 실력을 발휘하게 될 토플의 TWE에 대해서 얘기해 보자.

전체 성적을 좌우하는 TWE

CBT로 바뀜에 따라 응시자들이 가장 부담을 느끼는 부분이 바로 이 TWE이다. 과거에는 TWE가 토플 점수에 포함되지 않은 채, 6.0만점에 0.5 scale로 채점되어 따로 성적이 표시됐다. 일부 학교 혹은 전공별로 TWE를 요구하는 경우에만 필수적으로 필요했고, 작문에 자신 없는 경우에는 TWE에 응시하지 않음으로써 점수를 받지 않을 수 있었다. 그러나 앞으로는 전체 성적이 TWE 점수에 따라 좌우되므로, 작문에 대해 따로 특별한 준비를 해야 한다.

TWE는 주어진 간단한 topic에 대해 자신의 의견을 자유롭게 기술하는 것으로 제한 시간은 30분이다. 실제 TWE 시험에 어떻게 대비해야 할 것인가는 자신이 실제로 답안을 작성해 보는 것이 제일 좋다. 이 책에서 제공되는 예제들과 인터넷에 있는 예문들 위주로 직접 문장을 써보고 이를 검토해서 틀리거나 미비한 점들을 고쳐나간다면 일정 점수 이상을 확보할 수 있을 것이다. 그리고 CBT에서는 컴퓨터나 종이 중 하나를 선택해 답안을 작성할 수 있는데 컴퓨터로 타이핑하면 성적표를 훨씬 빨리 받아 볼 수 있다.

TWE를 위해 주어지는 시간은 30분으로, 이 시간을 어떻게 효과적으로 이용할 것인가에 관해 응시자는 자신만의 전략을 가지고 있어야 한다. 30분을 가장 효율적으로 이용할 수 있는 시간 배분은 다음과 같다.

- 문제 파악 (1분)
- 결론 결정 (2분)
- 결론을 support할 요소들 결정 (3분)
- 답안 작성 (22분)
- Proofreading (2분)

① 문제 파악 (1분)

우선은 문제를 읽고 그 내용을 파악해야 한다. TWE의 topic들은 전문적인 내용이 아니라 우리가 일상 생활에서 흔히 접할 수 있는 내용을 그 주제로 삼는 경우가 대부분이므로 해석상의 어려움을 겪는 일은 없다. TWE 문제들은 출제기관인 ETS가 공개한 문제들이므로 어떤 문제들이 topic으로 주어지는지 내용을 미리 살펴보는 것도 중요하다.

② 결론 결정 (2분)

TWE 주제로는 이슈가 되는 두 가지 사항에 대해 언급하고, 이 중 양자택일을 해야 하는 경우가 대부분이다. 다음 예제를 살펴보자.

Students of universities often have a choice of places to live. They may choose to live in university dormitories, or they may choose to live in apartments in the community.

Compare the advantages of living in university housing with the advantages of living in an apartment in the community. Where would you prefer to live? Give reasons for your preference.

이 주제에서 우선은 학교 기숙사에서 살 것인가 지역 사회의 아파트에서 살 것인가를 결정해야 한다. 미국의 대학 생활에 대한 사전 지식이 전혀 없다면 이 문제는 답하기 약간 곤란할지도 모른다. 하지만 짧은 시간에 나름대로의 논리를 가지고 어떤 결론을 내려야 할 것인지를 먼저 정해야 한다.

유의할 점은 TWE에 '정답'은 없다는 것이다. 대학 기숙사인가 아파트인가를 선택한 결과에 따라 채점 내용이 달라지지는 않는다. 그 결론을 support하는 내용이 얼마나 충실한가에 의해서 채점되므로, 어느 누구의 눈치도 볼 것 없이 자기 마음 가는 대로 결론을 정하면 된다. 그 편이 자신이 내린 결론에 대한 근거를 들기에 훨씬 편할 것이다. 여기서는 대학 기숙사에 사는 편을 선호한다는 결론을 내리도록 하겠다.

③ 결론을 support할 요소들 결정 (3분)

어떤 결론을 가지고 답안을 작성하겠다고 생각한 후에, 곧바로 writing을 시작하는 것은 금물이다. 내가 어떤 내용들을 가지고 답안을 작성할 것인지 미리 생각해 보는 것이 훨씬 효율적이다. 일단 내가 그 결론을 내리기 위한 근거가 어떤 것들이었는지 생각을 정리해 보자. 답안을 작성할 때 이 생각들이 각 단락의 주제가 되도록 하면 어느 정도의 분량이 될지, 내용 구성은 어떻게 해야 할지 미리 결정할 수 있다. 위 예제에 대해 어떤 내용들이 포함될 수 있는지 주제를 몇 단어로 간단하게 정리하고 아래 내용들과 비교해 보자.

● **결론 : University Dormitories**

● **내용 : Community apartment의 장점**

- 지역사회와의 유대 관계 가능

• 자신의 취향에 맞는 주거 형태 선택 가능

● 학교 기숙사 선택 이유

• 학교 생활에 focus를 맞추기에 가장 좋은 장소

– 가깝다

– 편리하다

• 비용면에서 저렴

• 많은 친구들을 사귈 수 있다.

④ 답안 작성 (22분)

이제 위의 내용들을 가지고 답안을 작성하면 된다. 기본적인 문법 사항을 지키고, 문장 형식에 변화를 주도록 노력한다. 답안을 작성하는 데 한 가지 명심해야 할 점은, 일단 내가 쓰는 Essay가 어느 정도 이상의 분량이 되어야 한다는 것이다. 이제껏 문장을 논리적으로 간결하게 쓰는 것만을 강조해 왔는데, 채점하는 입장에서는 어느 정도 이상의 분량이 되어야 이 사람이 영어로 짧은 시간에 자기 생각을 충분히 표현할 수 있다고 판단한다. 요점만 요약해서 10줄 내외로 아무리 잘 써도 좋은 점수를 받기 힘들다. 무조건 길게 쓰기 위해 한 얘기를 반복하는 일은 없어야겠지만, '30분이라는 시간에 이 정도밖에 못 쓰나.' 라는 생각을 들게 할 만큼 짧은 것도 좋지 않다.

생각해 보자. 여러분이 쓴 TWE Essay를 채점하는 사람은 누구일까? 여러분이 지원하는 대학 혹은 대학원의 교수도 아니고, ETS의 문제 출제 위원도 아니다. ETS에서 시간 단위로 고용한 part-time grader들이 시간당 수십 장의 답안지를 채점한다(실제로 이러한 채점 섹션은 주말에 9시에서 5시까지 진행되며, 시간당 채점되는 Essay 수는 30편이라고 한다. 한 사람이 200장 이상의 Essay를 읽어야 하는 것이다). 그렇다면, 이 사람들은 여러분이 답안지를 작성하는 데 들인 만큼의 정성을 가지고 채점하지는 않을 것이다.

또 내용면에서 생각해 본다면, 위의 예제와 같이 학교 기숙사를 선택한 사람들이라면 위에 언급된 비용, 편리성과 같은 내용은 누구나 생각하고 자신의 답안에 언급한다. 즉, 에세이 문제는 어떤 까다로운 문제에 대한 해결책을 제시하는 것이 아닌 범용적인 주제들에 관한 것이므로 결론에 따라 그 내용도 어느 정도 정해지기 마련이다. 그렇다면 채점자는 빠른 시간에 비슷비슷한 내용들이 반복되는 여러 장의 답안지를 읽어야 한다.

그렇다면 이들은 어떤 기준으로 채점할까? 일단 필요한 내용들을 충분히 짚어 주고(양적인 측면을 만족시켜 주어야 한다) 기본적인 문법 사항에 충실하며, 짜임새 있어 보이는 글에 점수를 더 주게 될 것이다. 따라서 횡설수설하지 말고, 문제의 주제 내에서 얘기하고자 하는 주제별로 단락을 나눠 짜임새 있어 보이도록 작성하는 것이 무엇보다 중요하다. 이상과 같은 요령으로 작성한 답안은 다음과 같다.

I would live in a university dormitory rather than live in an apartment in the community. I believe that I can benefit more from school dorm than from community apartment.

Of course, there may be a few advantages in living in community.

First, there are much more various choices regarding apartment sizes and lifestyles. One can choose the best fitting apartment, according to his or her budget and taste. And if you already know who you'd like to be your roommates, it might be better to get your own apartment to live with them.

Second, living in a community apartment with friends enables you to participate in community activity more vigorously. For example, I used to teach kids at a kindergarten in community when I was in college, which was possible because I was living in that area. Besides, I would be able to decorate my place the way I like, and cook at the kitchen.

However, there are more advantages in living in school dorm.

First, it is the most convenient place, where you can focus on your school life best. It is nearer to classes, and other facilities such as library, gym, bookstore, and so on. With tons of homework and study to do, it is more important to have these facilities available at the cost of a minimum amount of time. Living in an apartment entails more errands such as bills, grocery split, etc., which I don't really want to care too much about when I have to concentrate on classes or exams.

Second, school dorm is economical. Dormitory fee for school dorms is mostly cheaper than rent for an apartment of a compatible size. That is one of the main reasons that college students who usually have no income sources prefer school dorm to apartment.

Third, it's the best place where you can make many friends. In college, you leave your parents for the first time of your life. And in dormitory, you can make friends with as many people from all over the country as you can and broaden your relationships with others. As for me, it was one of the best experiences that I had in college to live in the dorm and make friends. I could build up friendship that will last for lifetime with some of these friends that I met at the dormitory. In college life you learn not only from professors, but also from other extracurricular activities, and school dorm is the best place where you can organize and participate in such activities with people in your building.

For the reasons above, I prefer school dormitory to community apartment.

주어진 시간 내에 일정 이상의 분량을 채우기 위해서는 소위 말하는 '독수리 타법' 으로는 곤란하다. 분당 100타 이하의 영타라면 지금부터 영문 타자를 연습할 필요가 있다. 영타를 연습하는 가장 좋은 방법은 토플 공부하면서 틀린 문제들을 word processor를 이용해 정리해 놓는 것이다. 나중에 시험을 앞두고 틀렸던 내용들을 다시 풀면서 정리하면 writing에서도 더 좋은 결과를 기대할 수 있을 것이다.

⑤ Proofreading (2분)

30분의 주어진 시간 중 2분 정도가 남으면, 화면 상단의 시계가 깜박거리기 시작한다. 이 때가 되면 시간이 별로 남지 않았다는 생각에 누구나 초조해지면서 평정심을 잃는다. 이 때 한 줄이라도 더 쓰는 것보다는 이미 쓴 내용에서 틀린 부분은 없는지 살펴보는 것이 중요하다. 앞에서도 잠깐 언급했지만, 일상적으로 영작문을 하지 않는 사람은 기본적인 문법도 틀리기 쉽다.

2분 남은 상태에서 아직 답안을 마무리 짓지 못했다면 무조건 마지막 단락으로 넘어가 결론부터 쓰도록 하자. 시험 시간이 종료되면 답안 작성 화면은 냉정하게 다음 화면으로 넘어가고 한 자도 더 쓸 수가 없다. 채점하는 사람 입장에서는 쓰다 만 것처럼 보이는 답안만큼 성의없는 것도 없다. 옛날처럼 감독관을 제지하면서 마무리할 여유는 없으니, 일단은 결론에서 'Therefore, I'd prefer to living in the school dorm.' 정도라도 답안을 마감하고, 그래도 시간이 남으면 쓰던 부분으로 돌아가 간략하게 마무리하도록 하자. 작문 중에 가장 많이 틀리는 부분은 주어 동사 일치, 시제 일치 쪽이므로 특히 이에 유의해서 proofreading을 하는 것이 좋다.

아래에 있는 예제도 자신의 생각과 비교해서 참고하기 바란다.

"All citizens should be required to perform a specified amount of public service. Such service would benefit not only the country as a whole but also the individual participants."

Discuss the extent to which you agree or disagree with the opinion expressed above. Support your point of view with reasons and/or examples from your own experience, observations, or reading.

I disagree with the argument above for several reasons. Society can benefit most from public service when people who provide it are doing so of their own will. Therefore, it should not be required.

Of course, public service is a good thing. Many volunteer workers are making enormous contributions in various facets of our society such as social welfare, health care, educational counseling, and so on. It's hard to even imagine that these public services would function properly without those who devote their valuable time and efforts for free.

However, we are living in a free country. Everyone has a right to do what he or she wants as long as he or she fulfills basic obligations as a citizen such as paying tax. One can have a different view on how he or she can serve the society. Some people might feel the need to go out and help other people. Others might feel that it is just enough to do their jobs, not causing harm to the public. And these different perspectives should be respected.

Public service workers or volunteers serve not because they are required to do so, but because they want to, because they want to help. If it is mandated by some regulation that people provide certain amount of public service, they are unlikely to do their best, or they might not even care much about it. They will just do the required minimum, waiting to go home. All the while, those who need the services will suffer from the mediocrity exercised by these non-motivated workers.

If public service becomes mandatory, everyone should be designated to a specific field. It won't be easy to assign all of eleven million citizens of Seoul to specific service works. We might even have to create many new public works to fill in all these people. Another problem we can anticipate is about who will handle all the administrative chores. Should we really spend extra tax money to arrange the schedule of every citizen, who, by the way, is not very interested in what he or she is doing? These inefficiencies will be unavoidable.

Our society can still be well off relishing the advantage of public service offered voluntarily. It would be better to encourage people to provide public service rather than force them to. For example, business schools favor those who have served their communities, and such incentives are a good way to keep people's interests in what they can do for others.

For the above reasons, no one should be required to perform any kind of public service. Instead people should be stimulated to serve by receiving social rewards.

앞서 두 개의 예제를 주의깊게 읽은 사람이라면, 글의 내용 전개 방식이 약간은 비슷하다고 느낄 것이다. 이런 식으로 자신이 쓸 방식을 미리 정하고, 단락을 시작하는 어구나 문장들을 미리 정해 놓고 주어진 내용들을 그 틀에 끼워 맞추는데, 이렇게 하면 시간을 굉장히 절약할 수 있다. 이를 일종의 template이라고 하는데, 위의 예제에 내가 적용한 template을 살펴보자.

먼저 내가 선택한 결론에 대해 간략하게 두 문장으로 기술한다. 이 때 문제에 나온 문장을 그대로 쓰는 것은 좋지 않다. 앞에서 말한 대로, 영작문에서는 동일 문장, 단어 등이 반복되는 것을 기피하기 때문이다.

다음에는 내가 반대하는 내용, 내가 주장하려는 결론을 오히려 약화시킬 수 있는 내용에 대해 간단히 언급한다. 나의 결론을 뒷받침하는 내용만을 일방적으로 기술해 나가기보다, 일단 상대방의 장점을 약간 추켜주고 나의 논리를 전개하면, 주어진 주제와 관련된 모든 요소를 고려한 뒤 신중하게 결정을 내리고 논리를 전개한 것처럼 보인다. 여기서는 'Of course' 라는 부사구를 맨 앞에 써서 내가 내린 결론과 상반되는 선택에 대해서도 충분히 고려해 보았음을 나타냈다.

그 다음에 내가 하고 싶은 얘기들은 '하지만' 이라는 의미의 'However' 로 시작하도록 했다. 그 뒤에는 미리 정한 main idea들을 주제로 한 짧은 단락들을 이어갈 수 있다. 별개의 여러 idea들이 병렬적으로 나열되는 경우가 많을 텐데, 이 때에도 First, Second, Third 식으로 전개할 수도 있고, First of all, And also, Finally 등으로 이어나갈 수도 있다.

시간 날 때마다 이미 공개된 TWE topic을 가지고 연습을 해야 하는데, 무작정 30분이란 시간에 한 페이지를 채우도록 작문 연습을 하는 것은 좋지 않다. Essay를 여는 문장이나, 단락을 시작하는 부사구 등으로 어떤 말을 쓸 것인지 고민할 필요 없이 답안을 작성할 수 있도록 미리 나만의 template을 정하고 이를 실전 문제에 적용시키는 연습을 해야 한다.

마찬가지로 결론은 항상 For the reasons above로 문장을 시작하도록 미리 정해 놓고, 주제가 되는 내용이 역시 앞에 나온 문장과는 약간 다른 형태로 정리되도록 하면서 끝을 맺고 있다.

이와 같이 나만의 template을 만들어 놓고 이를 외워 시험장에 들어가면 실수 없이 정확한 표현을 빠른 시간 안에 쓸 수 있다. 출제자측에서 TWE에 나올 topic들을 모두 공개했으니 이에 대해 전부 한 번씩 연습하겠다고 생각한다면 너무 시간이 많이 들고, 그 효과도 의심하지 않을 수 없다. 어떤 주제에 대해 묻더라도 결론을 정하고 그를 뒷받침할 main idea들을 생각해 내서 자신만의 template에 적용시킬 수 있다면 적게는 5회에서 많게는 10여 회의 연습만 거쳐도 짜임새 있는 문장을 쓸 수 있을 것이다.

토플이라는 작은 산은 쉽게 넘을 수 있다

내가 남들보다 토플에 부담을 느끼지 않았던 이유는 첫째, Listening에서 65점 이상을 받을 수 있으리라는 자신감 때문이었다. 보통의 고득점자들이 L/C 60점 이상을 목표로 하는데, 나는 오히려 L/C 점수가 S/W 점수보다 좋았다. Listening이 남들보다 뛰어날 수 있었던 이유는 앞에서 얘기한 것과 같이 꾸준한 AFKN 시청과 외국인들과의 대화를 통한 연습이었다. 자신이 흥미를 느낄 만한 소재의 방송을 찾아 꾸준히 시청한다면 따로 준비할 필요 없이 자신의 listening 실력을 향상시킬 수 있을 것이다.

둘째, 토플보다 한 단계 수준이 높은 GMAT 공부를 마치고 나니 상대적으로 토플의 Reading이 쉽게 느껴졌다. 또 GMAT의 문법이 토플의 문법과 다르기는 하지만, 올바른 표현을 가려내는 skill을 길러 주었던 것 같다. 토플보다는 더 어려운 GRE/GMAT/LSAT 공부를 통해서 토플 점수 향상을 꾀할 수 있을 것이다.

셋째, 일반적으로 사람들이 얘기하는 것보다 더 중요한 비중을 차지하는 단어를 열심히 공부했다. 영어 학원을 다니지는 않았지만, 대학원 입시를 위한 단어 공부, 회사 들어와서의 GRE 공부, 영어 잡지를 꾸준히 읽으면서 모르는 단어들을 틈틈이 찾는 과정을 통해 vocabulary를 늘린 것이 Reading뿐만 아니라 Listening 향상에까지도 많이 기여한 것 같다.

당장 3~4개월 안에 토플 점수를 올리겠다는 사람들에게 내 정보는 별로 유용하지 않을지도 모른다. 하지만 지금 유학을 위해 영어 공부를 시작하고 토플을 준비할 결심을 했다면 토플만을 목표로 삼아서는 안 될 것이다. 미국인들이 주고받는 대화를 이해하고 그들과 같은 수준에서 내 의견을 명확하게 전달하는, 심지어는 미국인들과 시시콜콜한 잡담을 나누면서 그 사람들을 웃기고 있는 내 모습을 상상하면서 영어 공부를 한다면 토플이라는 작은 산은 쉽게 넘을 수 있을 것이다.

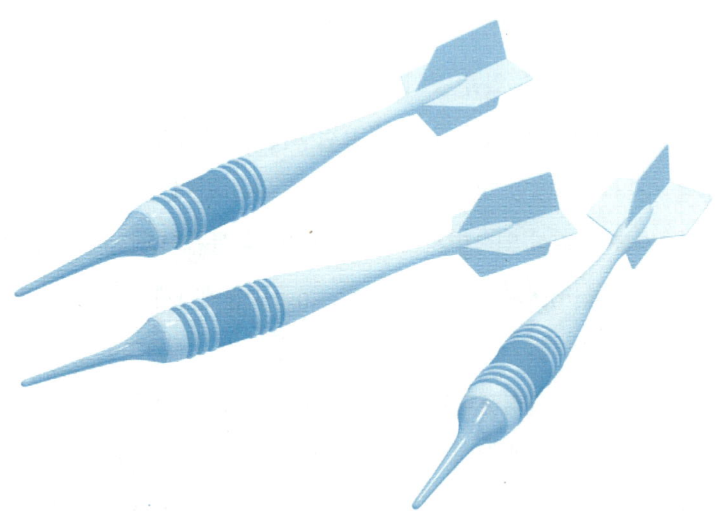

GMAT, 기출 문제들을 완전히 이해하다

요즘은 과열이라는 말을 할 정도로 MBA를 준비하는 사람들이 많다. 이 책을 읽는 사람들 중에도 business school로의 유학을 계획중인 사람이 많으리라 생각된다. 토플을 끝낸 후에 아니면 병행하여 GMAT를 공부하는 데 도움이 되기를 바라면서 나의 시험 준비 경험에 대해 간략하게 얘기해 보고자 한다.

98년에 'GMAT 시험 준비에 최선을 다하자.' 라는 것을 그 해의 new year's resolution으로 삼았다. 97년에서 98년으로 해가 바뀔 무렵 시험 출제 기관인 ETS에서 나온 《Official Guide for GMAT》라는 책을 사서 문제를 풀어 보는 것으로 공부를 시작했다. GMAT는 영어를 잘하는 사람에게 훨씬 유리하지만, 응시자의 영어 능력을 측정하는 시험은 아니므로 처음에는 누구나 기대 이하의 점수를 얻는다. 나 역시 만족할 만한 점수를 얻지 못했고, 제한 시간도 많이 초과됐었다.

GMAT 공부에 가장 좋은 교재는 문제 출제 기관인 ETS에서 나온 기출 문제들이다. CAT(Computer Adaptive Test) 형태로 바뀌기 전 PBT의 GMAT 문제들은 구입이 가능했으므로 선배들이 모아 놓은 기출 문제들을 풀어 보면서 know-how를 쌓아나갔다. 나는 학원에 다닐 생각은 하지 않았다. 지금은 많이 달라졌지만, 내가 시험 볼 당시만 해도 GMAT를 체계적으로 가르치는 학원이 드물었고, 내가 아는 많은 외국 친구들도 GMAT 공부를 혼자 하는 경우가 많았으므로 나름대로 공부할 수 있을 것이라고 판단했다.

인터넷과 천리안 등의 통신을 통해 Princeton Review 출판사의 《Cracking the GMAT》라는 책이 좋다는 얘기를 듣고 《Official Guide for GMAT》를 한 번 풀어본 다

음 그 책을 구입해 공부를 계속했다. 시험 전반에 대한 소개서 정도의 책으로, 실린 문제들은 그다지 좋다고 할 수 없지만 GMAT라는 시험이 무엇을 물어 보는가를 잘 설명해 주고 있다.

2월 들어 천리안의 유학 동호회에서 모집하는 group study에 합류하는 것으로 본격적인 공부를 시작했다. 스터디를 한 이유는 인터넷 검색 결과 혼자 공부하는 것보다는 여러 사람들의 의견을 종합해 나가면서 공부하는 편이 좋다는 의견이 많아서였고, 기출 문제들을 얻을 수 있기 때문이기도 했다. 결과적으로 스터디 구성원들로부터 많은 도움을 얻었다.

과거 GMAT가 PBT로 치러질 때는 시험을 보고 난 뒤 자신이 본 문제를 구입할 수 있었다. 기출 문제들은 실제 GMAT 문제와 그 맥락을 같이 하기 때문에 GMAT를 공부하는 사람들에게는 가장 좋은 교재가 된다. 현재 약 30회분 정도를 시중에서 구할 수 있는데, 이는 97년 CAT 시험이 시행되기 전 과거 약 10년치 시험 분량이다. 따라서 GMAT는 이 문제들을 얼마나 철저하게 이해하느냐의 싸움이다. 주어진 교재의 양(기출문제 30회분)은 누구에게나 같으므로 그 resource 역시 누구에게나 같다. GMAT 문제의 답은 문제를 낸 사람밖에 알 수 없다는 우스개 말이 있을 정도로 정답이 예상 밖의 답안이 되는 경우가 많다. 그래서 그 뒤에 숨겨진 논리를 파악하는 것이 중요하고, 스터디를 통해 여러 사람들과 의견을 교환하면서 그 논리들을 이해하는 것이 많은 도움이 된다.

나는 한 회 한 회 문제들을 풀고 채점하면서 점수가 오르는 것을 재미로 삼았다. 지방 출장 시에는 숙소 바닥에 기출 문제들을 펼쳐 놓고 푸는 등, 약 6개월여 동안 가지고 있던 문제들을 거의 두 번씩 봤을 즈음에 시험을 치러 당시로서는 상당히 좋은 730점을 얻었다. 그러나 요즘은 이보다 더 좋은 점수를 받는 사람들도 많이 늘었고, 그런 좋은 점수를 가지고 지원에 실패하는 사례도 많이 생기고 있으니, 앞으로도 GMAT 시험에 대한 열기는 당분간 줄어들지 않을 전망이다. 더불어 고득점이 top business school에의 합격을 더 이상 보장해 주지도 않을 것임을 알 수 있다.

GMAT를 공부하려고 하는 사람들에게 해주고 싶은 말은 '기출 문제들을 완전히 이해하라!' 는 것이다. 'said easier than done' 이라는 표현은 더 이상 들어맞을 수 없는 말이다. GMAT 문제들 속에 숨겨진 논리는 상당히 교묘하고 답안이 결정되는 과정 또한 상대적이다. 어떤 문제에서는 정답이었던 표현도 다른 문제에서는 더 우월한 답안 때문에 틀린 문장이 되므로, 문제들을 개별적으로 이해하는 것이 아니라 전체적으로 이해하는 것이 중요하다. 따라서 이미 푼 문제들을 잊어버린다던가, 틀렸던 문제를 이해하지 못하고 넘어가는 것은 실력 향상에 도움이 되지 않는다. 많은 사람들이 이 부분에 철저하지 못해 고전하는 것을 숱하게 보았다.

또 하나 중요한 것은 탄탄한 Reading 실력이다. GMAT는 미국인들을 대상으로 생겨난 시험이고, 따라서 native speaker 수준의 Reading을 하는 사람들과 경쟁해야 한다. 그러므로 최대한 빨리, 그리고 한번에 정확하게 문장을 읽고 그 의미를 파악해야 한다. 그리고 이런 Reading 실력은 절대로 하루 아침에 생기지 않는다. 수년에 걸쳐 꾸준히 영어로 된 문장들을 즐겨 읽거나, 긴 문장들을 적어도 3개월 이상 집중적으로 하루에 2시간 이상씩 투자해 읽어야지만 실력 향상을 바랄 수 있다.

토플 공부에 관심을 갖기 시작한 이 책의 독자들에게 이런 얘기를 미리 해주고 싶다. 토플은 결국 상급학교 진학에 목표를 두는 시험이므로 토플과 같이 치러야 하는 시험들(GRE, GMAT, LSAT 등)도 미리 염두에 두어야 한다는 사실을. 이 시험들에서 좋은 결과를 얻기 위해서는 당장 눈앞의 토플 600점이라는 점수를 넘어서는 영어 실력을 갖추는 것이 요구되므로 기본기를 확실히 다지도록 노력하자.

아~ 태진이가 한 페이지
밀리는 바람에 나두 밀렸네…
하지만 어쨌든 나는 고의가 아니라구
태진이처럼 얼굴 한 번 더 나오려는
그런 얄팍한 계산 같은건 절대
없다구… 그리구 이건 참고로 하는
얘긴데 난 이 각도로 찍었을 때
젤루 멋있지. 푸훗…

태수야~
넌 마지막이라 글 넘쳐두
이런거 없대…

*06 KIM TAE-SOO

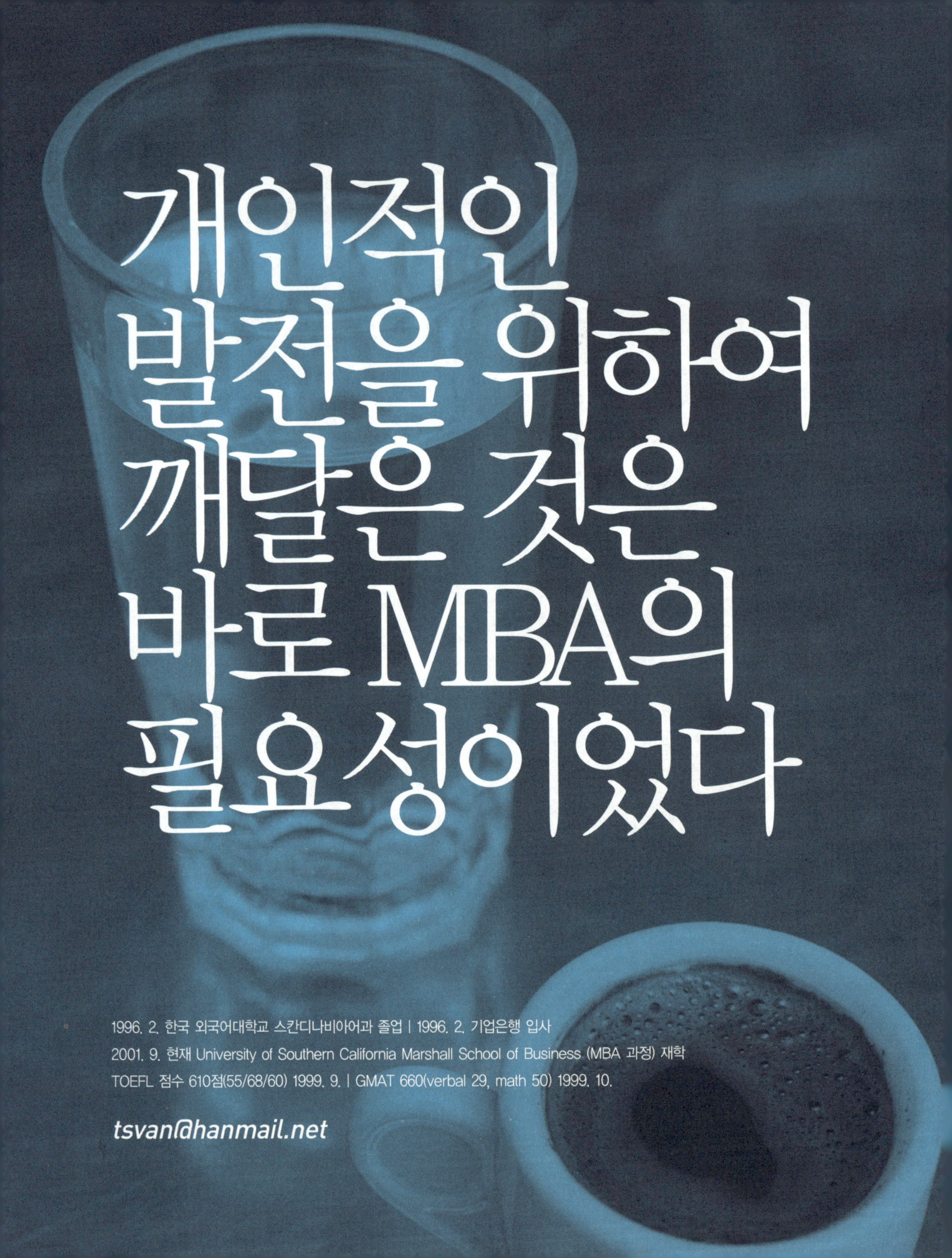

개인적인 발전을 위하여 깨달은 것은 바로 MBA의 필요성이었다

1996. 2. 한국 외국어대학교 스칸디나비아어과 졸업 | 1996. 2. 기업은행 입사
2001. 9. 현재 University of Southern California Marshall School of Business (MBA 과정) 재학
TOEFL 점수 610점(55/68/60) 1999. 9. | GMAT 660(verbal 29, math 50) 1999. 10.

tsvan@hanmail.net

여섯 번째 사람

김태수

만족스러운 결과를 얻은 후 돌이켜보면 그 동안의 모든 과정은 오로지 나 자신과의 경쟁이었다고 생각된다. 점수에 대한 불안감과의 싸움, 목표를 향한 의지, 그리고 지속적인 노력은 그 누구도 대신해 줄 수 없는 자신만의 몫이다. 감히 여러분께 이런 말을 할 수 있는 이유는 내가 여러분보다 나은 점이 전혀 없기 때문이다. 부족한 영어 실력으로 시행착오를 거치며 10여 회의 토플 시험을 통해 터득한 나름대로의 노하우가 여러분 모두에게 조금이나마 도움이 될 것이라고 확신한다.

모든 과정은 오로지 나 자신과의 경쟁 

회사 재직중 나름대로 업무 능력에 한계를 느끼면서, 개인적인 발전을 위하여 깨달은 것은 바로 MBA(Master of Business Administration)의 필요성이었다. 특히 국제 금융부 재직 시절, 다양하고 복잡한 실무를 접하게 되면서 거대한 국제 금융 시장의 매력에 흠뻑 빠짐과 동시에 내 자신의 능력이 이를 받아들이기에 턱없이 부족하다는 사실이 나 자신을 괴롭혀 왔다.

실제로 업무상 만나게 된 세계 유수 금융기관의 훌륭한 인재들 대부분이 MBA를 이수했다는 사실과, 현재 경영학과 관련된 교육제도 중 가장 성공적이고 실용적인 과정이 바로 MBA라는 사실은 내가 4년여의 직장 생활을 과감히 정리하고 새로운 모험을 감수하는데 큰 동기 부여가 되었다. 그리하여 앞으로 국제금융 분야, 특히 파생상품 시장에서의 뛰어난 트레이더가 될 꿈을 갖고 MBA 준비를 시작하게 되었다.

우선 MBA 지원을 위해서는 토플과 GMAT 점수가 필요했다. 특히 일정한 점수 제한이 없는 GMAT와는 달리 토플은 대다수의 명문 학교에서 600점 이상을 요구하므로 대학 졸업 후 영어 공부를 소홀히 한 내게 큰 부담이 되었다. 평소 영어를 아주 잘하지도 못했고 어학 연수 한 번 가보지 못한 나에게 바쁜 직장 생활과 영어 시험 준비를 병행한다는 것은 결코 쉬운 일이 아니었다.

특히 한국의 직장 문화에 비추어 볼 때 유학 준비 사실을 회사에 밝히는 것이 어려웠고, 따라서 금요일과 토요일에 시행되는 토플 시험을 신청해 놓고도 응시하지 못한 경우가 많았다. 야근 후 책상 위에서 토플 교재를 펴놓은 채 졸기가 일쑤였고, 결과적으로

1999년에 입학하려던 목표가 1년 늦춰지기에 이르렀다. 준비가 소홀한 상황에서의 점수가 당연히 좋을 리 없었고, 점수에 대한 스트레스와 피곤한 심신 때문에 '내가 무엇 때문에 이런 고생을 사서 하나' 라는 생각이 끊임없이 들었다.

문제는 토플만이 아니었다. 토플과는 문제 유형이 전혀 다른 GMAT, 악명 높은 MBA만의 까다로운 Essay와 추천서, 그리고 앞으로의 수많은 인터뷰 등을 생각하면 차라리 토플 점수에 대한 걱정은 사치에 불과했다.

만족스러운 결과를 얻은 후 돌이켜보면 그 동안의 모든 과정은 오로지 나 자신과의 경쟁이었다고 생각된다. 점수에 대한 불안감과의 싸움, 목표를 향한 의지, 그리고 지속적인 노력은 그 누구도 대신해 줄 수 없는 자신만의 몫이다. 감히 여러분께 이런 말을 할 수 있는 이유는 내가 여러분보다 나은 점이 전혀 없기 때문이다. 부족한 영어 실력으로 시행 착오를 거치며 10여 회의 토플 시험을 통해 터득한 나름대로의 노하우가 여러분 모두에게 조금이나마 도움이 될 것이라고 확신한다.

* * *

내가 처음으로 토플을 본 것은 대학교 3학년 때였다. 유학을 준비하는 형을 따라 영어 실력도 확인할 겸해서 보았는데 550점 미만이었다. 형의 점수와는 거의 100점 가까이 차이가 났지만, 그때는 이러한 형편없는 나의 영어 실력을 단지 영어 공부를 소홀히 한 탓으로 돌리고 말았다.

'공부하면 잘 나오겠지.' 라는 안일한 생각으로 대학 시절을 보내고, 비로소 직접 MBA 준비를 시작하면서 과거를 뼈저리게 후회했지만 이미 흘러간 시간은 돌아오지 않는 법. 대학 졸업 후 다시 본 나의 토플 점수는 역시나 형과 80점 차이. 불현듯 밀려오는 나 자신에 대한 실망과 성공적인 유학에 대한 공포는 나로 하여금 가능한 한 많은 횟수의 토플 시험을 보게 하였고, 공부에 대한 중압감은 퇴근 후의 술 한 잔을 멀리하게 만들었다.

600점을 넘기기 전까지 매달 시험을 본다는 각오로 토플을 준비하면서 가장 절실히 느낀 점은 영어 실력은 하루 아침에 늘지 않는다는 것이었다. 또한 바쁜 회사 생활로 준비가 소홀하다 보니 토플 시험은 어느덧 월례 행사가 되어 버렸고, 매달 받아보는 형편 없는 점수표는 나를 벼랑 끝으로 몰고 가기에 충분하였다.

이미 99년 봄의 문턱을 넘어서고 있는 마당에 그 해 가을학기 MBA 지원은 힘들다는 판단을 내린 후, 과감히 토플 학원의 저녁 시간 강의를 수강했다. 직장 상사의 따가운 눈초리를 뒤로하며 저녁도 못 먹고 학원으로 향하는 나 자신을 격려하기를 두 달, 역시 마음을 바로잡으니 공부에도 효과가 있었다. 점점 늘어가는 영어 실력과 자신감을 가지고 꾸준히 노력한 결과, 드디어 600점을 넘은 점수표를 손에 쥐었을 때의 기쁨이란! 비록 남들 모두가 부러워하는 고득점은 아니었지만, 나 자신의 목표를 달성했을 때의 성취감은 역시 달콤한 것이었다. 게다가 이젠 형과의 점수 차이가 얼마 나지 않는다는 사실이 나를 더욱 기쁘게 하였다.

이 글을 읽는 모든 토플 수험생들에게 무엇보다도 지금 당장 공부를 시작하라고 말하고 싶다. 특히 개인적으로 바쁜 사람들에게는 너무 조급해 하지 말고 준비 기간을 길게 잡으라는, 나의 경험에서 우러나오는 충고를 하고 싶다. 토플 600점은 결코 누구에게도 불가능한 점수가 아니라는 사실을 내가 몸소 증명하였다고 하면 지나친 비약일까?

* * *

나에게 토플 시험의 궁극적 목표는 MBA 학교에의 입학이었다. 미국의 모든 대학원은 영어권 국가 소재의 학부를 졸업하지 않은 모든 외국인 지원자들에게 토플 점수를 요구한다. 특히 MBA 학교들은 입학 경쟁률이 매우 높기 때문에 대부분의 학교에서 600점 이상을 요구하는 것이 일반적이다.

또한 600점 이상의 조건을 충족했다 하더라도 각 섹션별로 고른 점수를 요구하는 경우가 많다. 실제로 나는 입학 허가를 받지 못한 모 MBA 학교의 입학 사정관으로부터 Listening 섹션 점수가 너무 낮다는 이야기를 들은 적이 있다(물론 이 학교의 공식적인 토

플 점수 제한은 총점 600점 이상이었다).

어쨌든 나는 2000년 가을학기부터 University of Southern California Marshall School of Business에서 MBA를 전공하고 있다. 그 동안 토플을 준비하면서 향상된 영어 실력은 분명히 미국에서의 학업에 큰 도움이 되고 있다.

결과적으로 나는 토플 시험을 단순히 목표에 이르기 위한 하나의 수단보다는 나의 실력을 향상시킬 수 있는 기회로 생각하고 싶다. 요행을 바라는 편협한 욕심보다는 자신의 영어 실력이 향상되는 재미로 토플을 준비하는 것이 바람직하지 않을까? 토플을 준비하는 모든 수험생들에게도 이 점을 반드시 명심할 것을 당부하고 싶다.

TOEFL EXAMINEE'S SCORE RECORD

TEST OF ENGLISH AS A FOREIGN LANGUAGE

55	68	60	610
SECTION 1	SECTION 2	SECTION 3	TOTAL SCORE

TOEFL SCALED SCORES

TEST OF WRITTEN ENGLISH

TWE NOT OFFERED ON THIS TEST DATE. — * TWE SCORE

EXAMINEE'S ADDRESS

6627435 REGISTRATION NUMBER

KIM TAE SOO NAME (Family or Surname, Given, Middle)

SEP 99 Month Year TEST DATE

K426 CENTER NUMBER

XXXX XXXX XXXX INST. CODE

XX XX XX DEPT. CODE

XXXX SPONSOR CODE

03/14/73 Month/Day/Year DATE OF BIRTH

M SEX

KOREA (ROK) NATIVE COUNTRY

KOREAN NATIVE LANGUAGE

1 DEGREE — 2 REASON FOR TAKING TOEFL — 4 TOEFL TAKEN BEFORE

14944 K426 6627435
KIM TAE SOO
WOOBANG APT 305-1602
BUNDANG
SUNGNAM 463-030
KOREA (ROK)

0

YOUR SIGNATURE Kimtaesoo

NAME OF COUNTRY ISSUING PASSPORT OR IDENTIFICATION KOREA

NUMBER ON IDENTIFICATION DOCUMENT 730314-1231713

Test of English as a Foreign Language • P.O. Box 6151 • Princeton, NJ 08541-6151 • USA

* * * EXAMINEE'S ORIGINAL SCORE RECORD * * *

토플 600점을 넘기 위한 전략 

처음 토플을 접하는 수험자에겐 우선 학원 수강을 권하고 싶다. 학원 강사들의 축적된 경험과 그들이 보유하고 있는 다양한 문제들은 토플에 대한 자신감을 얻는 데 큰 도움이 된다. 단, 학원 수강만으로는 절대로 600점을 보장받을 수 없다. 2달 정도면 학원 강사들로부터 그들이 가지고 있는 모든 노하우를 뽑아내기에 충분하다.

실제로 대부분의 학원 강좌들이 2~3개월을 주기로 운영되고 있으며, 그 이상의 학원 수강은 시간 낭비는 물론 토플에 대한 열의를 반감시키는 역효과를 가져올 수 있다. 물론 각 섹션마다 다르겠지만, 어느 정도의 감을 잡은 후 여러 교재를 가지고 혼자서 착실히 준비한다면 만족스러운 결과를 얻을 수 있을 것이다.

나의 경우 박정 어학원에서 Listening과 Structure/Written Expression 강의를 각각 두 달 동안 수강하였다. 두 강좌에서 모두 강사의 노하우와 최근 출제 경향 등을 배울 수 있었고, 결과적으로 고득점의 발판을 마련한 좋은 시간들이었다.

그 후 여러 교재를 통해 나름대로의 전략을 세우고 꾸준히 공부한 결과 좋은 성적을 얻었다. 특히 가장 점수가 좋았던 99년 9월 시험 직전 이익훈 어학원에서 실전 토플 강좌를 들었다. 열흘간 매일 모의시험을 한 회분씩 풀어 보았던 이 강좌는 약 두 시간에 걸친 실제 시험과 똑같은 분위기에 적응할 수 있는 방법을 익히는 데 큰 도움이 되었다.

섹션별 공략법

1) Section 1 : Listening

토플의 Listening 섹션은 본인을 비롯한 대다수의 '토종' 한국인들이 가장 어렵게 생각하는 부분이다. 나 역시 10여 회의 시험에서 한 번도 60점을 넘어본 적이 없었고, 다른 점수만 까먹는 제일 골치 아픈 분야였다. 그리하여 문법과 독해에만 치중하는 현행 교육제도의 비판과 더불어 영어 구사 기회가 많지 않았던 학창 시절을 후회하게끔 만들었다.

나의 경우 최저 54점, 최고 59점을 기록한 Listening 섹션은 언제나 600점을 좌우하는 가장 중요한 요소였다. 더욱 난감했던 점은 Listening이야말로 다른 어떤 분야보다 짧은 기간에 두드러진 효과를 기대하기 힘들었다는 것이다. 당연한 말이겠지만, 어디 외국어가 며칠 아니 몇 달 공부했다고 귀에 쏙쏙 들어올 수 있겠는가?

하지만 토플도 어디까지나 하나의 영어 시험인 만큼 그 출제 경향은 정해져 있는 것이고, 오랜 토플 준비 경력(?)을 통해 어느 정도까지는 이러한 경향 파악이 가능하였다. 이제 본인이 나름대로 터득한 토플 Listening 부분의 대책을 소개해 보겠다.

Short Conversation

Listening 섹션의 첫 번째 파트는 두 사람간의 짧은 대화이다. 대화의 소재는 지극히 일상적인 것으로, 전문성을 띤 내용은 출제되지 않는다. 여기서 기억해야 할 것은 대화에서 사용된 어휘는 대부분 답에 똑같이 사용되지 않는다는 사실이다. 즉, 대화중 핵심적인 단어와 비슷한 발음을 가진 단어가 주로 오답에서 사용되기 때문에, 답을 고를 때 대화에서 들어 본 듯한 단어를 포함하고 있는 답은 오답일 가능성이 크다.

또한 Short Conversation에서는 문제 유형이 비교적 일정하다. 항상 출제되는 패턴이 정해져 있다. 단지 어렵다고 느끼는 이유는 대화의 길이와 몇몇 생소한 표현 때문이고, 따라서 출제 유형만 제대로 파악하면 시험 도중 신경 써야 할 부분이 크게 줄어든다.

나의 경우 이러한 문제 유형을 가장 빨리 그리고 효과적으로 익힐 수 있는 곳이 바로 학원이었다. 대부분의 Listening 강사들은 이러한 문제 유형들을 자세히 정리, 최근의 문제 동향과 잘 조화시켜 수강생들에게 전달해 준다. 특히 실제 시험에 빈번하게 사용되는 표현들도 잘 정리하여 수강생들에게 나누어 주는 경우가 대부분이다.

학원에서는 이러한 여러 유형의 문제들을 반복해서 들려 주고 흔히 범하기 쉬운 실수들을 훈련시키므로 처음 토플을 접하는 수험생에게 많은 도움이 된다. 다음은 학원 수강과 나름대로 시행착오를 거쳐 터득한 효과적인 공부 방법이다.

① 반복 청취와 받아쓰기

앞에서 말했듯이 Short Conversation 문제들은 일정한 유형을 갖고 있으므로 무엇보다도 반복해서 듣고 확실히 이해하는 것이 중요하다. 나는 학원 수강 시 공부했던 교재와 테이프를 가지고 여러 번 들었던 것이 큰 도움이 되었다. 또한 다른 어떤 섹션보다도 Listening 섹션은 여러 문제를 풀기보다는 같은 문제를 거의 외울 정도로 많이 들어 본 것이 효과적이었다.

무엇보다도 틀린 문제를 반복적으로 듣고, 가능하면 모든 대화를 받아쓰기 해보는 것이 도움이 되었는데, 실제로 나의 경우 여러 문제를 받아 적다 보니 항상 틀리는 부분이 일정했다. 즉, 받아쓰기를 하면 Listening에서의 자신의 취약 부분을 찾아낼 수 있다는 얘기이다.

나는 주로 단수/복수, 시제(과거/현재 및 완료형 시제)의 구분과 부정 표현 및 지시대명사의 의미 구별이 두드러지게 취약했다. 이러한 문제들은 전적으로 native speaker의 빠른 발음을 제대로 듣지 못하는 데서 출발하는데, 대화의 의미를 순간적으로 파악하는 데 큰 장애가 되었을 뿐만 아니라, 그 영향이 다음 문제에까지 이어지는 악순환을 낳기도 했

다.

결론적으로 반복 청취와 받아쓰기를 통한 연습으로 Listening에서 자신의 취약점을 빨리 찾아내어 대처하는 것이 단기간에 Listening 섹션의 점수를 끌어올리는 데 가장 효과적일 것이라고 생각한다.

② 생소한 표현의 숙지

Short Conversation에서의 대화는 대부분 Yes 또는 No 등의 쉬운 대답으로 끝나지 않는다. 대부분의 대화에서 쓰이는 단어들은 표면적으로는 기본 단어들이지만 이러한 문장들이 쉽게 해석되지 않는 이유는, 우리가 모르는 쉬운 단어들의 다의적 표현이 전치사와 결합된 생소한 숙어 형태로 사용되기 때문이다.

즉, 생소한 구어체 표현을 쉽게 이해하지 못하는 점이 우리의 가장 큰 문제이다. 일단은 숙어를 포함한 어휘력을 늘리는 것이 가장 올바른 해결책이지만, 이러한 방법으로 효과를 보기에는 현실적으로 많은 시간이 필요하므로 자주 출제되는 표현을 정리하여 숙지하는 것이 바람직하다.

이때 한 가지 명심할 것은 문제 내용이 일반적인 상식에서 크게 벗어나지 않는다는 점이다. 즉, 한 문장만이라도 제대로 이해한다면 다음 대화의 내용을 어느 정도 유추할 수 있고, 따라서 답을 고를 가능성이 그만큼 높아진다. 이를 위해서 앞 문제를 빨리 푼 후 다음 문제에 집중할 수 있는 충분한 시간을 가질 것을 권하고 싶다.

Longer Conversation and Lectures, Talks

토플 Listening 섹션의 두 번째 파트인 Longer Conversation에서는 Short Conversation과는 달리 정형화된 질문이 없다. 다양한 내용에서 다양한 문제들이 출제되므로 일단 질문을 잘 듣는 것이 무엇보다 중요하다.

또한 대부분의 경우 대화의 전개 순서와 같은 순서대로 문제가 출제된다는 점을 기억하기 바란다. 내 경우 대화의 전개 순서에 유념하여 집중하였더니 전체 내용의 맥락을 파악하기에 훨씬 수월하였고, 결과적으로 예상 질문을 파악하기도 쉬웠다.

한 가지 더 기억해야 할 것은 Short Conversation과는 달리 대화에서 사용되었던 단어와 문장이 보기에 그대로 나오는 경우가 많다는 점이다. 즉, 자신의 기억력에 믿음을 가지고, 확신이 없는 경우에는 역시 제일 먼저 고른 답을 끝까지 고수하는 것이 답일 확률이 높다.

마지막으로 대화중에 나왔던 질문과 답변은 그대로 문제로 나오는 경우가 대부분이므로 이 점에 유의하는 것이 좋다. 위의 몇 가지만 기억한다면 Longer Conversation 문제를 풀기에 별다른 어려움은 없을 것이다.

Lecture는 내용 면이나 문제의 난이도 면에서 대부분의 수험자들이 가장 어렵다고 느낀다. 일단 역사나 과학 같은 생소한 분야에서 나오는 경우가 많고, 문제 역시 본문의 주제나 본문에서 직접적으로 언급되지 않은 내용을 유추해야 하기 때문이다.

특히 자신이 잘 모르는 내용에 대해서 미리 겁부터 먹고 나머지 내용을 놓치는 경우가 많은데, 전문적인 단어나 표현 뒤에는 반드시 이를 쉽게 설명하는 경우가 대부분이므로 당황하지 말고 끝까지 주의를 집중하는 것이 좋다.

또한 영문은 대부분 주제가 앞부분에 나오므로 본문 앞부분을 특히 잘 들어 두는 것이 중요하다. 단, 자칫 위에서 얘기한 부분들에 너무 신경쓰다 보면 글 전체의 흐름을 놓칠 수가 있으므로 주의해야 한다. 내용이 긴 글에서 전체 줄거리를 놓치면 크게 당황하는 수가 많으므로, 항상 앞부분에서 파악한 글의 주제를 염두에 두면서 전체적인 상황을 떠올린다면 좋은 결과를 얻을 수 있을 것이다.

지금까지 설명한 토플 Listening 시험 전략을 잘 정리해 놓은 교재로는 《Longman Preparation Course for the TOEFL Test》가 있다. Volume A와 B 두 종류로 나뉘어

져 있는 이 교재의 A권은 같은 유형의 문제끼리 모아 놓은 연습용이고, B권은 실전문제 5회분을 모아 놓은 모의 Test이다. 두 권 모두 토플 교재의 바이블이라고 불릴 정도로 유명하다.

이 책의 장점으로는 실제 시험과 가장 유사하다는 점을 꼽을 수 있지만, 단점은 오래전에 발행된 책이라 현재 시험의 난이도와는 좀 차이가 있다는 것이다. 다시 말해서 현재의 문제보다 월등히 쉽다는 얘기다. 물론 토플이나 GMAT 등 대부분의 영어 시험이 시간이 갈수록 어려워지는 경향이 있지만, 토플을 처음 시작하기에는 아직까지 가장 좋은 교재라고 확신한다.

그리고 토플 시험을 주관하는 ETS에서 발행된 《TOEFL Preparation Kit》 역시 실제 시험 유형을 파악하는데 좋다.

2) Section 2 : Structure

일반적으로 한국 사람들이 가장 자신감을 갖고 있는 부분이지만 실제로 고득점을 올리기에 그렇게 만만한 분야는 아니다. 무엇보다도 주어진 시간이 넉넉하지 않아서 자신도 모르는 실수를 범하기 때문이다. 하지만 다른 섹션에 비해 상대적으로 공부 효과를 빨리 얻을 수 있고, 600점을 넘기 위해서는 반드시 만점을 받아야 하므로 더더욱 소홀히 할 수 없다. 실제로 내 경우 이 섹션에서 만점을 받지 못했더라면 600점은 절대로 기대할 수 없었을 것이다. 다음은 나의 경험을 토대로 한 몇 가지 공부 방법이다.

정해진 시간보다 빨리 풀기

이 부분에서 고득점의 열쇠는 무엇보다도 빠른 시간내에 정확하게 푸는 것이다. 문법은 범위가 넓고 복잡하기 때문에 시간에 쫓기다 보면 당연히 실수할 가능성이 높다. 나는 주어진 시간 25분보다 5분 빠른 20분에 푸는 연습으로 효과를 보았다. 누구나 실제 시험에서는 연습 때보다 긴장을 더 한다. 나 또한 만점을 받아야 한다는 강박 관념에 꼼꼼히 풀다 보면 시간이 빠듯해지는 경우가 많았다. 그러나 평상시에 20분 내에 푸는 연습으로 문제 푸는 속도를 높인 후, 실제 시험에서는 여유를 가지고 좋은 결과를 얻을 수 있었다.

두 달 간 다녔던 박정 어학원에서도 이와 같은 연습을 했다. 하루에 한 회분 내지 두 회분의 문법 문제를 20분 이내에 푸는 연습을 매일같이 하였고, 결과적으로 많은 도움이 되었다.

틀린 답의 정답 확인

문법 섹션은 두 가지 문제 유형으로 구성되어 있다. 하나는 빈 칸에 알맞은 단어나 절, 구를 고르는 문제이고, 다른 하나는 밑줄이 그어진 네 단어 중 문법적으로 틀린 것을 고르는 문제이다. 이 중 두 번째 유형의 문제수가 더 많고, 나의 경우에는 상대적으로 더 어렵게 느껴졌다.

내가 사용한 방법은 다음과 같다. 우선 답을 고르는 것에 그치지 않고 틀린 단어를 올바른 단어로 고친 후, 정답 확인 시 반드시 내가 고친 단어까지 맞는지 확인하는 방법이다. 모든 문제의 정확한 분석을 통해 완전히 내 것으로 소화했던 방법이 큰 도움이 되었다. 실제로 이렇게 연습한 후 60점 초반에 머물렀던 문법 섹션의 점수는 계속 상승하였고, 결국은 만점까지 받기에 이르렀다.

문제 해석하며 풀기

학원에서는 문법 문제를 '주어' 다음엔 '동사' 식의 문법적 규칙에 의존하여 해결하도록 가르치고 있다. 그러나 나는 반드시 문제를 해석해 가면서 풀 것을 권하고 싶다. 많은

문제를 접하다 보면 해석 없이 문법 규칙만으로는 해결할 수 없는 문제가 있는데, 실제 시험은 앞으로 점점 난이도가 높아질 것이고 당연히 해석을 통한 영어 감각을 요구하는 문제가 많아질 것이다.

GMAT의 문법 파트인 'Sentence Correction' 문제는 토플의 문법과는 달리 문장 길이가 길고 어렵다. 또한 틀린 부분의 밑줄이 한 단어만이 아닌 문장의 일부 또는 전체에 그어져 있는데, 이러한 문제들은 절대로 문법 규칙만으로는 풀 수 없다. 정확한 해석을 통해 가장 영어다운 영어를 고를 수 있는 실력을 요구하는 GMAT 문제 대비를 위해서라도 요령보다는 실력으로 푸는, 정도를 밟을 것을 권하고 싶다. 이러한 정도를 걷다 보면 영어 독해 실력이 느는 것은 물론 영어 전반에 대한 본인의 실력이 향상되고 있음을 발견할 수 있다.

오답 노트의 작성

마지막으로 본인이 틀렸던 문제는 반드시 따로 정리하여 오답 노트에 모아 두는 습관을 기르자. 내 경우 항상 틀리는 부분이 정해져 있었고, 이러한 부분들을 완벽하게 정리한 후에야 어느 정도의 자신감을 가지고 시험에 응할 수 있었다.

문법 섹션을 공부할 때는 가능한 많은 문제를 풀어볼 것을 권하고 싶다. 앞에서 말했듯이 문법은 그 범위가 넓고 복잡하기 때문에 여러 문제를 접해 보는 것이 좋다. 그 문제들을 통해 자신의 취약점을 보완한다면 단기간에 충분히 점수를 올릴 수 있을 것이다.

이러한 문법 문제를 많이 접하기 위해서는 학원 강의를 수강하는 것이 좋다. 대부분의 학원에서는 강의 이외에 문법 문제들만 모아 놓은 부교재를 따로 팔고 있으므로, 이러한 교재들을 가능한 많이 구해서 풀어 보자.

시중 서점에서도 여러 종류의 교재를 구할 수 있는데, 그 중에서도 설명 위주로 되어 있는 교재보다는 실전 문제 중심으로 구성되어 있는 것이 좋다. 문법 설명 위주의 교재는 양도 많고 불필요한 내용이 많아서 자칫 영어에 대한 흥미를 반감시키는 결과를 가져오기 때문이다. 개인적으로 시사 영어사에서 발행한 《ETS TOEFL 문법 기출문제집》과 《Longman Preparation Course for TOEFL Test》를 권한다.

3) Section 3 : Reading

독해는 시험의 중반 이후이고 할당된 시간이 제일 길기 때문에 자칫 긴장감을 늦추기 쉬운 부분이다. 하지만 문법과 마찬가지로 고득점을 원하는 토종 한국인에게는 놓쳐서는 안 될 전략 부분임에 틀림없다. 비록 독해 실력이 단기간에 늘 수 있는 것은 아니지만, 토플 독해도 그 대비만 잘 한다면 얼마든지 점수를 올릴 수 있다.

다음은 내가 분석한 독해 섹션 고득점 전략이다.

빨리 읽는 연습

독해의 기본은 무엇보다도 속도다. 아무리 글을 완벽하게 이해했다 하더라도 시간이 모자라면 문제를 풀 수 없다. 무엇보다도 많은 영문을 접하면서 독해 속도를 향상시키는 것이 고득점의 첩경이다. 솔직히 빠른 독해 실력 없이는 어떠한 영어 시험에서도 고득점을 바라기 어렵다.

특히 GMAT의 경우 문장 자체가 토플보다 훨씬 어렵고 길기 때문에 빠른 독해 능력은 더더욱 필수적이다. 다른 공부도 물론 중요하지만 토플을 준비하는 대다수의 목적이 유학 또는 영어 사용과 밀접한 관련이 있으므로 독해 실력은 그 무엇보다도 중요하다. 이를 위해 여러 종류의 영문을 매일 꾸준히 접하면서 독해 속도를 늘려 보도록 하자. 《Time》이나 《Newsweek》 등의 잡지를 들고 다니면서 시간 날 때마다 읽어 보는 것도 좋은 방법이다.

이때 한 가지 명심할 점은 모르는 단어가 있더라도 바로 찾아보지 말고 전체 글의 내용

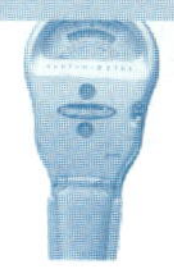

파악 연습을 하는 것이 효과적이라는 사실이다. 모르는 단어의 앞뒤 문맥을 고려하여 그 흐름을 파악하는 능력은 실제 시험에서 굉장히 유용하게 쓰인다. 어려운 지문의 모든 단어를 완벽하게 알고 있는 사람이 얼마나 될 것인가.

외국어의 80%는 단어

토플 독해에서는 단어 문제가 약 10개 정도 출제된다. 실제로 응시자들이 주로 단어 문제에서 많이 틀린다고 한다. 단어 문제에서는 주로 동의어를 물어 보는 경우가 많은데, 대부분의 경우 한 번은 접해 본 듯하지만 그 뜻이 확실치 않은 단어들이다. 결국 그 동안의 공부에 허점이 있었다는 뼈저린 후회를 하게 된다.

나름대로 이러한 단어들을 따로 정리해 둔다면 독해 점수는 반드시 올라갈 것이다. 독해에서 출제된 어려운 단어가 자신이 정리해 놓은 단어장 안에 있을 때의 그 행복함이란! '외국어의 80%는 단어다.' 라는 말이 있을 만큼 영어에서 단어의 비중을 감안해 볼 때 단어 실력의 향상이야말로 독해 속도 못지않게 중요하다고 확신한다.

독해 후 문제풀이 순서 지키기

독해 문제를 풀 때 보통 시간 단축을 위해 문제를 먼저 읽고 지문에서 답을 찾는다. 독해 지문의 내용 전개 순서와 질문 순서가 대부분 같다고는 하지만 이러한 방법은 절대로 쓰지 말 것을 권한다.

이렇게 해서 독해 점수가 50점인 사람이 55점을 맞을 수 있을지는 모르나 절대로 60점 이상을 바라기는 어렵다. 일단 문제로 등장하는 '글의 주제' 를 찾기 어렵고, 글의 주제를 모르는 상황에서 다른 문제를 정확히 푼다는 것이 불가능하기 때문이다. 특히 앞에서 언급한 단이 문제의 경우만 하더라도 그 단어의 사전적 의미보다는 앞뒤 문맥을 통한 이면적 의미를 알아야만 풀 수 있는 경우가 대부분이다.

급할수록 정도를 따라야 하는 건 토플도 마찬가지 아닐까? 나는 한 번 읽어서 이해가 가지 않는 지문은 다시 한 번 읽어 본 후에 문제를 풀었다. 오히려 이러한 방법이 시간을 낭비하기는커녕 지문의 내용에 대한 이해와 기억을 높여 주었고, 결과적으로 문제 푸는 시간을 단축시켜 주었다.

나는 GMAT 독해를 공부하면서 따로 토플 독해는 하지 않았다. 토플보다 훨씬 어려운 GMAT 독해를 하다 보니 실제 시험에서 토플 독해는 '이런 것쯤이야' 정도로 쉽게 넘길 수 있었다. 여러분들도 평소에 보다 어려운 문장을 접하다 보면 어느덧 시험장에서 여유롭게 문제를 풀고 있는 자신을 발견할 수 있을 것이다.

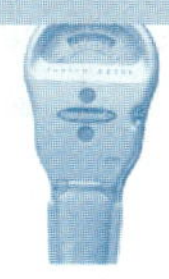

영어 공부에는 지름길이 없다

99년 중반, 두 달 간의 학원 수강과 철저한 준비를 통해 토플 시험에 응시하였으나 결과는 오히려 전보다 더 나빴다. 점수표를 손에 받아들고 만감이 교차했었다. '왜 점수가 오르지 않았을까?', '나의 한계가 아닐까?', '올해도 역시 지원하기는 힘들지 않을까?' 등등 온갖 종류의 불안감으로 토플에 대한 그 동안의 의지가 여지없이 무너져 버렸다. 특히 토플 점수 때문에 영영 유학을 못 갈지도 모른다는 생각에 내 자신에 대한 실망이 극에 달했다.

만약 이때 자포자기의 심정으로 준비에 소홀하였다면 토플 600점은 영원히 달성하지 못한 목표로만 남았을 것이다. 하지만 토플도 하나의 시험이니만큼 그날의 컨디션에 따라 약간의 점수 차이는 있을 수 있다는 긍정적인 생각으로 다음 시험을 준비하였는데, 이것이 결국 점수를 올리는 데 큰 도움이 되었다.

더불어 가장 도움이 되었던 세 가지가 있다.

첫째, 주위에서 같이 토플을 준비하던 친구들이 큰 힘이 되었다. 점수에 대한 고민을 나누고, 각자의 노하우와 공부 방법을 알려 주던 친구들은 내가 토플에 대한 각오와 자신감을 새롭게 다질 수 있도록 도와주었다.

둘째, MBA에 대한 절실한 필요성과 애정(?)은 토플로 지치고 상처받은 심신을 다잡는 데 큰 힘이 되었다. 현재의 고생이 달콤한 미래를 보장한다는 일종의 마인드 컨트롤이 역시 모든 수험생에게 강력한 약효를 발휘한다는 사실을 몸소 확인한 경우였다.

셋째, 토플 공부 과정에서 영어 실력이 향상되는 것을 지켜보면서 내 자신의 가능성도 확인할 수 있었다. 비교적 영어 사용이 많았던 회사 업무를 통해, 일부러 외국에 전화를 하거나 영어 문서를 직접 작성하는 등 향상된 나의 실력을 확인하며 자신감을 다졌는데, 이것이 영어 공부에 대한 흥미를 지속시키는 데 많은 도움이 되었다.

토플 610점을 받고 나서, 무엇보다도 나도 할 수 있다는 자신감을 얻은 것이 가장 기뻤다. 무려 10여 회의 시험을 치른 후 받은 점수이니, 그 기쁨을 어찌 말로 다 표현할 수 있을까? 결과적으로 영어에 대한 자신감을 회복한 후 GMAT, 에세이, 인터뷰 등 MBA에의 지원을 준비하는데 보다 더 긍정적으로 대처할 수 있었다. 향후 유학 생활에 대한 자신감까지 얻었다고 하면 지나친 비약일까?

토플 600점은 절대로 불가능한 점수가 아니다. 물론 개개인의 영어 실력에 따라 그 기간의 차이는 있을지 몰라도 누구나 자신의 가능성을 믿고 최선을 다한다면 얼마든지 600점 이상의 고득점도 가능하다. 자신의 취약점을 잘 파악한 후 적절한 공부 방법을 선택하여 노력한다면 단순한 점수 이상의 향상된 영어 실력을 쌓을 수 있을 것이다.

앞서 소개한 나의 공부 방법이 토플을 준비하는 모든 수험생들에게 만족할 만한 효과를 보장하리라고는 장담할 수 없지만, 자신의 점수에 대해 한 번쯤 고민해 본 사람이라면 어느 정도 공감할 것이다. 마지막으로 영어 공부에는 지름길이 없다는 사실을 다시 한 번 강조하면서, 나의 공부 방법이 아무쪼록 토플을 준비하는 많은 수험생들에게 조금이나마 도움이 되길 바란다.

미래는 내것이다(MBA 지원 과정)

나는 총 17학교에 지원을 해서 4곳 - University of Southern California, Georgetown University, University of Wisconsin-Madison, Boston University에서 입학 허가를 받았다. 그리고 2000년 가을 학기부터 University of Southern California Marshall School of Business에서 MBA 과정을 밟고 있다.

100% 만족할 만한 결과는 아니지만, 객관적으로 나의 모든 지원 자격을 고려해 보았을 때 나쁜 수확은 아니라고 생각한다. 특히 최선을 다하였기에 결코 실망하지 않았고 오히려 앞으로의 각오를 새롭게 다질 수 있는 좋은 계기가 되었다.

MBA에의 지원은 다른 학부와는 달리 절차가 더 복잡하고 준비해야 할 것도 많다. 그래서 많은 지원자들이 MBA 지원에 부담을 갖고, 실제로 비싼 비용을 들여가며 유학원을 이용하는 경우가 많다. 하지만 아무리 좋은 유학원이라도 모든 정성을 들여 자신이 직접 준비하는 것 이상으로 더 잘할 수는 없을 것이다. 실제로 주위에서 유학원을 이용했던 많은 사람들이 기대만큼의 효과를 얻지 못하는 경우가 많다. 특히 유학원의 사소한 실수가 비참한 결과를 초래해도 아무런 보상을 받을 수 없는 것이 현실이다.

자신의 미래는 자신이 직접 준비하는 것이 바람직하다. 철저한 정보 수집과 계획을 세운 후 최선을 다한다면 누구라도 만족스러운 결과를 얻을 수 있다. 모쪼록 나의 경험이 Top MBA School을 목표로 하는 이들에게 조금이나마 도움이 되었으면 하는 심정으로 내가 준비하면서 얻은 노하우와 정보를 전하고자 한다.

MBA에 본격적으로 지원하기 전에 해결해야 할 가장 큰 일은 '나는 왜 MBA를 필요로 하는가?' 에 대한 적절한 답변을 찾는 것이다. 단지 MBA를 하나의 유행처럼 생각하고 이를 맹목적으로 따르려는 사람은 Essay나 인터뷰 등 MBA의 전반적인 지원 절차가 훨씬 더 큰 부담으로 느껴질 뿐 아니라 결과도 결코 좋을 수 없다. 무엇보다도 이러한 사람들은 MBA를 통해 엄청난 기회 비용을 충분히 보상받을 만한 무언가를 얻기가 힘들다.

솔직히 말해 나도 처음엔 MBA에 대해 어느 정도 환상을 가지고 있었다. 주위에서 MBA 학위를 가진, 소위 잘 나가는 고급 샐러리맨들의 피상적인 모습에만 끌렸던 것이 사실이고, 그들의 피나는 노력과 좌절은 생각해 보지도 못했었다. 아마 나뿐만 아니라 MBA를 준비하는 많은 사람들이 이러한 생각을 가지고 있으리라 믿는다. 사실 MBA 학교에서 요구하는 Essay들은 자신만의 확고한 MBA 철학(?) 없이는 쓰기가 어렵고, 인터뷰에서도 이 점을 집중적으로 물어 보는 경우가 대부분이다. 과연 목적 의식이 불명확한 지원자가 이렇게 험난한 난관들을 잘 헤쳐나갈 수 있을까?

나도 이러한 지원자들 중 한 명이었다. 하지만 직장 생활의 중요성과 일에 대한 책임감이 커질수록 MBA의 필요성에 대한 보다 자세한 밑그림이 그려졌다. 또한 나 자신에 대한 꾸준한 질문과 반성을 통해 장래에 대한 보다 확고한 계획을 세우게 되었으며, 무엇보다도 내가 가장 원하면서도 잘할 수 있는 일을 찾게 되었다.

4년 간의 은행 재직 기간 동안 과연 금융업이 내가 가야 할 길인가에 대한 의문을 갖고 있었다. 하지만 시간이 지날수록 이 분야에 대한 시야가 넓어지고 끊임없이 관심을 갖고 관찰하면서 금융업에 대한 새로운 미래를 찾을 수 있었다. 결국 이 분야야말로 나의 미래를 걸어볼 만하다는 확신과 함께 앞으로 내가 준비해야 할 목표를 찾게 되었다.

세계 시장에 비해 절대적으로 취약한 국내 국제금융 시장의 미래에 대비해서 나는 MBA를 통해 다양한 국제금융 업무와 이에 대한 리스크 관리를 배우려고 한다. 그리고 졸업 후 선진 금융 시장에서의 취업과 경험을 목표로 하고 있다. MBA 지원자가 늘어날수록 각자가 추구하는 목표도 다양할 것이다. 누구라도 자신이 MBA를 통해서 얻고자 하는 것

과 졸업 후의 목표를 명확히 정해 놓는다면 성공적인 결과를 얻을 것이다.

드디어 MBA에 지원하다

MBA에 지원하는 방법은 세 가지이다. 각 학교의 원서를 쓰는 방법, 인터넷을 통한 온라인 지원 방법, 그리고 Multi-App이란 원서 작성 소프트웨어를 이용하여 지원하는 방법이 있는데, 이 중 어떠한 방법을 이용해도 무방하다.

나는 Multi-App을 이용하였는데, Multi-App은 약 70여개 학교의 원서가 들어 있는 프로그램으로, 컴퓨터를 이용하여 원서의 빈 칸에 각종 기재 사항을 입력한 후 출력하면 실제 양식과 똑같은 형식으로 작성된다. Multi-App은 여러 학교에 지원할 경우 원서 작성에 드는 시간을 절약할 수 있다는 점, 원서에 직접 기입하는 것보다 깔끔하다는 점, 인터넷 지원과는 달리 작성한 원서를 출력한 후 직접 눈으로 확인해 볼 수 있다는 점 등이 장점이다.

요즘은 점점 많은 학교들이 인터넷 지원을 권장하는 추세이므로(실제로 MIT는 인터넷 지원만을 허용함) 이 방법으로 지원하는 수가 점점 늘고 있다. 하지만 Multi-App이나 인터넷을 이용하더라도 각 학교의 원서를 구해 놓아야 한다. 원서를 제외한 추천서나 성적 증명서, 그 외 나머지 서류들은 별도의 우편으로 송부해야 하는데, 이 경우에 사용되는 봉투들이 원서 안에 들어 있기 때문이다. 또한 원서와 함께 들어 있는 학교 안내책자도 하나쯤 챙겨 놓는 것이 향후 Essay를 쓸 때 도움이 된다.

원서는 각 학교의 인터넷 사이트에서 신청하면 된다. 대부분의 학교들이 원서 신청 양식을 홈페이지에 올려 놓고 있으며, 그 외의 학교들은 e-mail로 신청해도 무방하다. 보통 한 달 내지 두 달 정도면 배달되지만(물론 비용은 공짜다) 혹 늦거나 배달 되지 않을 경우에는 10월경에 열리는 MBA Forum에서 얻을 수 있다. 보통 원서를 넣다 보면 처음에 계획했던 곳 이외의 학교들에 지원하는 경우도 많이 생기므로 미리 여러 학교의 원서를 받아 둘 것을 권한다. 8월경에 원서를 신청하면 9월에서 10월 사이에 받아볼 수 있다. 그러면 비로소 멀고도 험한 MBA와의 전쟁이 시작된다.

인터뷰는 MBA를 향한 필수 관문

대부분의 MBA 학교들은 인터뷰를 필수 내지는 강력하게 권장한다. 당연히 입학 사정에 인터뷰의 비중은 매우 높으며, 실제로 내 경우 인터뷰에 의해서 당락이 좌우되기도 하였다. 인터뷰는 세 가지로 구분되는데, 학교의 어드미션 담당자와의 인터뷰, 동문 인터뷰, 그리고 전화 인터뷰가 있다. 내가 생각하는 각각의 장 · 단점은 다음과 같다.

	장 점	단 점
어드미션 담당자와의 인터뷰	• 인터뷰를 잘했을 경우 그 효과가 크다. • 가장 공정하고 객관적인 인터뷰를 기대할 수 있다.	• 전부 영어로 진행된다. • 인터뷰를 잘못했을 경우 그 결과가 치명적이다.
동문 인터뷰	• 대부분 우리말과 영어가 섞이며 진행된다(하고 싶은 말을 정확히 전달할 수 있다). • 외국인과의 인터뷰보다 긴장감이 덜하다.	• 한국적 정서(학연, 지연)로 인한 불이익이 가능하다. • 인터뷰어들이 한국 경제에 밝으므로 까다로운 질문이 많다.
전화 인터뷰	• 미리 준비한 자료를 참고하면서 인터뷰에 응할 수 있다.	• Face to face 인터뷰보다 인터뷰어와 교감을 나누기가 더 힘들다.

나는 위의 인터뷰를 모두 경험해 보았는데, 개인적으로 학교 어드미션 담당자와의 직접 인터뷰를 선호한다. USC의 어드미션 담당자로부터 인터뷰 당시 나와의 인터뷰에 대해

상당히 긍정적인 말을 들었는데, 생각해 보니 어드미션을 받게 된 가장 결정적인 계기가 아니었나 싶다.

요즘은 한국인 지원자가 워낙 많아 빨리 신청해야만 원하는 시기에 인터뷰를 할 수 있다. 특히 원서 접수 후 학교가 인터뷰 대상자를 선별하는 경우를 제외한 나머지 학교들은 10월경부터 신청하는 것이 유리하다. 인터뷰 신청 절차는 학교마다 다르므로 원서나 학교 홈페이지를 참고하면 된다.

입학 사정 시 점수만을 중시하는 제도에 익숙한 우리에게 인터뷰는 그만큼 생소하고, 따라서 많은 준비가 필요하다. 질문의 요지를 정확히 파악하여 짧고 간결하게 자신의 의견을 피력하는 것이 중요한데, 대부분의 질문이 Essay와 관련 있으므로 인터뷰 전에 미리 영어로 Essay를 써보는 것이 좋다.

나는 총 9개 학교와 인터뷰를 하였는데, 인터뷰도 자주 하다 보니 점점 실력이 늘었다. 또한 인터뷰의 예상 질문을 추려서 미리 연습을 했던 것이 많은 도움이 되었다. 인터뷰 할 때 자주 물어 보는 질문은 다음과 같다.

- Why do you pursue an MBA degree?
- What do you plan to learn from an MBA school?
- Why do you apply to our school?
- What's your short-term/long-term goal?
- What's your career objective?
- Please explain your career progress.
- What's your most important accomplishment in your lifetime? And why?
- Please tell me your leadership experiences in professional situation/extracurricular activities.

- Please tell me your teamwork experiences, and what do you learn from it?
- How can you contribute to your fellow students and classes?
- Please introduce yourself.
- What's your strong/weak point?
- What matters are needed to a good leader/team player?
- Please tell me the differences between leader and manager.
- What do you learn from your senior in business settings?
- Please tell me about the most impressive book you read recently.
- What are the three adjectives that describe you best?
- What do you usually do in your free time?
- What do you plan to do in your leisure time during the 2 years of MBA?

이외에 마지막에 인터뷰어가 자신에게 질문할 것이 있는지를 물어 보는 것이 대부분인데, 이 기회를 잘 이용하여 자신의 장점을 최대한 부각시키는 것이 중요하다. 마지막으로 인터뷰 후 정중한 thank you letter(주로 e-mail)를 보내는 것이 예의이다.

직장 상사의 추천서가 최고

대부분의 MBA 학교에서는 두세 통의 추천서를 의무적으로 요구한다. 추천인에 대해서는 별다른 제약이 없으나, 반드시 직장 상사로부터 한 통 이상의 추천서를 받을 것을 요

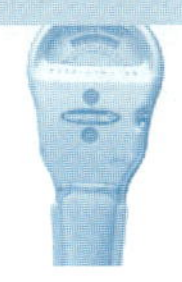

구한다(UC Berkeley는 두 통).

추천인은 자신에 대해서 잘 알고 있는 사람일수록 좋다. 흔히들 말하는 유력 인사로부터 받은 추천서는 그 영향력이 상당히 의심스러우므로 자신을 오랫동안 보아 온 직장 상사로부터 받은 정성어린 추천서가 더욱 든든하다.

또 한 가지 정설은 자신이 지원하는 학교의 동문, 특히 MBA 동문으로부터 받은 추천서가 어느 정도 효력이 있다는 사실이다. 실제로 각 학교의 원서에는 해당 학교 MBA 졸업생 중 아는 사람이 있는지를 쓰는 항목이 있는데, 만일 자신의 직장 상사가 해당 학교의 MBA 선배라면 그 추천서는 당연히 효력을 발휘한다.

나는 직장 상사로부터 2통, 대학교 교수님으로부터 1통, 회사 고객으로부터 1통을 받아서 각 학교의 요구 사항과 성격에 맞추어 송부하였다. 솔직히 말하면 대학교 교수님을 제외한 나머지 분들의 추천서는 내가 직접 썼다. 보통 영문 추천서를 부탁 드리면 대부분 흔쾌히 승낙해 주시지만 역시나 내가 직접 써오면 서명해 주겠다는 의미였고, 솔직히 직접 영어로 써달라는 부탁을 드리기는 좀 부담스러웠다. 하지만 결과적으로 내가 직접 씀으로써 나의 장점과 단점을 잘 파악하여 이를 추천서를 통해 보완할 수 있는 계기로 삼을 수 있었다.

마지막으로 상투적 미사여구로 채워진 칭찬 일색의 추천서보다는 실제적인 사례를 인용해 가며 구체적인 장점을 증명해 보이는 것이 읽는 이로 하여금 공감을 일으킨다는 사실을 잊지 말기 바란다.

추천서 예문 1

November ○○, 1999

Dear Director of Admissions:

I strongly and gladly recommend Mr. Taesoo Kim to be considered for admission to your esteemed institution. Prior to Mr. Kim's expression of his intention to pursue his education further, I had worked with him for nearly two years at Corporate Loans and Investment Department. He analyzed the creditworthiness of firms as well as the terms and conditions of loans and investments for over 20% of our department's corporate clients. As a General Manager responsible for overall operations of the department, I would like to ensure you are aware of the following information regarding Mr. Kim's qualifications in support of this recommendation.

Based on personal observation of his professional demeanor, I would like to describe Mr. Kim as both enthusiastic and able. From the early stages of his career at our department, he was quite eager to master his tasks and pleasantly surprised management by his rapid progress. In keeping with a demonstrated excellence in his work, we assigned him more complex and important transactions, all of which he performed with professionalism and dedication. Mr. Kim's positive approach toward completing his duties

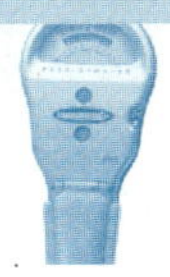

has distinguished him from the norm. For example, in 1997, our Loan Examining Committee made a preliminary decision to reject KRW 5 billion loans for a venture manufacturer specializing in modem production. Based upon a more detailed review and his own firm conviction, Mr. Kim was instrumental in securing a subsequent approval for the loan; consequently, this transaction was the most profitable decision that year.

As a former supervisor of Mr. Kim, who has a unique and diverse background, both personally and professionally, I would like to highlight this gentleman's strengths and weaknesses to assist and guide his mentors in his future studies. He has a very powerful analytical thought process; he easily isolates the significant from the irrelevant, and furthermore, has the ability to mold and synthesize information with substantive results. Specifically, by working together, I observed Mr. Kim's profound interest in new approaches in conducting business and his willingness to challenge traditional methods in a proactive manner. Given his flexible nature, he is receptive to innovation and able to adapt quickly. Nevertheless, while he can skillfully defend his position, he remains open to compromise. This makes him a very interesting and valuable team player and enables him to participate in designing change. Thus, I feel this quality ranks him above other young employees I have encountered.

Professionally, Mr. Kim is attentive to detail and demonstrates pride in his work. While excellent customer service is a requirement, his professional attitude has earned the confidence of our clients.

At times he has demonstrated a tendency to react to matters based upon a strictly quid pro quo evaluation. This may be attributed to inexperience related to the subtle nature of the dynamics of a corporate environment where there exist individuals with diverse personalities. I recommend exposure to the latest theories in Organizational behavior and Human resources management to build strengths in this area.

As much as I would like to see Mr. Kim stay on at our bank, he has expressed his intention to seek a career in the venture capital or investment banking field and launch his own business after finishing his graduate studies. At this point, ○○○ School has the opportunity not only to develop Mr. Kim's business acumen, but overall professionalism. Therefore, I am confident given the chance, Mr. Kim would be a welcome addition to your student body. I firmly believe he will succeed in any future endeavor he chooses to pursue.

Sincerely,

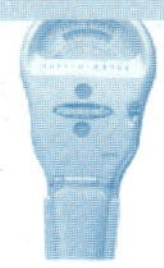

● 추천서 예문 2

January 24, 2000

Letter of Recommendation for Mr. Taesoo Kim

To whom it may concern:

I take pleasure in recommending Mr. Taesoo Kim as a valuable candidate for admission into your Business School. I have known him for over six years. When he was an undergraduate at ○○○ University where I still teach, he took a few Marketing related courses such as Marketing Management and Marketing Strategy from me and has corresponded with me until now.

He was a student who possessed a remarkable ability to work well with other students. In the 2nd semester, 1994, I asked the students in my class of Marketing Strategy to form some groups and to do research on successful brand-marketing cases as a group project. As a born leader and team player, he led his group successfully and produced a splendid result. I have no doubt on his capacity to work well in a team environment. He does possess outstanding potential as a future manager.

Moreover, he showed me an enthusiastic attitude not only toward his academic but also toward his flourishing extracurricular activities. When he was in the university, he became the leader of a student orchestra of classical music that held regular concerts and performances for our school's ceremonies of the graduation, entrance, etc. Both he and the orchestra have been very renowned among the faculty members and students, and we are highly proud of them.

He is also a man of maturity and personal integrity. Right after graduation, he has worked for about four years as a junior officer at ○○○ bank. It is still hard to be offered to such a position in a major bank, and this position proves his versatility and superiority over the others.

But he was in anguish in planning his way after graduation. He hesitated to make a decision and wasted too much time in taking advice from too many people including me, as if he begged their approvals for his own plan. Then I advised him to have conviction of his eagerness and put his plan into action promptly. A few days ago when he came to me for a recommendation letter and explained me his aspiration for an MBA degree and his career goals, he finally proved to gain a firm belief and confidence in himself.

After earning an MBA degree from your prestigious institution, he wants to work in the area of investment banking business and in the long run, he hopes to be a successful founder of his own high-tech net-based

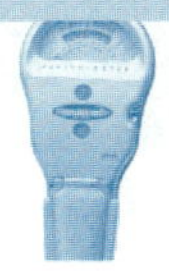

business. I personally think he has made a right decision in view of his ability and leadership as an analyst and a chief officer.

He speaks English very fluently and writes very well. Although English was not his original major, he devoted more time to it than any other language. I do not have any doubt whatsoever on his ability to communicate freely in English.

Overall, I convinced that Mr. Kim is the most qualified candidate to your school. Please feel free to ask any further question on his qualifications by sending e-mail to me to the following address: ○○○@○○○.○○ or by calling me at this number: 82-2-○○○-○○○○.

Thank you for your attention.

Very truly yours,

추천서 예문 3 – Waiting List에 오른 후 받은 추천서

April ○○, 2000

Dear director of admissions,

I strongly recommend Mr. Taesoo Kim as a valuable candidate

for your esteemed institution. I have worked with Taesoo Kim within the International Banking Department of ○○○ Bank since 1998. As Mr. Kim's current supervisor in the Corporate Dealing Team, I do not hesitate to recognize him as a valuable staff member, team player, and colleague.

It was I who brought him into my team when he was assigned to the International Banking Department in 1998. I had much heard about his good reputations through his excellent relationship with his customers and through his strong interpersonal skills. While he was working as a Corporate Loan & Investment Officer, his good reputation was spread out among most mid-managers in the headquarters of our bank. As the core criteria of my team depend on good relationship with our customers, I believed he was the right man in my team. Needless to say, he has perfectly fulfilled my expectations.

First of all, he is very positive and optimistic, especially in negotiating with his customers. He always found the right way to attract new customers with his in-depth knowledge and keen insight. Moreover, he always prepared alternative options, in case the customers decided not to follow his original proposal. I have never seen him say 'No' to his customers. He also has special talent in promoting ideal proposals, and convincing people through his positive and progressive spirit. He has confidence in his knowledge that has been gained throughout his previous education and years of hands on experience in his field. Such a professional

attitude has earned the confidence of our customers, not to mention his colleagues.

He has strong quantitative and analytical abilities. Through various financial risk-hedging transactions, he has showed me a remarkable improvement from the beginning. Not only skillful at using MS Excel and various programs for financial engineering, he also shows expertise in understanding the whole processes of its calculation. At times he gave my team lectures on new derivative products demanding complex mathematical analysis. I do believe his knowledge about financial engineering will be a great help in your MBA classes as well.

In addition, he is a man of diverse character. Based on his wide range of experiences, he has shown strong interpersonal skills in promoting harmony with not only other team members, but also our customers. Moreover, he is a person who is always ready-to-help and has continued to bring new energy to my team, creating a pleasant working atmosphere and helping to encourage firm teamwork. For example, last summer, he invited all our team members and families to his orchestra's concert, and we had a wonderful time. This is the first time in my 20-year working career to be invited to a co-worker's musical performance. I am very proud of him, and firmly believe that he will be a good leader in every field.

I have talked with him a lot about his future career path

including MBA. Although I want him to stay on his promising position at the bank, I agree with his future goal and decision to pursue an MBA degree. I can understand why he wishes to pursue an MBA degree at this time, because I know him very well and I had the same experience a few years ago(I graduated from the MBA School of ○○○ University in 1995). I'm sure that an MBA education will certainly promote his qualification and he will succeed in his field without doubt.

It is a great pity that he is on the waiting list of your MBA program. From the time he began to prepare for an MBA degree, his interest in your school was great. He knows a lot about the University of ○○○ Business School, and always called it his dream school. I firmly guarantee that he will be a true asset to your MBA program, based on his rich professional experiences in finance, his interpersonal skills to work together in a team, and his diverse experiences. Besides, I am sure he will be a pro-active manager for any company and an outstanding entrepreneur after graduation. He is always willing to face new circumstances, and he has strong leadership skills and frontier spirit. I have no doubt that he will be an invaluable addition to your business school.

Please feel free to ask any question regarding his qualifications by contacting me to the following number: 82-2-○○○-○○○○.

Best regards,

나를 가장 잘 표현해 주는 Essay

원서를 구해 놓고 인터뷰 신청을 마친 후 추천서까지 해결되었다면 이제 Essay를 써야 한다. Essay야말로 MBA 입학 사정 항목 중에서 가장 비중이 크다. 우선 질문의 종류가 상당히 구체적이고 까다로우며 질문의 수 또한 많다. 당연히 학교측에서도 지원자들이 Essay에 가장 많은 시간과 노력을 들인다는 것을 알고 있으며, 또한 실제로 그렇게 하기를 바라고 있다. GMAT나 토플 등과 같이 정형화된 시험 점수로는 알 수 없는, 미래의 business leader로서의 자질과 가능성을 Essay를 통해 발견하고자 하는 것이다. 당연히 Essay에서 자신이 보여 줄 수 있는 모든 장점과 강점을 부각시켜야 하는데, 이를 정해진 분량에 논리적으로 전개하기란 결코 쉽지 않다. 또한 이 모든 것을 영어로 써야 한다는 점도 굉장한 부담이다.

나는 점수를 모두 받아 놓은 후, 10월 중순경부터 Essay 준비에 돌입하였다. 우선 내가 지원할 학교들의 Essay 질문들을 모두 모아 놓고 비슷한 질문끼리 분류하였다. 그 결과 비교적 자주 물어 보는 질문과 그렇지 않은 질문들로 나눌 수 있었는데, 거의 모든 학교에서 요구하는 대표적인 Essay 질문들은 다음과 같다.

- MBA 졸업 후의 목표와 이와 관련해 MBA를 통해 얻고자 하는 것
- MBA에 지원하는 이유, 특히 해당 학교를 선정하게 된 이유
- Leadership 또는 Teamwork의 경험과 이를 통해서 얻게 된 교훈
- 자신에게 가장 중요한 직업 또는 인생에서의 업적
- 실패의 경험과 교훈
- 기타 다른 지원자들과 구별되는 자신의 장점 및 학교에 기여할 수 있는 특기

위와 같은 일반적인 질문들 외에도 학교마다 두세 가지의 독특한 질문을 하고 있으며,

해마다 질문이 바뀌는 수도 있으므로 각 학교의 홈페이지를 통해 Essay 질문을 알아보는 것이 좋다. 또한 학교마다 Essay의 분량이 다르므로 유의해야 한다.

나는 한글로 Essay를 쓰기 시작하여 영어로 번역하였다. 그 과정에서 단어와 페이지 제한을 맞추는 식으로 풀어 썼다. 이러한 방법은 시간이 많이 걸린다는 단점은 있지만, 역시 좋은 글을 쓰기 위해서는 한글이 훨씬 수월하였다. 또한 질문의 특성상 논리적이고 설득력 있는 Essay가 되기 위해서 가능한 많은 사람들에게 보여 주고 의견을 들은 후 고쳐 나가는 절차가 필수적이므로, 한글로 완벽한 Essay를 쓴 후 영어로 고치는 것이 효과적이었다.

질문의 의도에 적합한 소재를 찾는 일과 이를 간결하면서도 명확하게 전개해 나가는 과정은 정말로 피를 말리는 시간이었고, 특히나 어느 정도 만족스럽다고 느낀 글이 다른 사람들에게 혹평(?)을 받았을 때의 비참함은 겪어 보지 못한 사람은 절대로 이해할 수 없으리라.

그 후 친구들의 도움을 받아 영어로 번역하는 데도 꼬박 한 달이나 걸렸고, 미국인에게 교정을 보는 데도 꽤 많은 시간이 흘렀다. 이러한 가운데 인터넷 상의 Essay 교정 회사인 Ivyessay.com(www.ivyessay.com) 에서 두 번이나 교정을 보고 나니 드디어 만족할 만한 Essay가 만들어졌다. Ivyessay.com은 대부분이 전 · 현직 미국 고등학교 내지는 대학교 입학 담당자들로 구성되어 있는데, 의뢰인의 Essay를 읽어 본 후 내용이나 구성에 대한 장 · 단점을 지적해 준다. 내 경우 그 조언에 상당히 공감한 바이므로 미국인, 특히 입학 사정 담당자들의 관점을 파악해 본다는 의미에서 한 번쯤 시도해 볼 만하다. 비용은 500단어 기준 Essay 한 편당 US$ 15이다.

Essay에 정답은 없지만 좋고 나쁨은 따질 수 있다. 읽기 쉬우면서도 고급스러운 문장, 간결하면서도 의미심장한 표현, 재미있으면서도 핵심만을 갖춘 Essay야말로 나를 가장 잘 표현해 주는 도구가 아닐까? 특히 MBA 지원 이유와 장래 직업 목표는 자세하고 확실할수록 좋으며, 각 학교에 대한 지원 이유도 그 학교에 대한 많은 조사와 연구를 통해서 실

질적이고 구체적인 근거를 대는 것이 좋다. 기타 질문에 대해서도 질문의 의도를 정확히 파악하여 실례를 통해 구체적으로 접근하고 독창적이면서도 솔직하게 쓰기를 당부하고 싶다.

마지막으로 Essay의 질문을 항상 염두에 두고 좋은 소재가 생각날 때마다 메모하는 습관을 들인다면 시간 절약은 물론 아이디어 빈곤으로 고생하는 일은 없을 것이다.

USC Essay 예문

1. Please discuss your post-MBA short-term and long-term goals. How will your professional experiences, when combined with an MBA degree, allow you to achieve these goals?

While studying the Scandinavian model at ○○○ University to understand successful combination of an advanced economy and the best public welfare system, I came to the conclusion that the basis for further social development resides in a country's economic potential and capability. This applies especially to the case of a country transitioning to an advanced economy similar to the Korean example. Such reflections led me to pursue a career in the financial sector, the de facto switchboard of all economy.

○○○ Bank, a national policy bank, is the government's major conduit for providing finance to Korea's small and medium enterprises, particularly start-up ventures. Here I worked as a loan and investment officer, developing financial support packages for high technology-intensive ventures. Later, as a corporate dealer, I learned the tools to manage diverse risks in established enterprises responding to the international business climate. The abilities I have identified as vital are: maximizing efficiency, analyzing and forecasting high-tech industries, and familiarity with the latest corporate management strategies of international finance in this rapidly changing business world.

Based on such practical experiences, I established my short-term goal as a relationship manager providing total financial services including risk management to corporate customers, especially start-up ventures. My cumulative knowledge of finance will help me discern the pertinent decisions indispensable to meet customers' needs at every stage of the value chain. Ultimately, I plan to launch my own business venture, most likely an Internet network company like AOL. In 1996, I organized an amateur orchestra named '○○○' utilizing the major online network service in Korea. Through this experience, I came to realize the infinite potential and power of the Internet as the new and foremost mass media. I intend to combine this Internet business experience with first-hand knowledge about related business sectors gained while working as a relationship manager. I expect that the Internet, and especially e-commerce through the Internet, will have significant implications for business strategies and the global economy well into the new millennium. Launching and running such an innovative business will be the best way to utilize my diverse experiences, skills and knowledge through my leadership and entrepreneurial spirit.

Yet, taking charge as an assistant manager in the bank, I realized my limitations as a top manager and the necessity of the Marshall MBA to achieve my goals for the following reasons:

First, I have discovered the importance of professional and practical study frameworks that are applicable to the actual business world. Marshall's world-class faculty and comprehensive MBA programs will help me obtain new perspectives and develop a broad business mind to grasp the interconnected and integral flow of the entire operations within an organization.

Second, through interacting with many qualified students of diverse backgrounds and taking advantage of Marshall's international opportunities such as the PRIME program and the International Exchange Program, I can gain an appreciation of the stark differences among industries and countries in the global business world. Because most of my professional experiences are rooted in the Korean business culture, I feel I need a broader exposure in light of today's and tomorrow's globalization. Moreover, Los Angeles' diverse and dynamic setting will be the best place through which I can broaden my global awareness toward the value of diversity.

Third, I intend to catch a glimpse of true leadership and teamwork while working with my fellow students in Marshall's team-oriented and 'learn by doing' environment. I believe the more complicated the business world becomes, the more essential the roles of leadership and teamwork will be. In particular, the Marshall tradition of creating a small and intimate learning environment will enable me to learn the effective way of decision-making and improve my leadership and interpersonal skills as well.

Fourth, Marshall's extremely enthusiastic and accessible faculty, dedicated Career Resource Center and strong alumni & Trojan network will help me successfully obtain a desirable job as a relationship manager in investment banks or venture capital firms after graduation.

Most conspicuously, I can accumulate the comprehensive skills for successfully launching and running my own business through Marshall's superior Entrepreneurship programs and professors including Tom O'Malia. Above all, I desire to acquire relevant knowledge of Internet network businesses such as technology fundamentals and marketing strategies from the flexible and extensive curriculum.

For these reasons, I am sure I can strengthen my abilities and knowledge through an MBA program and it is an indispensable process in achieving my career goals. Particularly, Marshall's distinctive curriculum is certainly satisfying such conditions and will help me mold my dreams into a reality.

2. What unique, personal qualities and/or life experiences will you bring to the Marshall MBA program?

I have written about what I can obtain from the Marshall School of Business but I can also contribute to the Marshall MBA program

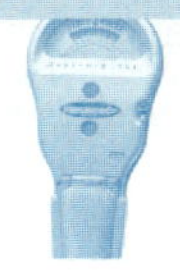

through my diverse professional and personal experiences.

First of all, directly involved in financing and supporting high technology-intensive ventures whose technologies are distinguished worldwide, I evaluated their potential, industrial standing and market competitiveness. After the IMF bailout when the foreign exchange market was extremely unstable, I was tutored with real case studies in how to manage foreign exchange and interest rate risks and how to adapt myself to such an adverse financial situation. Based on such knowledge, I was selected as a specialist in international finance through passing the qualifying examination held by our bank. This unique experience can help me define and evaluate the significant event that occurred half a world away from Los Angeles. I can relate the compelling and specialized information on these topics to my fellow students in the class.

I can also contribute to the quality of students and classes. After graduating from college, I organized ○○○ orchestra with the aim of becoming the most renowned amateur orchestra in Korea, dedicated to all classical music lovers. This is not only the largest amateur orchestra made up of 80 musicians and 600 members, but also the first "cyber" orchestra, because its whole operations were communicated over '○○○', the major online network service in Korea. This year we had the honor of performing at the Sejong Cultural Center and ○○○ orchestra was selected as a beneficiary of Seoul Metropolitan Government's Promotion Fund for Culture and Art. No other amateur orchestras have achieved such accomplishments. Organizing and running this successful project taught me the real entrepreneurial spirit and improved my self-confidence, leadership and Internet business skills. I can relate such valuable lessons to the classes. Furthermore, with my knowledge of classical music and ability to play violin and viola, I hope to have the opportunity to give music lessons to my classmates and provide them with enjoyment.

In addition, I have been to 25 countries, including the US, Canada, Mexico, Japan, China, India, and various nations in Europe and Southeast Asia. The most fruitful lesson I acquired through my travels was an understanding of diversity that cannot be learned in a classroom or an office. Furthermore, I enhanced my foreign language skills of English, Swedish, Danish and Japanese. I am sure I can be a good team player and leader in the class comprised of students from all over the world.

I can tell my fellow students what it takes to be a real manager from my heart, not from my head. As a leader of ○○○ orchestra, I organized several charity concerts for hospital patients and their families and joint concerts with orphaned children's chorus to benefit the local community. To tell the truth, it was I who really profited from these activities because I realized that the road to top management is not only learning about the bottom line, but also considering people in need in our community.

Finally, I can add to Marshall's alumni network my own broad and strong network that I have cultivated in Korea through my aggressive and diverse academic, extracurricular, civic and professional activities.

3. Optional Essay: Please add any additional information that you would like the Admission Committee to consider in evaluating your application.

I would like to talk about my leadership. Leadership ability is a significant factor in defining my role in any organization and I, as a good leader, can effectively contribute to the Marshall School of Business.

As a member of the student orchestra in college, I played violin and viola for four years. Given the organization's short history, we suffered from limited funds and inadequate practice space. Without first addressing these most fundamental problems, we were unable to proceed further. Meanwhile, my university does not offer a major course of study in Music. Consequently, at significant school events, the school song and the national anthem would be played over loudspeakers. As the leader of our orchestra in my junior year, I proposed to the school dean that our orchestra provide live music for such ceremonies in exchange for the extra financial support and practice facilities. The dean accepted my idea. Yet, to meet these additional commitments, our practice hours had to be extended, probably into the vacation period. Naturally, many members were reluctant to reduce their free time. I reiterated our financial constraints and highlighted why it was so crucial for our orchestra to comply with such an agreement. Furthermore, I proposed a set of exceptional rules, e.g. minimizing the number of players during the ceremony performances and clarifying our volunteer status. Finally, I succeeded in persuading most members and we were rewarded with a substantial increase in funds and private facilities. Furthermore, the orchestra has become the most attractive student club of the school.

After graduation, I organized ○○○ orchestra with the aim of becoming the largest and most renowned amateur orchestra in Korea, dedicated to all classical music lovers. Not surprisingly, our organization faced numerous obstacles such as financial stringency, membership recruitment and above all, a lack of public recognition. Thinking that one grand move could solve such problems, thus, I planned a performance of our third annual concert at the Sejong Cultural Center, the largest and most famous concert hall in Korea. But the demand for this venue was highly competitive and the rental fee was too steep for an amateur orchestra. However, I trusted this challenge would be the best chance to shape the bright future of our orchestra, and if in fact we were selected, it would be a great opportunity to raise the orchestra's profile. I mobilized the membership to seek sponsors, prepare for the concert and, above all, practice. I devoted myself to enlist the support of the mass media. At long last, we became the first and foremost amateur orchestra to perform at the Sejong Cultural Center. After performing Beethoven's Symphony No. 5, the ultimate ambition of all amateur orchestras, we were showered with multiple sponsorships, numerous members, and overwhelming attention from the public.

The above accomplishment was even more valuable because it proved my leadership ability to deal with challenging situation and make

tremendous progress.

기타 Essay 예문

What has been your most significant professional achievement? What has been your toughest professional challenge and how did you address it?

In August 1997 while I was serving as a loan and investment officer, a small manufacturer specializing in modems applied for a KRW 5 billion working capital loan. Already unable to meet monthly payroll, when the firm's bills came due, bankruptcy was imminent. I was assigned to evaluate this loan application and began investigation.

But the executive committee was skeptical of this loan from the outset. Remember, it was only three months before the critical IMF bailout. As the domestic economy deteriorated, costs of fund raising for banks continued to rise. Consequently, our bank also intended to focus its loan portfolio on more stable large-sized companies rather than on relatively precarious ventures. Although I endorsed this proposal, it was rather obvious the committee was reluctant to approve and thereby overruled my decision outright.

To provide some background, the firm's product differed from regular modems used in personal computers. It was an 'Assembled Modem' in technical terms, a high value-added and high-tech intensive product designed for connecting general net-users and the online network company. This company had already distinguished its outstanding technology by developing Korea's first 33.6M bps VDM (voice data modem) that enables one to utilize phone lines and Internet simultaneously. I concluded the critical obstacle was a temporary illiquidity of funds due to the high level of accounts influenced by the deteriorated domestic economy. A short-term loan could salvage the situation, but a loan once rejected required the Board of Directors' approval. Nonetheless, I trusted my appraisal and decided to request a review. But this company faced an urgent situation, leaving me little time.

By interviewing the company's president, I found its percent of R&D spending versus sales neared 25% and he, an engineer and 15-year telecommunications industry veteran, was only in charge of R&D. Another executive was responsible for sales and management. In contrast to many other similar ventures where the founder manages all spheres of business, such a specialization proved its managerial effectiveness. Most conspicuously, the company was on the verge of developing Korea's first 10M bps cable modem. A deeper investigation revealed this product would make tremendous profits in Korea and worldwide.

A week later, the Board of Directors finally approved this loan application. After successfully developing the new modem, the company was selected as a PICC (Promising Information and Communications Company) by the Ministry of Science & Technology. Ironically, our bank nominated the company as a 'Seed Company' that year. In spite of the IMF

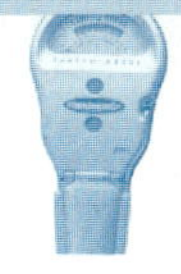

crisis, the firm fulfilled my expectations for success and earned many loyal customers.

I regard the above experience as my most significant achievement and toughest challenge because it was the first case for our department that a once rejected loan application won reapproval by taking directly to the Board of Directors. Moreover, my efforts proved even more valuable because this transaction turned out to be the most profitable that year. I acquired the firm self-confidence and fruitful lessons that positive approaches, seamless endeavors and collective confidence will be the essential factors producing an outstanding result in my future career path.

세상은 넓고 우수한 인재는 많다

Essay까지 마무리되어 간다면 일단 MBA 지원의 큰 줄기는 해결된 셈이다. 기타 준비해야 할 사항으로는 대학교 졸업증명서, 전학년 성적증명서, 은행 잔고증명서, 그리고 기타 경력증명서 등이 있다. 이러한 것들과 원서 양식, 추천서, Essay를 묶어 학교로 송부하면 이제 MBA 지원은 사실상 종결된다. 마지막으로 학교에 서류 도착 사실을 확인하고 나면 그때부턴 지겹고 초조한 기다림의 시간만이 남아 있을 뿐.

나는 1999년 9월 토플 시험에서 610점을 받고 10월 GMAT시험에서 660점을 받은 후 바로 Essay 작성에 들어갔다. 그 후 2000년 1월 말까지 모든 Essay와 원서 지원을 마쳤으니, 시험 준비를 포함한 모든 준비 기간이 거의 2년에 달한다. 또한 3월에 첫 합격 소식을 듣고, 웨이팅 리스트에 오른 학교의 최종 결과를 7월 중순에 받아보았으니 결과를 기다리는 시간만도 6개월이 넘었다. 실로 길고도 험난한 과정이 아닐 수 없으며, 솔직히 다시 한 번 지원한다는 건 상상조차 하기 싫다.

하지만 고생이 크면 얻는 것도 많은 법. Essay를 쓰면서 나 자신의 과거와 미래를 다시 한 번 생각할 수 있는 기회를 가질 수 있었고, 앞으로의 목표와 이에 따른 MBA의 의미를 조명해 볼 수 있었다. 또한 많은 학교에 지원해 봄으로써 앞으로 수없이 겪게 될 경쟁사회에서의 생존 전략에 대해 조금이나마 맛볼 수 있었고, 이를 통해 MBA 후의 직업 선택의 방향을 가늠해 볼 수 있었다. 마지막으로 나 자신의 한계를 확인(?)하고 더욱 더 겸손해질 수 있는 계기가 되었다고나 할까? 역시 세상은 넓고 우수한 인재는 많다는 사실에 다시 한 번 앞으로의 각오를 새롭게 다질 수 있었다.

반면에 아쉬움도 많이 남았다. 우선은 Essay 준비 기간에라도 GMAT와 토플을 몇 번 더 봐서 점수를 좀더 올렸으면 하는 것이다. 점수가 오른다는 보장이 없다는 이유를 핑계 삼아 Essay에만 치중했던 것이 하나의 실수였다고나 할까? 역시 객관적인 비교가 가능한 점수는 무시할 수 없다는 사실을 합격자들의 평균 점수를 통해 뼈저리게 느꼈다.

또 하나 아쉬웠던 점은 학교측에 좀더 많은 적극성을 보이지 못했다는 사실이다. 입학사정 담당자들에게 수시로 연락하면서 개인적인 친분 내지는 나의 적극적인 모습을 보였더라면 나의 객관적인 자격 이외에 플러스 알파를 기대할 수 있지 않았을까.

실제로 University of Michigan의 웨이팅 리스트에 올랐다는 연락을 받고 그제서야 온갖 방법을 동원하여 적극적인 대처를 시작하였는데, 결국 떨어지고 나니 만약 처음부터 이러한 적극성을 보였더라면 결과가 달라졌을지도 모른다는 생각이 뇌리를 떠나지 않았다. 단순히 원서를 넣고 기다리는 피동적인 자세보다는 결과가 날 때까지 학교측과 지속적인 연락을 취해 가며 자신의 의지와 열정을 보이는 것이 결과적으로 자신의 가치를 높일 수 있는 최고의 방법이라고 확신한다.

이상 나의 부끄러운 경험담이 MBA를 준비하는 모든 이에게 조금이나마 도움이 되길 바란다.

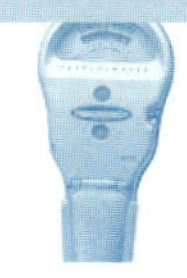

I 추천의 글 3 I

모든 시작의 실마리는 나에게 있다

계절이 바뀔 때면 늘 비가 오곤 한다. 단비가 그리워질 만하면 어느새 내가 일상에 익숙하다 못해 지쳐버렸거나 아니면 반복되는 그 한철의 날씨에 지루해질 만해서였던 걸 보면……

그럴 때 장대 같은 비가 한 번, 아니 소리 없이 가랑비라도 잠깐 내리고 나면 어느새 나도 주변도 조금은 개운해지고 조금 더 나아가 생활 그 자체의 묘한 Turning Point가 되곤 한다.

그렇게 어느 순간에 어떻게든 바뀔 수 있는 앞으로의 삶을, 내 자신을 기대하며 이런저런 준비를 하던 중에 한동안 손을 놓고 있었던 영어에 다시 관심을 갖게 된 것은 불과 얼마 전의 일이다. 절감할 수밖에 없었던 현실에 늘 바쁘다 하며 미뤄온 영어가 어느새 한참이나 쌓인 태산 같은 과제가 되어 있었다. 하지만 태산도 하늘보다는 높지 않다는 게 옛 선인들의 지당하신 말씀인지라…….

어릴 때부터 유독 영어를 좋아했던 나는 우여곡절(?) 끝에 대학에서 영어를 전공하고 또 일 년여의 시간을 투자해 호주로 연수를 다녀왔다. 그리고 졸업과 더불어 직장을 찾으면서도 늘 내가 전공한 분야를, 그리고 그나마 자신이 생겨 가던 영어를 충분히 활용하고 더 배울 수 있는 자리를 찾고자 노력했다.

그렇게 하여 일 년을 김포공항에 위치한 한국공항공단 방송실에서 근무하고 이후 몇 달 긴은 연세대학교 국제교육교류부로 자리를 옮겨 잠시나마 한국으로 공부를 하러 오는 외국인 유학생들이나 재미교포 학생들 혹은 외국어를 모국어로 구사하는 교수님과 일반인들을 상대로 업무 경험을 쌓았다. 불행인지 다행인지 내 주변에서 볼 수 있는 일반 직장들에 비해 훨씬 자유롭고 자연스러운 분위기에서 영어를 계속 공부할 수도 또 활용할 수도 있는 환경이었다.

하지만 기대했던 것만큼 많지 않은 기회 부족과 게을렀던 내 노력의 부족이 문제였다. 더불어 나름대로 직장 생활로 인한 시간의 부족들을 극복해내지 못했다. 지나고 보면 참 좋은 한때를 좀더 체계적으로 보내지 못하고 어딘가 아쉬운 과거로 놓친 건 아닐까 후회하지만 돌이켜봐도 소용없는 일이다. 아마도 내 나이 또래의 대학 혹은 대학원생들이나 직장인들의 대부분이 영어 공부에 대해 이와 비슷한 이유로 좌절하거나 체념했으리라.

아무튼 다시 시작된 토플 공부는 내게 익숙하면서도 낯선 여행 같은 느낌을 주었다. 사람들은 가끔 하던 일들을 접고 새로운 무언가를 찾고자 준비하는 과정에서 필요한 용기와 계기를 얻고자 여행을 간다. 낯선 곳에서 가장 익숙한 본연의 모습을 찾아내고 살아갈 또 다른 힘을 얻는 것이다.

나 또한 지금이 그런 시기이다. 대학에서 전공을 하고 연수도 다녀왔지만, 또 일 년 반이라는 직장 생활에서 틈틈이 영어를 접해 왔지만 막상 또다시 공부를 시작한다고 생각하니 갈 길이 너무 새로워 막연하기까지 하다.

그렇게 토플 준비를 시작하려는 시기에 우연히 《독한놈들의 왕대박 CBT TOEFL KNOW-HOW》를 보게 되었다. 여행을 떠나는 사람에게 충분한 경험과 유용한 정보가 들

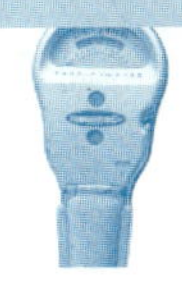

어 있는 지침서를 만나는 것만큼 반가운 일이 또 있을까. 나는 뜻밖의 Direction을 찾고 즐거운 마음에 한 페이지 한 페이지 필자들의 경험과 노하우를 읽어 내려가며 내가 가야 할 길을 그려갔다.

이 책의 미덕은 간략하고 체계적으로 잘 정리되어 있다는 것이다. 어학의 기본이라 할 수 있는 영영 사전의 종류에서부터 실제 CBT 토플의 출제 경향, 유형별 분석에 이르기까지 필자들은 세심하게 토플 준비생들을 배려하고 있다. 그리고 더 반가운 것은 이 모두가 필자들 자신의 시행착오를 거치며 터득한, 바로 우리가 겪었거나 겪을 수 있는 문제점들 이어서 글을 접하면서 느끼는 공감대가 컸다. 곧 어떻게 공부를 해나갈 것인가 하는 향후 진로에 대한 나름대로의 개념 설정을 자연스럽게 갖게끔 해주었다.

다른 사람의 생각을 글로 이해한다는 것은 커다란 장점을 가지고 있다. 글은 기록이기 때문에 보다 섬세하고 그 깊이가 풍부하며 또 필요할 땐 다시 꺼내볼 수 있기 때문이다. 독한놈들의 왕대박 CBT TOEFL KNOW-HOW……. 갈 길은 멀고 할 일은 많고 여유는 없는 나와 같은 젊은이들에게 토플에 대한 막연한 부담감을 덜어주고 좀더 쉽고 효율적인 방법으로 가능한 한 빨리 목표를 달성하도록 도와주는 지름길이 있다는 것은 정말 다행스러운 일이 아닐 수 없다.

이 책의 필자들은 자신들이 겪었던 비슷한 경우에 부딪쳐 더욱더 막연하게만 느껴질 영어 공부라는 여행에서 독자들로 하여금 자신에게 가장 잘 맞는 방법이 무엇인지 충분한 정보를 제공하여 좀더 능률적이고 안전하게 그들이 여행을 할 수 있게끔 도와준다. 물론 그 여행에서 돌아오면 미처 몰랐던, 혹은 잊어버리고 있었던 자신의 모습을 발견하고 아주 즐거운 성과 또한 맛보게 되기를 믿어 의심치 않으며 말이다.

무엇보다도 문제는 자기 자신이다. 필자들이 강조하는 바도 바로 거기에 있음을 새삼 느낄 수 있다. 문제의 해결은, 아니 모든 시작의 실마리는 항상 '나' 에게서 비롯되며, 이에 윤활유가 되는 무언가를 제공받거나 선택하는 것 또한 내 안목과 성향에 따라 결정된다. 하지만 그것은 그리 어렵지 않다. 왜냐하면 주변에서 그런 도움이 되는 무언가를 찾기란 너무도 수월하기 때문이다. 내 경우에는 《독한놈들의 왕대박 CBT TOEFL KNOW-HOW》를 만나는, 정말 절묘하게 무언가 맞아떨어지는 행운을 잡을 수 있었다.

맞아떨어진다는 그 느낌은 정말 너무나도 절묘하기에 더 즐겁고 행복할 테고…….

나는 그런 마음으로 필자들에게 새삼 다시 한 번 감사하며 글을 마친다.

연세대 국제교육 교류부 default manager

권 지 연